Kontaktadresse nach EU-Produktsicherheitsverordnung:
produktsicherheit@droemer-knaur.de

AF195190

KNAUR

Über die Autoren:
Stefan Bonner wurde im Oktober 1975 geboren, zwei Tage nachdem die Erstausgabe der Zeitschrift YPS erschienen war. Seine Vorbilder sind Tom Selleck und das A-Team. Stefan Bonner hat die gleiche Schule wie Anke Engelke besucht, Geschichte studiert und als Journalist und Lektor gearbeitet. Zusammen mit Anne Weiss schrieb er zahlreiche Bestseller. Er lebt mit seiner Familie in der Heimatstadt von Heidi Klum.
Anne Weiss kam 1974 in Bremen zur Welt und blieb ihrer Heimatstadt erst einmal treu. Immerhin hat sie im Weserstadion ihr erstes Depeche-Mode-Konzert und im Steintorviertel ihre erste Friedensdemo erlebt. Erst nach dem klassischen Taxifahrerstudium – Sprachen und Kulturwissenschaften – verließ sie das kleinste Bundesland, um als Lektorin in großen deutschen Verlagen zu arbeiten. In einem von ihnen lernte sie Stefan Bonner kennen und schrieb mit ihm zahlreiche Bestseller, darunter »Generation Doof«, eines der meistverkauften Bücher des letzten Jahrzehnts. Inzwischen lebt sie als freie Autorin, Übersetzerin und Journalistin in Köln.

Stefan Bonner
Anne Weiss

Wir Kassettenkinder

Eine Liebeserklärung
an die Achtziger

Besuchen Sie uns im Internet:
www.knaur.de

Vollständige Taschenbuchausgabe November 2017
Knaur Taschenbuch
© 2016 Knaur Verlag
Ein Imprint der Verlagsgruppe
Droemer Knaur GmbH & Co. KG, München
Alle Rechte vorbehalten. Das Werk darf – auch teilweise –
nur mit Genehmigung des Verlags wiedergegeben werden.
Covergestaltung: semper smile, München
Coverabbildung: semper smile, München
Illustrationen: Jürgen Speh
Satz: Daniela Schulz, Puchheim
Printed in Germany
ISBN 978-3-426-78853-0

Für alle Kassettenkinder.

Und für unsere verstorbenen Helden, ohne die es nicht unser Lieblingsjahrzehnt gewesen wäre:
David Bowie
Michael Ende
Otto Šimánek
Carrie Fisher
Robin Williams
Telly Savalas
George Michael
Diether Krebs
Götz George
Michael Jackson
John Belushi
Dieter Hildebrandt
Larry Hagman
Leonard Nimoy
Rio Reiser
Freddie Mercury
Bud Spencer
Patrick Swayze
Falco
Peter Lustig
Peter Behrens & Kalle Krawinkel
Prince
Roger Moore
Und viele andere.

Let's dance in style, let's dance for a while,
Heaven can wait, we're only watching the skies,
Hoping for the best, but expecting the worst,
Are you gonna drop the bomb or not?

Alphaville

INHALT

Einleitung
Wir Kassettenkinder　　　　　　　　　　9

1 Das Spiel unseres Lebens
Matschbrötchen im Hausmeisterkabuff, große
Träume und das gute Gefühl, ohne Helm
Fahrrad zu fahren　　　　　　　　　　25

2 Die Supersorgloszeit
Endlossommer, Erdnussflips im Bademantel
und die Geborgenheit guter Samstagabendunterhaltung　　　　　　　　　　　　81

3 Von Blauen Engeln und weißen Tauben
Jute statt Plastik, Singen für ein bisschen
Frieden und Hoffnung mitten in der
Endzeitstimmung　　　　　　　　　　151

4 Wo wir hinfuhren, brauchten wir keine Straßen
Pioniere im Technikwunderland,
Joystickakrobaten und das Vergnügen,
Videorekorder zu verkoppeln　　　　　209

Nachwort
Tschüssikowski　　　　　　　　　　　261

EINLEITUNG

Wir Kassettenkinder

EINLEITUNG

Wir Kassettenkinder

Sonntagnachmittag, Anfang der Achtziger. Wenn sich der große Zeiger der Zwölf und der kleine der Drei näherten, lagen wir in den Kinderzimmern auf dem Teppich vor dem Monokassettenrekorder oder hockten im Wohnzimmer vor Papas Stereoanlage. Der Radiotuner war auf SWF3 eingestellt, die Kassette ruhte, auf Anfang zurückgespult, im Aufnahmedeck. In Reichweite hatten wir einen Bleistift deponiert, um spontan auftretenden Bandsalat zu beseitigen.

Wir warteten. Auf Elmar Hörig, den Radiomoderator mit den coolsten Sprüchen und der besten Musikauswahl. Es steigerte das eigene Ansehen, wenn man Elmis Sprüche und Witze am nächsten Tag auf dem Schulhof rezitieren konnte. Vor allem aber bot die *Elmi Radio Show* eine der wenigen Chancen, gratis an die angesagten Songs zu kommen. Noch gab es keine flächendeckende Besiedlung mit Saturn- und Mediamärkten, und die Erfindung des MP3-Downloads lag so weit in der Zukunft, dass nicht einmal Marty McFly davon träumte. Wer also für die Charthits nicht sein gesamtes Taschengeld im nächsten Plattenladen versenken wollte – nur, um sie dann auf dem elterlichen Plattenspieler im Wohnzimmer zu hören, weil wir selbst noch keinen hatten –, der nahm die Musik aus dem Radio auf.

Unser Daumen ruhte auf der roten Aufnahmetaste, der Zeigefinger auf der Playtaste, bereit, beide Tasten gleichzeitig zu drücken und damit die Aufnahme zu starten, sobald das erste Musikstück erklang. Das klappte natürlich in den wenigsten Fällen. Entweder hakten die Tasten, unsere Finger waren beim Warten eingeschlafen, oder wir verpassten den perfekten Moment, weil die kleine Schwester gerade hereinplatzte. Auch das Aufnahmeergebnis war meistens eher bescheiden. Oft quasselte Elmi in den Anfang oder das Ende des Songs rein, und manchmal zeichneten wir ungewollt eine aktuelle Staumeldung auf, die mitten im Lied eingespielt wurde. Ein vollständiger Song auf einer selbstaufgenommenen Kassette war daher schon fast so kostbar, als hätte die Band ihn bei uns zu Hause aufgeführt. Und über die Tonqualität brauchte man gar nicht erst zu diskutieren – bisweilen rauschte es so sehr, dass man glaubte, man hätte die Aufnahme in Elwoods Apartment gemacht, das im Film *Blues Brothers* bekanntlich direkt neben der Hochbahn liegt. Da unerwünschte Nebengeräusche aber mit zum Deal gehörten, wenn wir die Hits gratis aus dem Radio haben wollten, beschwerte sich kaum jemand über gelegentliche Frequenzstörungen, und wir nahmen auch in Kauf, dass manche Kassette vom häufigen Aufnehmen und Überspielen so ausgenudelt war, dass das Band wie eine Kirmesorgel leierte.

Musik aus dem Radio mitzuschneiden war eben eine echte Kunst, und gerade im Unperfekten lag der individuelle Charme unserer Mixtapes. Die genaue Reihenfolge der Songs auf einer bestimmten Kassette konnten wir schon nach ein paar Wochen aus dem Kopf hersagen – und Wettermeldungen und Sprüche ebenfalls auswendig mitsprechen. Wir denken selbst heute noch gelegentlich daran, wenn wir einen Song aus den Achtzigern im Radio hören.

Und so ist die alte Kassettensammlung von damals eine Art Audiotagebuch. Selbst wenn es Jahrzehnte her ist, fällt uns beim Abspielen eines dieser Mixtapes nach und nach alles wieder ein: wann und wo wir einen Song zum ersten Mal hörten, wovon wir in dem Moment träumten, zu welchem Lied wir unseren ersten Kuss bekamen und wie wir mit dem Walkman auf der Wiese lagen, uns ein Tütchen Ahoj-Brause in den Mund schütteten und den Inhalt prickelnd auf der Zunge zergehen ließen.

Egal, ob die gemischte Kassette aus der *Elmi Radio Show*, dem *NDR2 Club Wunschkonzert*, *Mal Sondocks Hitparade*, der *HR3 Hitparade International* oder der *BFBS Top 40* stammte – die aus solchen Sendungen zusammengestoppelten Tonbänder waren unser Heiligtum. Sie kündeten von unserem Geschick und unserem Geschmack – auf ihnen war unsere Identität gebannt. Sie waren ein Archiv unserer Gefühle, das wir liebevoll beschrifteten, benutzten und bewahrten.

Wir tauschten die Tapes, und als sich endlich die bahnbrechende Erfindung des Doppelkassettendecks durchsetzte, überspielten wir jene, die uns besonders gut gefielen, wobei sich der Sound auf der Kopie noch ein bisschen verschlechterte. Wir sammelten sie in orangefarbenen Kassettenkarussells, die man übereinanderstapeln und drehen konnte und in deren Einheiten je zwanzig Kassetten passten. Und wir nahmen sie überallhin mit. Ob im Walkman oder im Autoradio, auf den Kassetten befand sich der Soundtrack zu unserem Leben – und, oh boy, wie gut der war: Opus schmetterte aus voller Kehle »Live is Life« und alle klatschten mit, Peter Schilling raunte die Geschichte von Major Tom, der zum Elektrobeat völlig losgelöst durchs All schwebte, David Lee Roth schrie uns »Jump« entgegen, und Eddie Van Halen legte dazu ein rasantes Gitarrensolo hin. Und wenn wir Liebeskummer hatten, sangen wir voller Inbrunst mit den Ärzten mit, dass wir uns eines Tages rächen würden, nämlich dann, wenn wir ein Star wären, der in der Zeitung stünde.

Solange die Liebe allerdings noch keimte, schenkten wir unserem Schwarm als Zeichen unserer Zuneigung ein selbst zusammengestelltes Mixtape – fast beiläufig, ohne darum besonders viel Aufhebens zu machen. Die dafür ausgewählten Lieder waren jedoch ebenso bedeutungsvoll wie die Worte in einem Liebesbrief. Es galt also, die Songs genau auszuwählen, mit ihnen zu verschlüsseln, was wir fühlten, und es gleichzeitig doch irgendwie anzudeuten, damit der andere es zwischen den Zeilen hören konnte. Stundenlang überlegten wir, welche Songs zum Empfänger des Bandes passten und in welcher Reihenfolge wir sie aufnehmen sollten. Nicht zu abgedreht, nicht zu bekannt, auf gar keinen Fall uncool, und jeder Track eine Botschaft an das Herz des geliebten Menschen. »I Want To Know What Love Is« von Foreigner oder »Love Is a Shield« von Camouflage? Vielleicht ein bisschen zu eindeutig, soweit wir das mit unserem frisch erworbenen Schulenglisch beurteilen konnten. »I Want Your Sex« von George Michael? Hilfe, viel zu anzüglich! »The Riddle« von Nik Kershaw? Wohl zu rätselhaft. Simply Red? Um Himmels willen, dann lieber Simple Minds.

Die Kassette bestimmte unser Leben, und zwar nicht nur die Musikkassette. Etwas später erlebten wir mit der Datasette die ersten virtuellen Abenteuer, holten uns mit der Videokassette unsere Lieblingsfilme nach Hause oder drehten – wenn wir eine so teure Spielerei besaßen wie eine Videokamera, die Mitte der Achtziger noch zwischen zweitausend und viertausend Mark kostete – gar die ersten eigenen Filme.

Kassetten sind daher heute nicht nur ein Symbol für die Achtziger – sie sind Speicher unserer Kindheit und Jugend. Ohne sie wäre alles anders gewesen. Noch heute bewahren wir die Mixtapes von damals auf, selbst wenn unsere Anlage gar kein Kassettenfach mehr hat. Wir gehören zu den Menschen, die grinsen müssen, wenn sie auf Facebook das Bild einer Musikkassette mit einem Bleistift daneben sehen. Wir sind die, denen ein Schauer über den Rücken läuft, wenn sie auf dem Speicher die alten Hörspielkassetten entdecken, und wir genießen es, sie heute unseren Kindern vorzuspielen. So manchen von uns überkommt irrationale Freude, wenn er in einem alten Auto ein Radio mit Kassettenfach entdeckt. Und wir versuchen verzweifelt, die analogen Medien vor dem Verfall zu retten, und stöbern im Internet nach Anleitungen zur Selbsthilfe: Denn die alten VHS-Kassetten, Floppy Disks und Tonbänder müssen digitalisiert werden, bevor das Magnetband spröde wird und es keine Geräte mehr gibt, mit denen man sie abspielen kann.

Es hat lange gedauert, bevor ich verstanden habe, dass wir damals bei Philips eine Revolution in Gang gesetzt haben.

Lou Otten, Erfinder der Audiokassette

Wir sind die Kassettenkinder. Aufgewachsen in den achtziger Jahren des zwanzigsten Jahrhunderts, Walkman-Erstbenutzer und Computerpioniere mit einem Hang zu waghalsigen modischen Experimenten. Wir heißen Stefanie, Jan, Katja und Michael, Martina oder Daniel, und wir gehören zu einem verschworenen Club, zu denjenigen, die das letzte unverfälschte Jahrzehnt noch selbst miterleben durften und das Glück hatten, ihre Kindheit und Jugend in der besten aller Zeiten zu verbringen. Wie viele auch heute noch mit einer Mischung aus Wehmut und Sehnsucht daran zurückdenken, wissen wir erst, seit jemand im Dezember 2015 bei der dpa die Umfrage in Auftrag gab, in welches Jahrzehnt wir gerne zurückkehren würden: Es sind die Achtziger.

Ein verständlicher Wunsch. Auch heute noch kriecht uns bei den ersten Takten von »What a Feeling« eine Gänsehaut über den Rücken, wir bleiben hängen, wenn Dokus über *Zurück in die Zukunft* laufen, und klicken uns in langen Nächten auf YouTube durch Werbespots, in denen ein Junge den MB-Gong schlägt, Manfred Krug Malteserkreuz Aquavit kippt (»Man gönnt sich ja sonst nichts«), eine Bank das grüne Band der Sympathie trägt und eine Frau gar nicht merkt, dass sie ihre Hände in Spülmittel badet. Von dort gelangen wir über Clips, in denen Patrick Swayze »Mein Baby gehört zu mir« raunt, und alten Ausschnitten aus der *Tagesschau* bis zum Vorspann von *Ein Colt für alle Fälle*, *MacGyver* oder *Simon & Simon*. In Foren schwelgen wir in der Erinnerung an den Geschmack von Eissorten wie Brauner Bär und tauschen uns über erste Konzerterlebnisse mit den Scorpions oder U2 aus, bei denen wir uns zum Schutz gegen die Lautstärke abgerissene Zigarettenfilter in die Ohren steckten. Die Bilder, Zitate und Melodien von damals sind inzwischen Kult, haben Synapsen zu einem unmittelbaren Wohlgefühl in unserem Gehirn gebildet. Sie bringen uns das Beste der Achtziger zurück. Ein sonnendurchflutetes, musikerfülltes, buntes Spektakel aus Freiheit, Unabhängigkeit, Freundschaft, Coming of age oder Coming-out, Kindheit, Jugend und den ersten Schritten als junger Erwachsener. Wir sind in die Achtziger verknallt wie in unseren ersten Schwarm.

> *Video killed the radio star.*
> *In my mind and in my car, we can't rewind*
> *We've gone to far.*
>
> The Buggles

Unverstellt waren sie, die Achtziger. Originell und eindeutig. Aufgewachsen zwischen Bandsalat und Compact Disc, Brockhaus und YPS-Heft, Atomwaffen und Ententanz erlebten wir ein seltsam unbekümmertes, oft albernes Jahrzehnt, in dem alle trotz des drohenden Weltuntergangs durch sauren Regen und Kalten Krieg den Eindruck einer lustig-bunten Zeit hatten und eine ganze Nation »Dadideldum« verstand, als Falco in Wahrheit eigentlich sang: »Drah di net um, der Kommissar geht um.«

Diese Jahre waren so epochal, dass wir schon damals von »den Achtzigern« sprachen. Sie sind es auch deswegen, weil sich in dieser Zeit das eisige Schweigen zwischen Ost und West auflöste und sie mit dem Mauerfall im Herbst 1989 zum einzigen Jahrzehnt mit einem veritablen Happy End wurden.

Und irgendwie fing irgendwann in jener Zeit die Zukunft an. Vieles von dem, was unsere Welt heute ausmacht, hat seinen Ursprung in den Achtzigern – die Verbreitung des Computers ebenso wie das Internet, das Mobiltelefon, ein Europa ohne Grenzen, der Klimawandel oder Emoticons. Die Zeit, in der wir groß geworden sind, markiert die Grenze zwischen echt und künstlich, analog und digital, Original und Kopie. Die Siebziger waren gefährlich, die Neunziger glatt. Die Achtziger waren ein Schwellenjahrzehnt und wir eine Schwellengeneration, die mit dem Alten aufwuchs, während sie bereits mit dem Neuen experimentierte.

Die neue Technik begeisterte uns, weil es sie einfach gab, nicht, weil sie auch funktionierte. Wir freuten uns einen Ast ab über die Einführung des VHS-Rekorders – auch wenn er anfangs mehr Bildrauschen als Filmgenuss produzierte. Ganze Wochenenden verbrachten wir damit, unsere Rekorder aneinanderzustöpseln und Horrorfilme – meist vom großen Bruder aus der Videothek geliehen – zu überspielen. Eigenbau war das Gebot der Stunde. Unsere ersten Computerspiele mussten wir selbst programmieren, indem wir telefonbuchdicke Codelisten in die Tastatur hämmerten. Umso größer war dann die Begeisterung, wenn sich nach verrichteter Arbeit wie in *Liftboy* ein Pixelklumpen per Cursortasten auf einem sich senkrecht auf und ab bewegenden Strich steuern ließ.

Wir waren eben noch mit wenig zufrieden. Fernsehserien wie *Trio mit vier Fäusten*, *Agentin mit Herz* oder *Hart aber herzlich* brauchten keine komplexen Charaktere oder Handlungsmuster – in jeder Folge passierte eigentlich immer das Gleiche, und das fanden wir gut so. Das Telespiel *Pong* war für uns schon großes Tennis, Zini aus *Spaß am Dienstag* hielten wir für einen fortschrittlichen Special Effect, *Die Montagsmaler* für eine intellektuell-kreative Herausforderung, und wir waren schwer beeindruckt, als Godley & Creme mit »Cry« das erste Musikvideo mit (noch stümperhaft zusammengefrickeltem) Gesichter-Morphing präsentierten und Morten Harket im Clip von *Take on me* Abenteuer in einer Comicwelt bestand.

Viele der Neuerungen waren gerade deswegen so hinreißend, weil wir sie uns nicht auf Anhieb leisten konnten – und weil sie nicht sofort und überall verfügbar waren. Vorfreude war die schönste Freude, und die hatten wir in den Achtzigern zuhauf: ob es um das Urlaubsfoto ging, auf dessen Entwicklung wir warten mussten, die Fortsetzung von *Indiana Jones* – oder die neue Platte unserer Lieblingsstars, auf deren Erstverkaufstag wir hinfieberten. Musik war etwas Besonderes, wenn man sie sich durch langes Warten, sauer verdientes Taschengeld und die Anreise zum Plattenladen noch mühsam erarbeiten musste. Umso größer war die Enttäuschung, wenn herauskam, dass unsere Stars pfuschten, so wie Milli Vanilli, die gar nicht selbst gesungen hatten – beinahe ein Jahrhundertskandal, wären da nicht noch so viele andere gewesen.

Es war die Zeit der Flick- und Barschel-Kungeleien, der Glykolwein-Panscherei, der Dioxin-Babys. Doch Betrüger und Falschmünzer waren schnell ausgemacht. Denn alles schien eindeutig, und die Grenzen waren klar gezogen, zwischen Gut und Böse, Richtig und Falsch, zwischen Ost und West, Reagan und Khomeini, McDonald's und Burger King, Schwarzenegger und Stallone.

Damals glaubten wir noch, dass die USA die Guten wären. Jedenfalls wurde uns das überall so verkauft, und selbst die *Tagesschau*-Sprecher von damals hören sich in der Retrospektive heute an, als läsen sie nur Pressemitteilungen aus dem Weißen Haus vor. Vielleicht waren wir einfach zu gutgläubig – immerhin hielten wir in den Achtzigern selbst Vokuhila, Poppertolle und Ententanz noch für schick – und fanden Klamauk urkomisch: Wir suchten mit Didi Hallervorden in *Nonstop Nonsens* nach dem Mittelteil von *Doktor Schiwago*, hörten *Hänsel und*

Gretel lieber von Otto als von Oma und verzichteten mit Antiwitzen sogar auf eine Pointe.

Fährt 'ne Oma durch den Tunnel,
und die andere hat auch fünf Mark.

Antiwitz

Wir Kassettenkinder wuchsen seltsam sorglos auf, in einem Frieden, der eigentlich keiner war. Im Jane-Fonda-American-Apparel-Outfit (Mädchen), mit klassischer *Top-Gun*-Fliegersonnenbrille (Jungs) oder Minipli (beide) hüpften wir durch eine ebenso kaputte wie heile Welt.

Wenn es ein Rauschen in den Medien gab, dann weil wirklich eine Sensation passiert war: weil eine Kindergärtnerin einen echten Prinzen heiratete, weil ein Verwirrter zwecks Völkerverständigung mit seiner Cessna auf dem Roten Platz landete, weil Klaus Kinski mal wieder in der Öffentlichkeit herumpöbelte, Importbier nicht dem deutschen Reinheitsgebot entsprach, gequirlte Küken im Nudelteig waren, die Sommerzeit wieder eingeführt wurde oder weil Ronald Reagan bei einer Mikrofonsprechprobe verkündete, dass die Bombardierung der Sowjetunion soeben begonnen habe – was er kurz darauf zur Erleichterung der eigentlich so albernen Welt als Scherz zu erkennen gab.

Der drohende Dritte Weltkrieg, AIDS, die Katastrophe von Bhopal, das Tankerunglück der Exxon Valdez und die Entdeckung des Ozonlochs konnten uns nicht schrecken. Denn wir hatten alle die Idee einer besseren Welt. Wir jubelten, wenn Robin Wood sich an Bäume kettete, hofften mit der Crew der Rainbow Warrior, demonstrierten im Bonner Hofgarten, stürmten in Gedanken mit Joschka, Jutetasche und Jukkapalme den Bundestag, wünschten uns ein bisschen Frieden und forderten Petting statt Pershing.

Obwohl die Lage mit NATO-Doppelbeschluss und Tschernobylkatastrophe bisweilen düster aussah, glaubten wir Kassettenkinder fest daran, dass alles gut ausginge und uns eine glänzende Zukunft bevorstünde, die wir uns etwa so vorstellten wie im zweiten Teil von *Zurück in die Zukunft* oder *Star Trek – The Next Generation*. Wir träumten von Hoverboards, kleinen schnurlosen Kommunikationsgeräten und sprechenden Autos, vom Replikator, der uns jeden materiellen Wunsch erfüllen, und vom Babelfisch, der uns die Verständigung in jedem Land erlauben würde, ohne dass wir vorher Vokabeln im Sprachlabor pauken mussten.

Einige unserer Träume sind wirklich wahr geworden. Von der Europäischen Union über 3-D-Drucker, die bald alles replizieren können, was man sich wünscht, bis hin zu sprechenden Computern und Autos oder Smartphones, die wie Captain Kirks Kommunikator aussehen und deren Apps uns jede Sprache übersetzen und die, mit speziellen Ohrstöpseln genutzt, dem Babelfisch aus *Per Anhalter durch die Galaxis* gar nicht so unähnlich sind.

Was uns heute immer öfter bewusst wird: Die Achtziger sind im Begriff, von der nahen Vergangenheit, die wir vor kurzem erlebt haben, in die Zeitgeschichte überzugehen. Und das macht uns – so blöd es klingt – unsere eigene Vergänglichkeit bewusst.

Auch unsere Helden von damals sterben langsam aus. Einer nach dem anderen segnen sie das Zeitliche oder zeigen zumindest deutliche Verfallserscheinungen. David Bowie hat sich verabschiedet, Motörhead-Gründer Lemmy Kilmister rockt jetzt im Himmel weiter, Leonard Nimoy alias Mr. Spock ist in die unendlichen Weiten des

Weltraums eingegangen, Dallas-Fiesling J.R. Ewing ist tot, einen der *Ghostbusters* hat's erwischt, und auch Babys große Liebe aus *Dirty Dancing* tanzt den Mambo inzwischen auf Wolke sieben.

Die Mitglieder unserer Lieblingsbands, so sie denn überhaupt so lange durchgehalten haben, bessern ihre Rente mit Playbackauftritten im *ZDF-Fernsehgarten*, mit Revivalkonzerten oder mit peinlichen Ausflügen ins *Dschungelcamp* auf. Und selbst der ehemals so robuste Terminator hat in seiner jüngsten Reinkarnation Falten bekommen und spricht öffentlich über sein künstliches Hüftgelenk.

Zeit, dass die alten Helden generalüberholt werden, um das Gefühl von damals aufzufrischen: Das Revival der Achtziger läuft auf vollen Touren. Als Kinder kannten wir Kinoremakes nur von Filmen aus den Fünfzigern, von denen wir damals dachten, sie seien eine Ewigkeit her – nun sehen wir die Neuauflagen von *Flashdance*, *Mad Max* und *Karate Kid*. Gerade gab es ein Wiedersehen mit Han Solo und Prinzessin Leia, und auch die Kultsendungen *Formel Eins*, *Alf* und *Dallas* sind wieder da. Genauso feiern stonewashed Jeans und Diadora-Schuhe ein Comeback, und Sony tauft seine MP3-Player wieder »Walkman«. Die Biographie von Thomas Gottschalk wurde zum Bestseller – und plötzlich fühlen wir uns selbst ein bisschen herbstblond.

Bist 900 Jahre alt,
wirst aussehen du nicht gut.

Yoda

Wir Kassettenkinder sind erwachsen geworden, haben einen Beruf ergriffen, Familien gegründet und unseren Lebensweg gemeistert. Wie den Babyboomern und den

Achtundsechzigern vor uns wird uns mit voranschreitendem Alter immer klarer, dass unsere Geschichte einen Anfang und ein Ende hat. Und deswegen denken wir immer öfter zurück. An Samstagabende mit Saalwette, Cherry Coke, Gino-Ginelli-Eis und Trüller Paprika Chips in trauter Familienrunde auf dem Sofa. An toupierte Haare, Stirnband und Neonfummel, genauso wie an *Starlight Express* und Rollschuhdisco. An Frauen mit Dauerwelle und Männer mit Pornobalken auf der Oberlippe. An heiße Sommer, in denen immer aus irgendeinem Lautsprecher Hits wie »Club Tropicana«, »Carbonara« oder »Like Ice in the Sunshine« erklangen und wir uns mit Sonnenbrille in bester Wham-Videoclip-Pose am Freibadbüdchen anstellten, Hubba-Bubba-Blasen zum Platzen brachten und eine gemischte Tüte Gummizeug orderten.

Diese zehn Jahre haben uns geprägt und uns das mitgegeben, was unsere Ansichten und Meinungen auch heute noch bestimmt. Wir waren die Generation, die alle Möglichkeiten hatte, die davon träumte, als Filmstar oder Popsänger auf der Bühne zu stehen, im Sportverein als neues Talent entdeckt zu werden oder bei *Jugend forscht* eine tolle Erfindung zu machen. In diesem Jahrzehnt liegen die Wurzeln unserer computerisierten, schnellen und komplizierten Gegenwart, und es hat uns Werte und Überzeugungen mitgegeben, von denen einige drohen auszusterben: Dank Volkszählungsprotest gehen wir kritisch mit unseren Daten um, wir genießen Vorfreude umso mehr, weil sie heute durch Streamingdienste und permanente Verfügbarkeit immer seltener wird, wir wissen es zu schätzen, wenn sich jemand die Zeit nimmt, uns einen Brief zu schreiben statt einer E-Mail, und wir glauben immer noch an die Völkerverständigung.

Die Achtziger scheinen uns von heute aus betrachtet eine einzige große Party gewesen zu sein. Das letzte unbeschwerte Jahrzehnt. Unsere Lieblingsjahre, die nicht immer so einfach waren, wie es in der nostalgischen Rückschau oft den Anschein hat. Die uns aber die Träume schenkten, die wir heute noch nicht ganz aufgegeben oder sogar erreicht haben.

Begeben wir uns auf eine wundersame Reise in eine unglaubliche Zeit, in der Aufkleber (»Atomkraft? Nein danke«) tatsächlich noch etwas bewegten, ein Jahr lang derselbe Werbespot einer Firma im Fernsehen lief und man Zeit für Spaßbrillen und Spritzblumen hatte. Entdecken wir, welche Freiheiten wir verloren und verlernt haben. Und was wir heute noch aus den Achtzigern für uns schöpfen können.

Zeit zurückzuspulen.

1
DAS SPIEL UNSERES LEBENS

Matschbrötchen im Hausmeisterkabuff,
große Träume und das gute Gefühl,
ohne Helm Fahrrad zu fahren

Der kleine Schotterweg, an dessen Ende die Schule lag, führte leicht bergab. Die abgewetzten Reifen unserer Fahrräder drehten sich mit jedem Meter schneller, in den Speichen klackerten die Kiesel, und das an manchen Stellen angerostete Gestänge ächzte, wenn wir durch ein Schlagloch fuhren. Der Geruch von Wald und frisch gemähter Blumenwiese lag in der Luft, doch das nahmen wir kaum wahr. Der Fahrtwind sauste in den Ohren, zerzauste unsere Haare und bauschte die T-Shirts auf. Wir nahmen die Hände vom Lenker, einer nach dem anderen – ein Feigling, wer es nicht tat –, und rasten auf der holprigen Piste dem Schulgelände entgegen. Gleich würde die Glocke schrillen. Wir würden unsere Freunde sehen, mit Papierkügelchen schießen und die große Pause herbeisehnen. Die Hände am Sattel oder die Arme ausgestreckt, genossen wir die warmen Sonnenstrahlen auf dem Gesicht und atmeten die letzten Meter Freiheit, bevor sich das Schultor für den Rest des Vormittags hinter uns schloss.

Gemessen an heutigen Sicherheitsstandards schwebten wir in Situationen wie diesen in den Achtzigern ständig in Lebensgefahr: Keiner von uns trug einen Helm. Niemand hatte sich mit Sonnencreme eingerieben. Und keines der Fahrräder, die wir gebraucht von den größeren Geschwistern und Nachbarskindern bekommen oder auf dem Trödelmarkt erstanden hatten, trug ein TÜV-Siegel, geschweige denn, dass irgendjemand in den zurückliegenden zwei Jahren mal die Bremsen überprüft hätte.

Doch darum sorgten sich weder wir noch unsere Eltern. Wir fühlten uns sicher.

Natürlich war uns klar, dass wir hinfallen konnten und dass das dann wohl einigermaßen weh tun würde. Niemand rechnete jedoch ernsthaft damit, dass dieser Fall eintreten könnte – was er meistens auch nicht tat. Und wenn doch, dann hieß die zu ergreifende Maßnahme nicht Helm, sondern Pflaster.

Die Welt, in der wir aufwuchsen, erschien uns in etwa so geordnet und gesichert wie die Schrankwand im Wohnzimmer unserer Eltern. Darin gab es für jedes Ding einen festen Platz, und sie war nicht umgefallen, als wir im Kleinkindalter darauf herumgeturnt waren, weil Papa sie mit fetten Dübeln für die Ewigkeit an die Wand geschraubt hatte.

Die Schrankwand beherbergte alles, was unseren Eltern lieb und teuer war. Sie war eine Art überdimensionierter Setzkasten, in dem das Platz fand, was ein richtiges Leben ausmachte: die Rahmen mit dem Hochzeitsbild und den Familienfotos, bemalte Schalen und Kastagnetten aus dem letzten Spanienurlaub, die teuren Kristallgläser und daneben, hinter einer Schiebetür, Likör, Marillenbrand und Danziger Goldwasser. Sie zeigte eine Schau der Bücher, zu denen neben den Klassikern von Goethe und Schiller auch Werke von Johannes Mario Simmel wie *Es muss nicht immer Kaviar sein* und die Reportage *Ganz unten* des Enthüllungsjournalisten Günter Wallraff über miese Arbeitsbedingungen gehörten. Die Schrankwand offenbarte, dass unsere Eltern aktuelle Bestseller wie *Das Parfum, Der Name der Rose* und *Das Geisterhaus* genauso schätzten wie die sechsbändige Ausgabe des *Brockhaus* und *Der große Konz – 1000 ganz legale Steuertricks*.

Unser kindliches Schrankwanduniversum war eine

heile Welt, wie wir sie danach nie wieder erlebt haben. Sie schien sogar ein Netz und einen doppelten Boden zu besitzen, falls doch mal etwas schiefging: Für zerbrochene Fensterscheiben gab es eine Haftpflichtversicherung, wie sie der nette Herr Kaiser von der Hamburg-Mannheimer vertrieb, schlimme Halsschmerzen lutschte man einfach mit Kinder Em-eukal weg, und wer zu doof war, eine Schleife zu binden, bekam eben Turnschuhe mit Klettverschluss.

In dieser Welt galt es nicht nur als vollkommen normal, dass zu einer Familie Mutter und Vater gehörten, sondern auch, dass diese gemeinsam unter einem Dach lebten. Oft war es sogar so, dass Mütter zu Hause blieben, um die Kinder zu erziehen und den Haushalt zu schmeißen, während die Väter das Geld nach Hause brachten. Natürlich gab es auch mal eine Scheidung, vereinzelte Single-Haushalte – damals noch »ewige Junggesellen« genannt – sowie Frühformen der Patchworkfamilie und alleinerziehende Mütter, die arbeiten gingen. Frauen, die Karriere machten, besaßen hingegen Seltenheitswert.

Hatten sich die Eltern eines unserer Klassenkameraden scheiden lassen, kam uns das vor, als wäre in dessen Haus ein Meteorit eingeschlagen – es machte uns baff und betroffen.

Über solche Störfälle unterhielten sich unsere Eltern am Gartenzaun nur hinter vorgehaltener Hand und in jenem ehrfürchtigen »Hast du schon gehört!«-Ton, den sie immer draufhatten, wenn in der Nachbarschaft jemandem etwas Schlimmes passiert war. Es hatte beinahe den Anschein, als fürchteten alle, sich an den modernen

Lebensformen anzustecken und damit eine unbekannte Variable in die feinjustierte Schrankwandwelt zu bringen.

Wir wuchsen in einem Haushalt auf, der umsichtig geplant wurde, in dem zwischen Schrankwand, Fernseher und Sofagarnitur fernab aller Gefahren und Widrigkeiten Geburtstage, Weihnachten und Silvester gefeiert wurden, mit Urlauben, die sicher wie auf Schienen verliefen, und mit dem Gefühl, dass dies auf unserem weiteren Lebensweg genauso sein würde.

Eingeschult zwischen Mitte der Siebziger und Mitte der Achtziger war die Schule nach der ersten Freude über die Schultüte mit Spielzeug und Süßigkeiten einfach eine Einrichtung, deren regelmäßiger Besuch außer Frage stand und mit einem klaren Versprechen verbunden war: Wenn wir die Hürden bis zur Mittleren Reife oder zum Abitur genommen hatten, würden wir eine solide Ausbildung machen oder studieren, eine Familie gründen und im besten Fall so lange die Karriereleiter hochklettern, bis wir nicht nur für unser Auskommen sorgen, sondern uns auch jede Menge schöne Dinge kaufen konnten, von denen wir durch die Werbung zu träumen gelernt hatten. Die Zukunft hatte in unserer Vorstellung eine so klare und bunte Fahrbahn wie das *Spiel des Lebens*. Glück und Zahltage inklusive.

Als Kind ist einem doch die Welt ziemlich klar
– und wenn man stirbt, weiß man gar nichts.
Hans-Joachim Kulenkampff

Das *Spiel des Lebens* war eine Institution. Ohnehin gehörten Spielerunden mit Eltern, Geschwistern und Freunden zu unserer Kindheit wie Schneemannbauen zum Winter und Fischstäbchen zu Spinat. Wenn es im

Herbst regnete, stürmte oder schneite, versammelten wir uns nachmittags um den Esstisch, und die Deckenlampe aus Korb warf ihr kreisrundes Licht auf das Spielfeld. Zum Spielen gehörte immer auch allerhand Naschkram: Es steckte viel Spaß in Toffifee, wir knabberten Salzletten, und es gab ausnahmsweise süße Getränke wie Mirinda oder Zitronentee, den wir aus einem körnigen Pulver zusammenrührten, das an eine Substanz erinnerte, die wir im Chemieunterricht über den Bunsenbrenner hielten.

Solchermaßen kulinarisch ausgestattet, verbrachten wir gemeinsam viele Stunden im Märchenwald von *Sagaland,* machten in *Scotland Yard* an der Themse Jagd auf Mister X und ermittelten so lange als Detektive in *Cluedo,* bis wir herausfanden, dass es Oberst von Gatow mit dem Kerzenständer im Musikzimmer gewesen war. Beim Spielen machte das reale Leben für ein paar Stunden Pause. Wir konnten in eine Rolle schlüpfen und für eine Weile davon träumen, ein Meisterdetektiv zu sein oder, wie in *Hotel* und *Monopoly,* ein ausgefuchster Geschäftsmann, der ein Imperium erschuf.

Beim *Spiel des Lebens* war es genauso, und doch war es anders, viel mehr als nur ein Zeitvertreib: Das Brettspiel mit dem bunten Glücksrad, das anstelle von Würfeln den Spielverlauf bestimmte, war eine Verheißung. Es erzählte von dem Leben, das noch auf uns wartete, einem Leben, in dem anscheinend alles nach einem einfachen Fahrplan ablief, der perfekt in die sichere, geordnete Schrankwandwelt passte, in der wir aufwuchsen. Unser Werdegang folgte einem abgesteckten Parcours – einer gewundenen Straße, die auf dem Spielplan vorbei an weißen Plastikhäusern, aufgemalten Seen und Pferdekoppeln sowie über kleine Brücken führte. Es ging gleich gut los:

»Du bekommst 3 000, ein Auto und eine Autoversicherung.« So durfte das später im richtigen Leben auch gerne sein.

Alle Autos waren Cabrios, und wir setzten unsere Spielfigur hinein. Nachdem wir am Glücksrad gedreht hatten, mussten wir nicht lange warten, bis eine der Zahlen am klackernden Plastikzeiger stehenblieb. An der ersten Kreuzung konnten wir wählen, ob wir direkt arbeiten gehen oder lieber studieren wollten. Unsere Eltern hätten uns die Bedeutung dieser Wahl nicht eindrucksvoller verklickern können, als das Spiel es tat: Fast alle entschieden sich fürs Studium, weil dann Berufe wie Anwalt, Arzt oder Journalist winkten, die langfristig mehr Geld einbrachten. In Wirklichkeit machten später etliche von uns eine Ausbildung bei der Deutschen Bank, vielleicht weil sich nichts besser anfühlte, als Herr der ganzen bunten Scheine zu sein – bei der größten Spielbank Deutschlands.

Der erste Pflichtstopp für unseren Wagen war das Standesamt, wo der Nutzen der Ehe sofort klarwurde: »Du heiratest. Sammle Geschenke ein.« Obwohl gleichgeschlechtliche Partnerschaften in den achtziger Jahren kein Tabu mehr waren, hatte die Wahl des Lebenspartners im Spiel streng dem traditionellen Modell zu folgen: Jungs setzten ein rosafarbenes Püppchen neben sich, Mädchen ein hellblaues. Dabei dachten viele an die Traumhochzeit des Jahrzehnts in der Londoner St Paul's Cathedral, bei der Diana ein Brautkleid mit endlos langer Schleppe trug, Charles im Frack trotz der abstehenden Ohren ganz gut aussah und sie sich als erstes royales Brautpaar der Geschichte auf dem Balkon des Buckingham Palace küssten. Unsere eigene Hochzeit würde ähnlich sein. Nur ohne Palast. Der Balkon des eigenen Einfamilienhauses mit Pool, das wir uns ausmalten, würde es auch tun.

Auf dem weiteren Spielweg übten wir uns als gute Konsumenten, indem wir möglichst viele Statussymbole sammelten – den Privat-Jet, ein paar Rennpferde, eine Luxus-Yacht und die Villa in Südfrankreich. Kinder bekamen wir natürlich auch, weil sonst die zwei freien Plätze auf der Rückbank unseres Plastikautos frei geblieben wären, was irgendwie doof aussah. Deren Geschlecht durfte man sich immerhin selbst aussuchen.

Wenn wir es nicht in die herrschaftliche Villa geschafft hatten, endete unser Leben auf dem Altersruhesitz, und der sah auch ganz passabel aus. Wir waren deswegen davon überzeugt, dass unser Leben in ferner Zukunft auch einmal einen guten Ausgang nehmen würde, immerhin hatte Norbert Blüm gerade verkündet: »Denn eins ist sicher: die Rente.« Vom vorgezeichneten Weg konnten wir nicht abkommen, gestorben wurde im *Spiel des Lebens* sowieso nicht, und es ging vor allem darum, Glück und Geld anzuhäufen, was im Grunde irgendwie dasselbe zu sein schien.

Das *Spiel des Lebens,* die Schrankwandwelt und auch die Verheißungen unserer Eltern und Lehrer, dass uns die Welt offenstünde – auf uns Kassettenkinder wirkte das alles ungemein beruhigend, so, als hätten wir zum Nulltarif eine Vollkasko ohne Selbstbeteiligung für unser Leben abgeschlossen. Hätten wir damals schon das Kleingedruckte gelesen, wäre uns wahrscheinlich aufgefallen, dass das Mumpitz war. Wer wusste schon, was die Zukunft wirklich brachte? Immerhin gab es eine Unmenge von Problemen in Wirtschaft, Politik und Umwelt, die es hätten verhindern können, dass wir jemals erwachsen wurden. Oder eine Rente bekamen, von der wir auch leben konnten.

In der Familie, in der Schrankwandwelt, konnte uns jedoch nichts geschehen, wenn wir die Regeln befolgten. Eine davon lautete, dass wir jeden Tag zur Schule gingen, bevor wir irgendwann zum ersten Mal am Glücksrad drehen durften. Unseren großen Träumen würden wir bis dahin am Nachmittag nachhängen müssen, wenn wir spielten, Musik hörten oder uns beim Schlagzeugunterricht vorstellten, in ferner Zukunft mal ein so guter Drummer wie Phil Collins zu sein. Manchmal taten wir es aber auch schon in der Schulstunde, mit gedankenverlorenem Blick aus dem Fenster. Und so hatten wir nur dann ein Problem mit der Zukunft, wenn am nächsten Morgen eine Mathearbeit anstand.

Alle redeten von Schule, aber keiner tat was dagegen. Wer wir waren, was wir lernten und wie verdammt gut wir schummelten

Es schien noch mitten in der Nacht zu sein, wenn Mama mit energischem Schritt unser Zimmer durchquerte und die geblümten Vorhänge beiseiteschob. Die ersten Sonnenstrahlen drangen durch die zwei Glasscheiben, zwischen denen sich der besseren Isolierung halber ein luftdichter Hohlraum befand. »Hoch mit dir, ist schon spät!«, waren ihre Worte, bevor sie das Zimmer verließ und in die Küche eilte, um Kaffee aufzusetzen.

Wenn wir ihrer Aufforderung nicht sofort nachkamen, konnte das daran liegen, dass wir am Vorabend mit der Taschenlampe, die sonst für Nachtwanderungen auf

Klassenfahrten bestimmt war, bis spät in der Nacht unter der Bettdecke gelesen hatten. Vor allem Fantasyromane wie *Die unendliche Geschichte, Momo, Der Herr der Ringe* oder *Die Nebel von Avalon* schlugen uns in ihren Bann und ließen uns davon träumen, dass es zwischen Himmel und Schrankwand noch etwas gab, das mit dem Verstand und dem, was sie uns in der Schule beibrachten, nicht zu erklären war. Wer es gruseliger mochte, las das neuste Werk von Stephen King oder Wolfgang Hohlbein. Und wer nach *Friedhof der Kuscheltiere* oder *Der Hexer von Salem* nicht schlafen konnte, warf spät noch einen Blick auf die Abenteuer von *Asterix* oder *Lucky Luke*.

Und so stopften wir Buch und Taschenlampe hastig unters Kopfkissen, bevor wir am Morgen die Bettdecke zurückschlugen, die bei den Jüngeren oft mit Motiven von Pumuckl, Biene Maja oder Heidi bedruckt war, und die, wenn wir älter waren, Garfield, K.I.T.T. aus *Knight Rider* oder das Logo unseres Lieblingsfußballvereins zierten.

Gerne hätten wir die Füße gleich wieder in die wärmenden Federn zurückgesteckt. Doch da unsere Mütter nie aufhörten, nach uns zu rufen, bis wir endlich am Küchentisch saßen, rieben wir uns die Augen und standen mit Schwung auf – nur um mit dem nackten Fuß auf einem Zauberwürfel, einer Chipstüte oder einer Musikkassettenhülle zu landen, die wir nicht weggeräumt hatten und die nun wie kantige Tretminen auf der Auslegeware verstreut lagen. Der Morgen begann nicht selten mit einem Schmerzensschrei.

Falls das Badezimmer frei war, ergriffen wir die günstige Gelegenheit beim Schopf und verbarrikadierten uns darin, bevor unsere Geschwister dies taten. Je älter wir wurden, desto mehr Mühe gaben wir uns mit dem morgendlichen Styling – und das, obwohl die Inneneinrichtung nicht gerade zum Verweilen einlud: Badezimmerfliesen und Keramik waren oft noch in kräftigem Orange, Dunkelgrün oder Braun gehalten, alles Farben, die mit den dunklen Holzverkleidungen an den Wänden und Dachschrägen besonders gut harmonierten.

Während der Look des Badezimmers noch mitten in den Siebzigern stehengeblieben war, sah es auf unseren Köpfen höchst modern und experimentell aus. Unsere Haare, oft mit Strähnchen, wasserstoffblond und dauergewellt, föhnten wir morgens, bis sie eine in der Natur kaum vorkommende Form annahmen. Dabei kamen Schaumfestiger und Gel zum Einsatz – und natürlich Haarspray. Tonnen von FCKW müssen in den Achtzigern jährlich allein von Teenagern mit Frisurentick in die Atmosphäre gepustet worden sein.

Nachdem wir uns die Zähne mit Blendax Antibelag oder Settima (machte nicht nur Zähne, sondern auch weiße Stoffturnschuhe wieder weiß) geputzt und uns die pubertierenden Gesichter mit Clearasil-Waschgel abgescheuert hatten, setzten wir uns, umhüllt von einer Wolke Stu-Stu-Studioline, Klippenspringer-Cliff oder meinem Bac, deinem Bac, an den Frühstückstisch. Die Kaffeemaschine sprotzelte friedlich vor sich hin, der Tisch war meist schon gedeckt. Mama setzte sich im Bademantel zu uns, während wir uns wahlweise in Orangensaft aufgeweichte Smacks oder ein Zuckerbrot (Graubrot mit »guter Butter« oder Rama bestrichen und mit Zucker bestreut) einverleibten. Dazu schlürften wir heißen Carokaffee, wenn wir den echten noch nicht mochten. Oder, vor allem im Sommer, kalten Kaba. Papa vergrub sich derweil hinter der Lokalzeitung, wenn er nicht längst ins Büro gefahren war.

Gemütlichkeit kam – so, wie es bis heute an deutschen Frühstückstischen der Fall ist – eher selten auf. Die meisten Mütter jener Zeit legten ein gerüttelt Maß an Unruhe an den Tag, bis sich die Eingangstür pünktlich hinter uns schloss. Sie trieben uns beständig an, wir sollten uns beeilen, während im Radio irgendeine Morgensendung lief, bei der ein gutgelaunter Moderator eine Tasse mit dem Logo der Sendung verloste und nach ein paar Takten Meeresbrise die Quetschkommodentöne von »Biscaya« erklangen. Selbst wenn wir schon aus der Tür waren, schreckte Mama beim Gedanken daran auf, wir könnten unseren Turnbeutel vergessen haben oder zum jährlichen Fototermin mit der Klasse nicht ordentlich angezogen sein.

Für den Weg zur Schule teilten wir uns mehr oder weniger in drei Reisegruppen auf: Wer sich aufs Fahrrad geschwungen hatte oder zu Fuß lief, war klar im Vorteil. Denn diese Reisenden hatten bereits genügend Sauerstoff aufgenommen, um die Müdigkeit abzuschütteln. Die anderen hatten das Pech, dass sie mit dem Schulbus kamen und sich bei der Rangelei um die besten Plätze bereits komplett verausgabt hatten. Und die Reisenden aus der dritten Gruppe wurden vor dem Schultor aus der Familienkutsche geworfen, in der sie noch ein wenig hatten schlummern können. Wen dieses Schicksal ereilt hatte, der schleppte sich oft wie in Trance über den Schulhof zum Gebäude.

In den meisten Fällen lohnte ein Blick auf die nähere Umgebung ohnehin nicht. Viele Schulen sahen wegen der Betongroßtafelbauweise, die in der Architektur der siebziger Jahre eine Hauptrolle gespielt hatte, nämlich aus, als hätte ein Riesenbaby mit grauen Bauklötzchen gespielt. Das Gelände war von einem massiven rostschutzfarbenen Eisengitter umzäunt, das entfernt an ein Hochsicherheitsgefängnis erinnerte.

Trotz dieser trübseligen Kulisse glich der Schulhof einem Laufsteg. Während wir auf die Klingel zur ersten Stunde warteten, drehte sich unsere Mitschülerin Claudia vor ihren Freundinnen, damit diese die Dauerwelle bewundern konnten, die sie sich am Wochenende von ihrer Mutter hatte verpassen lassen. Mit Röhrenjeans, Riesenkreolen und Schlabberpulli sah sie nun aus wie Filmstar Jennifer Beals aus *Flashdance*. Lehrerkind Maik fuhr stolz mit seinem neuen Specialized Stumpjumper vor (ein Mountainbike, das ihm drei Tage später am Busbahnhof geklaut wurde), und die aus der Oberstufe schwebten mit seltsam ernster Miene unter ihrem Bürstenhaarschnitt und einem Aktenkoffer unter dem Arm ins Gebäude oder hingen lässig mit Palästinensertuch um den Hals an der großen Treppe zum Eingang ab. Die wenigsten Träger dieses gemusterten Schals waren Nahost-Experten, und für diejenigen, die sich den Pali nicht bei Demos und Sitzblockaden mit Matsch einsauten, war er allenfalls ein modisches Accessoire.

Während alle schon vor dem Eingang auf den Stufen standen, wo wir die *Bravo* und die neusten Schoten über unsere Eltern austauschten, ließen Markus und Andrea aus unserer Klasse auf sich warten. Er hatte den vorangegangenen Nachmittag auf dem Bolzplatz verbracht, und sie war mit ihrem ersten Freund in der Eisdiele gewesen, statt am Schreibtisch zu sitzen. Einträchtig hockten sie in einer von Lehrkräften nicht einsehbaren Ecke des Schulhofs und schrieben die Hausaufgaben von Freunden ab.

Sobald die Schulglocke zum ersten Mal schrillte und die Schultüren sich öffneten, stieg der Lärmpegel, der bereits auf dem Hof beträchtlich gewesen war, auf den eines Motörhead-Konzertes an. Alle riefen durcheinander, Turnschuhe quietschten, es wurde mit Butterbrotpapier geworfen, gedrängelt und gequetscht. In dem Gemenge an der Eingangstür waren vor allem die Schüler aus den unteren Klassen klar benachteiligt, wenn sie einen kantigen Scout-Ranzen auf dem Rücken trugen. Dieser hatte nämlich an der Oberseite einen praktischen Tragegriff, so dass man die Scout-Kinder einfach am Bügel greifen und ausbremsen konnte.

*Das ist geil, das ist geil,
hurra, hurra, die Schule brennt.*

Extrabreit

Der Weg in die Klassenzimmer führte über den frisch gebohnerten Linoleumboden der Eingangshalle. In verregneten Pausen bot diese Platz, um im Trockenen über den sagenhaften Wimbledonsieg von Bum-Bum-Boris zu fachsimpeln, Knibbelbildchen aus den Deckeln von Cola-Flaschen zu tauschen oder eine Runde Auto-Quartett zu spielen.

Weiter ging es vorbei an der Aula, in der sich eine kleine Bühne befand, auf der Theaterstücke aufgeführt, Filme gezeigt und Versammlungen abgehalten wurden, wenn mal der Direktor wechselte oder etwas ähnlich Wichtiges verkündet wurde. Und irgendwann würden wir dort einmal das Abschlusszeugnis in einer feierlichen Zeremonie erhalten, bei der es galt, die kleine Holztreppe zur Bühne ohne Stolpern zu nehmen.

Die meiste Zeit verbrachten wir jedoch im Klassenzimmer mit der aufklappbaren Tafel und dem übergroßen Plastiklineal samt Zirkel, die daneben an der Wand ihren Platz hatten. Wir hängten unsere Jacken an die Kleiderhaken im Flur und schoben die Ranzen oder Taschen seitlich neben den Tisch, bevor wir uns auf den Stuhl fallen ließen, der irgendwie schon vom ersten Schultag an zu klein gewesen war.

Unverzichtbares Utensil und stets das Erste, was wir bei der Ankunft im Klassenzimmer auf den Tisch packten, war das viereckige Federmäppchen oder ein Schlamperl aus hellem Leder, auf dem alle unsere Freunde unterschrieben, als wäre es ein Gipsverband. In fast jedem Schlamperl war irgendwann einmal eine Tintenpatrone ausgelaufen, hatte das Leder durchtränkt und einen großen blauen Fleck hinterlassen. In der Innenseite war bei den meisten alles mit Formeln und Vokabeln vollgeschrieben, so als ob Lehrer wirklich nichts mitbekämen.

In den Schreibgeräteaufbewahrungsutensilien befanden sich ein kurzes Lineal oder Geodreieck, Buntstifte, Füller, Tintenkiller und Filzer. Manche bewahrten auch ihren Zirkel im Schlamperl auf und trugen aus Unachtsamkeit immer wieder Stichverletzungen davon. Der letzte Schrei waren Vierfarbkugelschreiber, die besonders gerne in Mathe eingesetzt wurden, um verschiedene Funktionen zu kennzeichnen, oder im Deutschunterricht, um einzelne Wörter oder Satzteile zu unterstreichen. Diktate, Bioarbeiten und andere Klausuren schrieben wir mit dem Füller, bei dem man durch die runden Fensterchen sehen konnte, wie viel Tinte noch in der Patrone war. Wenn er eintrocknete, musste man die Feder anlecken, was einen metallischen Geschmack auf der Zunge hinterließ. Eine andere Methode war es, so lange die Spitze aufs Papier zu pressen, bis Tinte kam oder die Füllfeder vollkommen verbogen war. Wichtig war vor allem eine Frage: Geha oder Pelikan?

Später war mehr Auswahl vorhanden, und der Lamy Safari war für viele von uns eine echte Offenbarung: Auf einmal konnten wir einen Füller benutzen und sahen dennoch nicht aus wie ein Erstklässler. Die Lamys kamen rasch in Mode, weil wir die vielen poppigen Farben – knallrot, eigelb, weiß, tintenblau und irgendwann sogar ein knalliges Pink – liebten und die Tintenpatronen größer waren, länger hielten und nicht so schnell ausliefen. Einige Mädchen schafften sich auch Füllfederhalter an, die dieser Bezeichnung alle Ehre machten: Sie hatten einen langgezogenen Schaft und eine breite Spitze, die in unseren Augen eine sehr schöne Handschrift machte – die Lehrer aber beim Entziffern unserer Hausaufgaben und Schularbeiten in die Verzweiflung trieb.

Das Nächste, was wir aus der Tasche auf den Tisch legten, war das zur Schulstunde passende Lehrbuch oder Übungsheft. Je nachdem, in welchem Bundesland wir zur Schule gingen, mussten wir uns die Schulbücher selbst kaufen oder liehen sie in der Schulbibliothek aus. Wenn sie geliehen waren, befand sich auf der Innenseite des Einbands ein Stempel in Form einer Tabelle, in die wir unseren Namen eintrugen und fortan für den einwandfreien Erhalt des Buches verantwortlich waren. Da die Schule selten Geld für neue Bücher hatte, war die Liste der Vorbesitzer meist so lang, dass sie gar nicht mehr in die Tabelle passte, und die Buchseiten waren schon so zerfleddert, dass uns nicht einleuchtete, warum wir die Bücher noch in Schutzfolien einpacken sollten, für die wir im Zeitschriftenladen Geld ausgeben mussten.

Etwas Gutes hatten die zerfledderten Schulbücher dann aber doch: Die lange Liste der Schüler, die das Buch vor uns benutzt hatten, die zerlesenen Seiten und die vielen Unterstreichungen und Anmerkungen im Innenteil gaben nicht nur manche Lösung vor, sondern kündeten auch davon, dass sich bereits Generationen vor uns durch den Unterricht gekämpft und irgendwie den Weg durch die Schule gefunden hatten. Und dann konnte es so schwer ja nicht sein.

Neben all dem analogen Kram hatten wir auch einen besonderen technischen Liebling. Sein Name war FX-7000G. Er stammte aus dem Hause Casio und wurde in seltenen Fällen durch ein vergleichbares Modell von Texas Instruments oder Hewlett Packard ersetzt, wenn der Lehrer sich das aus einem unerfindlichen Grund in den Kopf gesetzt hatte. FX-7000G war ein kantiger Taschenrechner mit jeder Menge Funktionen, von denen wir nur einen Bruchteil benutzten. Dafür hatte in seiner Hülle auch der längste Spickzettel Platz. Und schnell entdeckten wir noch ein Special – nämlich die Schreibfunktion des Displays: 7353, das ergab umgedreht gelesen »Esel«, und 31907018 las sich als »Biologie«. In den Tastenritzen setzte sich schnell der Prökel aus der Schultasche ab, den man später nur noch mit einer Stecknadel entfernen konnte, was für die meisten von uns mit akuten Ekelanfällen einherging.

Das Digitaldisplay fanden wir cool. Es sah aus wie das der Casio-Armbanduhren mit den Plastikarmbändern, um die wir unsere Eltern angebettelt hatten. Von diesen Uhren besaßen manche wiederum auch eine einfache Rechenfunktion (und waren damit bei Klassenarbeiten sehr nützlich, bis sie enttarnt wurden). Digital war schick, da konnten unsere Eltern noch so sehr mosern, dass man mit einer solchen Uhr niemals lernen würde, das Ziffernblatt zu lesen.

Wer nicht damit beschäftigt war, der Angebeteten auf dem Taschenrechner die Zahlen 38317 – »Liebe« – zu zeigen, arbeitete schon früh an den Hinterlassenschaften für die Nachwelt, indem er das Mobiliar der Schule mit seinem Namen und Sinnsprüchen wie »Ich war hier«

oder »Mathe ist doof« beschriftete. Auf den glatten Oberflächen natürlich vorzugsweise mit Edding, war ja klar.

Dass viele unserer Schulmöbelinschriften für nachfolgende Generationen verlorengegangen sind, hat nicht nur mit der Erneuerung des Inventars zu tun. In Fällen besonders üppiger Verzierungen mussten wir den Tischen und Stühlen mit Schwamm, Scheuerbürste und ätzend riechendem Reiniger zu Leibe rücken und das Gekritzel abschrubben. Wenn jemand den Namen seiner Lieblingsband mit der Zirkelspitze in den Tisch geritzt hatte, blieb die Hommage natürlich erhalten. Aber auch die Farbe ging nie ganz ab, dafür wurde die Lackierung des Tisches immer dünner und der Putzmittelgeruch setzte sich im Holz fest. In Verbindung mit Kreidestaub, der in jede noch so kleine Ritze vordrang, ausgelaufenen Trinkpäckchen und dem Haarspray, das gern in der kleinen Pause verwendet wurde, bildete sich eine einzigartige Patina, die unserem Klassenzimmer erst den richtigen Kick gab.

Das war in etwa so wie mit den weißen Turnschuhen, die erst dann cool waren, wenn sie abgeranzt aussahen. Ganz so, als würden wir schon jahrzehntelang in den Achtzigern leben. Deswegen bemalten wir sie, schlurften damit, so lässig es ging, über Stock und Stein und rieben die nagelneue Fußbekleidung schon mal mit einem schmutzigen Lappen ab, bis unsere Eltern unserem Treiben entsetzt Einhalt geboten.

Der Geruch von dreißig Paar Teenagerfüßen in diesen Schuhen, gemischt mit den Ausdünstungen des schimmelnden Tafelschwamms und der nassen Kreide, ergab die unverwechselbare olfaktorische Note, die uns noch heute in die Nase steigt, sobald wir an Schule denken. Dazu mischte sich das Odeur der Turnbeutel – natürlich der blaue mit dem Adidas-Logo –, die wir nach der

Sportstunde noch den ganzen Tag mit uns herumschleppten, sowie unser Eigengeruch: In den unteren Klassen fand Sport am Vormittag mitten im Unterrichtsblock statt, weshalb uns nach der Stunde oft nur zehn Minuten blieben, um uns umzuziehen und in den Klassenraum zurückzurennen. Geduscht wurde nach Sportstunden erst in der Oberstufe, als diese am Nachmittag stattfanden.

Wenn die Sonne mehr als nur zaghaft schien oder sogar auf die Schulgebäude niederprallte, wurde es drinnen stickig – klimatisierte Räume oder gute Isolierstoffe waren zu unserer Zeit eben Mangelware. Sahen wir im Sommer aus dem Fenster auf den Schulhof, flirrte dieser in der Hitze, und es staubte wie in einem Italowestern mit Clint Eastwood. In den oft noch neuen Schulen waren Bäume, die Schatten spendeten, entweder vergessen oder gerade erst gepflanzt worden.

Reinlichkeit war allenfalls oberflächlich vorhanden. Unter den Tischen gammelten Bananenschalen und zermatschte Brote vor sich hin, und die Unterseite der Tischplatten zierte eine Kraterlandschaft aus alten Kaugummis. Das alles störte uns wenig, wenn wir mit dem Tischnachbarn im Verborgenen Käsekästchen oder Schiffe versenken spielten, Papierflieger falteten oder im Deutschbuch schon nach den Comics im nächsten Kapitel stöberten, die im Vergleich zu unseren *X-Men-* und *Avengers-*Heften meistens ziemlich altbacken wirkten.

In diesem Ambiente war, wenigstens in den ersten Stunden des Tages, an geregelten Unterricht nicht zu denken. Es ging alles drunter und drüber, keiner passte auf. Ina und Kerstin begrüßten sich erst mal so, als hätten sie einander jahrelang nicht gesehen, obwohl sie noch am vorangegangenen Nachmittag so lange miteinander telefoniert hatten, bis Inas Eltern mit den Worten: »Es reicht!

Die Einheiten ziehen wir dir vom Taschengeld ab!«, für Funkstille gesorgt hatten.

Während Ina und Kerstin sich also erzählten, was sie in den vergangenen Stunden gefühlt, erlebt und gedacht hatten, verglichen Matthias und Tim unter dem Tisch *Star-Wars*-Sammelbildchen. Martin las den Test von *Police Quest 2* in der ASM (damals eine der wenigen Games-Zeitschriften), Andrea führte ihr neues Jo-Jo vor, Ingo pulte die Glaskugel aus der Tintenpatrone seines Füllers, um sie seinem Vordermann mittels eines zum Blasrohr zusammengerollten Blattes Papier in den Nacken zu schießen, und Ilka füllte für ihre Freundin mit einem penetrant nach irgendeiner undefinierbaren Frucht duftenden Farbstift sorgfältig das »Meine Freunde«-Buch aus. Wer es vor der Schule nicht mehr geschafft hatte, die Hausaufgaben abzuschreiben, war spätestens jetzt damit beschäftigt.

> *Das Leben geht ziemlich schnell vorbei.*
> *Wenn ihr nicht ab und zu anhaltet und*
> *euch umseht, könntet ihr es verpassen.*
>
> Ferris Bueller, in: *Ferris macht blau*

Irgendwo vorne betrat derweil die Klassenlehrerin den Raum, legte das in grünes Plastik eingebundene Klassenbuch aufs Lehrerpult und begann damit, Reden zu schwingen und dabei Zahlen oder Buchstaben an die Tafel zu schreiben. Das störte uns nur mäßig, es sei denn, die Kreide quietschte.

Während der Unterricht in vollem Gange war, verfassten wir unter dem Tisch auf Karopapier Liebesbriefchen, die wir zusammenfalteten und von den Sitznachbarn weiterreichen ließen – wobei natürlich jeder, der den Zettel in die Hände bekam, kurz reinschaute, so dass am Ende die ganze Klasse wusste, wer jetzt mit wem ging.

Die Anordnung von Tischen und Stühlen im Klassenzimmer beeinflusste die Schnelligkeit postalischer Leistungen. In den ersten Schuljahren standen die Tische noch hintereinander, später dann in Hufeisenform oder zu zweit aneinandergestellt verteilt im Raum – die Runde war besser zum Diskutieren, die Vierertische besser für die Gruppenarbeit. Die verlief allerdings nicht in jedem Fall so, wie die Lehrer sich das vorgestellt hatten.

Gesprächsstoff gab es in unseren Klassen nämlich immer genug, dazu war die Zusammensetzung aus Punkern, Anarchos, Poppern, Computernerds, Strebern, Pferdemädchen, Sporthelden, Heavy-Metal-Fans, Rappern und der großen Mitte, die mal dies, mal das ausprobierte, viel zu bunt. Das Wichtigste war, sich gegen andere abzugrenzen. Und so verkündeten Punker: »Liegt der Popper tot im Keller, war der Punker wieder schneller«, worauf die Popper alle anderen »Prolos« nannten und Anti-Atomkraft-Buttons als »Brokdorf-Broschen« verhöhnten. Solche Rivalitäten gab es auch unter den Groupies der Toten Hosen, die sich mit den Ärzte-Fans darum stritten, welches denn nun die beste Band der Welt war. Oder zwischen denen, die *Spiderman* lasen, und denen, die lieber *Superman* mochten. Begründen konnte das in den meisten Fällen keiner so richtig. Das eine war eben cool, das andere nicht.

Vielleicht hatte es damit zu tun, dass wir fern des Schrankwanduniversums erst herausfinden mussten, wer wir waren. Da fühlte es sich gut und sicher an, Mitglied im richtigen Verein zu sein. Und wie es sich für einen Verein gehörte, trugen wir auch Outfits, die unsere Zugehörigkeit kenntlich machten:

Popper, das waren die mit den frisch geföhnten Haaren und der Tolle. Eine Strähne fiel gekonnt übers Auge, so dass sie die meiste Zeit halbblind durch die Gegend liefen. Sie gaben sich extra unpolitisch und kleideten sich angepasst, mit Kaschmirpulli, Bundfaltenjeans, Collegeklamotten oder Fliegerjacke. Egal, wie das Tagesoutfit aussah, es war wichtig, dass eine Marke draufstand, und zwar mindestens Benetton, Lacoste oder Marc O'Polo. Ihre Ziele für die berufliche Zukunft waren noch ehrgeiziger als die ihrer Eltern – sie hatten vor, am Ende vom *Spiel des Lebens* auf jeden Fall in der herrschaftlichen Villa zu landen. Am besten hatte man dafür schon von vornherein Geld.

Die Punker wollten bei dem Spiel nicht mitmachen. Sie toupierten sich die Haare zu abenteuerlichen Stachelfrisuren, fixierten diese mit Haarspray oder Zuckerlösung und trugen zerrissene Röhrenhosen und Netzstoffe, Antifa-Buttons und Aufnäher mit einem eingekreisten A, die mit zwei Sicherheitsnadeln am Parka befestigt waren. Sie schwänzten die Schule schon mal für eine Demo und eine gepflegte Prügelei mit Glatzen – oder einfach zum Biertrinken. Da diese Form des jugendlichen Protests etwas für Fortgeschrittene war, standen sie auf dem Schulhof in der Raucherecke für die Großen, auch wenn sie da noch gar nicht hindurften. Falls sie jemals das *Spiel des Lebens* in die Finger bekamen, dann fuhren sie auf jeden Fall entgegen der allgemeinen Fahrtrichtung.

Die Demo war auch das natürliche Habitat der Ökos und Friedensbewegten. Sie waren gut zu erkennen am Button mit der weißen Taube auf blauem Grund, den sie am Revers trugen, und am Anti-Atomkraft-Aufkleber auf der Schultasche. Um ihrer Konsumkritik Ausdruck zu verleihen, trugen sie Secondhand-Schlabberklamotten und Shirts in Farben, die mit dem Ton Jute-statt-Plastik-Tasche verschmolzen. Mitglieder anderer Gruppen hegten insgeheim den Verdacht, dass sich Ökos nie die Haare wuschen, und machten sich besonders gern über die Träger selbstgestrickter Pullis lustig. Immerhin waren diese von einem missionarischen Eifer beseelt, die Welt zu verbessern, und das war den meisten schon immer suspekt. Das *Spiel des Lebens* fanden die Ökos vollkommen sinnlos. Wer brauchte schon Statussymbole?

Rocker und Heavys mochten hingegen schwarze Nappalederjacken, auf denen sie hinten liebevoll Aufnäher von Iron Maiden, Judas Priest, Marillion oder Metallica plaziert hatten. Sie trugen gerade geschnittene Jeans, kamen schon als Sechzehnjährige mit dem Mofa auf den Schulhof gerollt und ließen sich die Haare bis zum Hosenbund wachsen. Sich mit ihnen anzulegen brachte nicht viel, weil die meisten aussahen, als würden sie im Zweifelsfall zurückhauen. Der »Highway to Hell« war ihnen allemal lieber als die kleinen Plastikbrücken, über die andere im *Spiel des Lebens* auf den Pfad zu Reichtum und Wohlstand abbogen.

Waver, von denen einige auch Gruftis genannt wurden, verwendeten meist ebenso viel Haarspray wie Punker, toupierten ihre Frisur zu zuckerwatteartigen Gebilden, trugen schwarze T-Shirts oder Schlabberpullis (auf gar keinen Fall Schulterpolster), Stretchröhren und Adidas Allrounder. Ihre Augen umrahmten sie mit schwarzem Kajal, trugen oft auch schwarzen Nagellack und sahen mit Rosenkette, Spitzenhandschuhen, Kreuzen und den schwarz gefärbten Haaren so aus, als ob sie Satanisten wären. Vielleicht hatten sie diesen Ruf, weil die Musik, die sie am liebsten hörten, allen anderen etwas merkwürdig vorkam: The Cure, The Sisters of Mercy oder Joy

Division. Dabei war die Spezies eher friedliebend, und man konnte mit ihnen am besten reden.

Für Branchenfremde nicht leicht auseinanderzuhalten waren Hip-Hop-Fans und Rapper. Zum Hip-Hop gehörte in dieser Zeit das Sprühen von Graffiti und Breakdance, und viele fanden es cool, die robotischen Bewegungen zu kopieren, selbst wenn sie sich nicht auf dem Kopf drehen konnten. Einige von uns gaben ihre Tanzbemühungen auf, als uns Eisi Gulp in der ZDF-Sendung *Breakdance* zeigen wollte, wie man im Takt der Musik so tat, als zöge man an einem unsichtbaren Seil oder holte ein Glas aus dem Schrank. Das raubte unserem Freizeittraum jegliche Coolness.

Wer in Sachen Rap und Hip-Hop etwas auf sich hielt, kam – anders als alle anderen – mit dem Skateboard zur Schule und trug entweder Trainingsanzüge aus Ballonseide oder übergroße T-Shirts und die Basecap falsch herum. Während den Jungs bei den Beastie Boys und Run-DMC einer abging, standen die Mädels auf Neneh Cherry, Queen Latifah und Salt'N'Pepa und versuchten deren Style zu kopieren – und es wäre ihnen ohne Musiksendungen im Fernsehen wie *Formel Eins* und das intensive Studium von Musikzeitschriften niemals möglich gewesen, sich stilgerecht zu kleiden.

Die breite Mitte interessierte sich mal mehr, aber oft eher weniger für all diese Sachen, hörte einen wilden Mix aus NDW-Songs wie »Der goldene Reiter«, »Sternenhimmel« oder »Ich will Spaß« und Charthits wie »Into the Groove« von Madonna, »The Final Countdown« von Europe oder »Manic Monday« von den Bangles. Viele konnten sich nicht mal entscheiden, ob sie den rauhen Gitarrensound von Aerosmith oder INXS dem der Bands vorzogen, die sich durch den starken Gebrauch von

Synthesizern auszeichneten wie Depeche Mode, Ultravox, Erasure oder die Pet Shop Boys.

Modisch experimentierten wir in erster Linie oft einfach mit den Neuerungen und den gewagten Farbkombinationen, die in den Achtzigern in waren: Hüte und mehrlagige T-Shirts wie Molly Ringwald in *The Breakfast Club,* Latzhosen aus leuchtend pinkfarbenem Jersey und Riesenpullis sowie Schulterpolster, Puffärmel wie Lady Di, Modeschmuck, breite Lackgürtel, die auf der Hüfte ruhten, oder schmale, die mehrfach um die Taille gewunden wurden, Cowboystiefel, deren Schaft oben umgekrempelt wurde, Leopardenprints, hochgeschoppte Jackettärmel à la *Miami Vice,* neongelbe Beinstulpen zur Karottenjeans – alles abgeschaut bei Popstars in Musikvideos und Schauspielern in Zeitschriften.

Dabei war es wichtig, dass auf unseren Klamotten das korrekte Emblem prangte – meist das gleiche, das auch unsere Idole trugen. Da wir das alles sehr ernst nahmen, waren wir erst glücklich, wenn wir etwa die 501 von Levi's hatten, in der Springsteens Hintern auf der Plattenhülle von *Born in the U.S.A.* steckte. Diese spezielle Jeans fiel uns auch auf, weil sich muskulöse junge Männer für die Fernsehspots mit ihr in die Badewanne legten, damit sie noch enger wurde, oder sich im Waschsalon bis auf die Unterbux auszogen, um ihr bestes Stück – eben jene 501 – mit einer Ladung Steine in die Trommel zu legen, damit sie stonewashed wieder herauskam. Uns war nicht ganz klar, warum Mama so sauer wurde, als wir das zu Hause ausprobierten.

Schuld am Markenwahn der Achtziger war also neben der Vermarktung durch die Stars auch die intensive Werbebeschallung, die wir selbst heute noch im Ohr haben und deren Slogans wir eher auswendig rezitieren können als die Gedichte von Rilke oder Heine, die wir im Deutschunterricht besprachen. Das Schöne war, dass es noch nicht so viele Marken gab, als dass die Entscheidung uns wirklich schwergefallen wäre, denn die Achtziger glichen einem Match mit wenigen Playern: Pepsi oder Cola, Scout oder Amigo, Wrangler oder Levi's und im Fall von Turnschuhen natürlich Adidas oder Puma. Wenn wir unsere Wahl getroffen hatten, waren wir auf der sicheren Seite, denn es gab genügend andere, die auch unserer Meinung waren.

Nur, wo Nutella draufsteht, ist auch Nutella drin.

Reklamespruch

Falls in der Schule nicht gerade ein Test anstand, ließen wir die klassische Schulstunde über uns ergehen. Vorn am Lehrerpult lief immer das gleiche Theaterstück ab: Die Bühne, den Raum vor der Tafel, durchmaß der Lehrer mit bedachten Schritten, murmelte vor sich hin, stellte ab und zu eine Frage oder hängte eine Lehrtafel aus verstärkter Pappe oder eine Landkarte aus dem Erdkunderaum an den galgenförmigen Halter, um uns das Innere eines Ameisenbaus oder die Klimazonen der Erde zu zeigen.

So merkten wir schnell, dass wir nicht das fliegende, sondern das auf dem Boden gebliebene Klassenzimmer waren, denn während sich bei uns zu Hause Spielkonsolen und Videorekorder breitmachten, kam die normale Schulstunde mit einer vorwiegend analogen Ausrüstung aus.

Da war es schon eine kleine Sensation, wenn der Lehrer mit ein paar runden, flachen Dosen unter dem Arm den Klassenraum betrat. Er bat einen Schüler, der an der Fensterseite saß, den Raum zu verdunkeln, während der

Filmprojektor warm lief. Der Pauker hatte meist einige Mühe, die Filmspule einzulegen und das Lichtviereck auf der ausgerollten Leinwand scharf zu stellen. Maik und Annette nutzten diese Zeit, um in der Dunkelheit unter dem Tisch Händchen zu halten. Der Filmprojektor startete mit einem Rattern, und das Logo der Landesbildstelle erschien auf der Leinwand. Mal folgte dann ein Film über das Paarungsverhalten des Laubfrosches, mal Erklärungen zur Bildung von Kumulus-, Stratus- und Zirrus-Wolken oder wahlweise auch die Top Ten der Vulkanausbrüche von Vesuv bis Krakatau. Nach einer Weile überhitzte dann der Projektor oder fraß das Band. Doch auch das hatte Vorteile – immerhin war auf diese Weise kein Unterricht möglich. Und Maik und Annette kamen so zu ihrem ersten Zungenkuss.

Andere technische Hilfsmittel im Klassenzimmer waren ähnlich funktionsuntüchtig. Ein gutes Beispiel: der Tageslichtprojektor, den einige Lehrer Overheadprojektor nannten. Solche Geräte gab es auch in der DDR, was das Ganze nicht unbedingt fortschrittlicher erscheinen ließ. Dort hießen sie, benannt nach dem Hersteller, Polylux.

Nicht jede Klasse verfügte damals über einen Tageslichtprojektor. Er wurde daher oft wie der Filmprojektor auf einem separaten Rolltisch zwischen den Räumen hin- und hergeschoben. Meist kam der Lehrer mit einer Packung bunter Folienstifte oder einem flachen Pappkarton, in dem sich bereits bedruckte Folien befanden, ins Klassenzimmer, stellte mit einem Blick fest, dass der Projektor wieder mal nicht da war, und eilte hektisch hinaus, um in den angrenzenden Klassenzimmern nach dem Leuchtkasten zu suchen. Manchmal verging eine geschlagene Viertelstunde, ein Drittel des Unterrichts also, bis er das Gerät triumphierend ins Klassenzimmer zerrte. Das hieß jedoch nicht, dass er dann auch damit umgehen konnte. Ständig verschmierte die Schrift, das Bild stand kopf, wurde spiegelverkehrt wiedergegeben oder war vollkommen unscharf.

Was mit dem Projektor an die Wand geworfen wurde, schrieben wir ab – auf die Idee, die Folien einfach zu kopieren, konnte noch keiner kommen, weil es zu Beginn unserer Schulzeit schlicht noch keine Kopiergeräte gab. Handouts, die damals noch Lehrblätter hießen, spuckte der Matrizendrucker im Keller aus, wobei das beigefarbene Recyclingpapier mit einer etwas verwaschenen purpurnen Schrift bedruckt wurde. Es roch immer nach Spiritus, weshalb uns instinktiv klar war, dass man nicht zu intensiv daran riechen durfte – was wir natürlich trotzdem taten.

Die Schnüffelei fand erst ein Ende, als schließlich immer mehr Kopierer in Deutschlands Schulen eingeführt wurden. Kopien waren teuer, und nur solche Lehrer durften welche machen, die zuvor für den Umgang mit dem neuen High-End-Gerät geschult worden waren. Für uns machte das kaum einen Unterschied. Nur der Geruch war weg, das Papier war nicht ganz so weich und die Tinte verlief nicht mehr so stark, wenn wir darauf schrieben.

Im Laufe der Achtziger gab es jedoch ein Wunder der Technik, das uns die Schulstunden wirklich versüßte. Es steckte in einem weißen Schrank auf Rädern. Wenn dieser zu Beginn der Stunde ins Klassenzimmer gerollt wurde, johlten wir und klatschten manchmal sogar. Der Schrank barg aus unserer Sicht ein technisches Dreamteam: einen Fernseher mit VHS-Videorekorder. Das Fach schluckte mit leisem Klicken und Surren die VHS-Kassetten, dann erschien nach kurzem Bildrauschen der brüllende Löwe von Metro-Goldwyn-Mayer, der Paramount-Berg oder ein altes Schwarzweißlogo einer Vorkriegsfilmgesellschaft. Meist sahen wir uns Filme mit irgendeinem Anspruch an – wie dieser geartet war, hing stark davon ab, ob der Lehrer, der die Fernbedienung hatte, stockkonservativ war oder selbst Spaß haben wollte. *M – eine Stadt sucht einen Mörder*, *Im Westen nichts Neues* und *Es geschah am helllichten Tag* gehörten ebenso zum Repertoire wie *Theo gegen den Rest der Welt*, *Die Legende von Paul und Paula*, *Hair* oder *Doktor Schiwago* – und manchmal sogar *Louis und seine außerirdischen Kohlköpfe* im französischen Originalton, mit einem Monsieur de Funès, der so schnell sprach, dass wir ihn kaum verstanden.

Wenn im Ausland alle so quasselten, war es wohl doch sinnvoll, Fremdsprachen richtig zu pauken. Mit Englisch fing alles an, später wählten wir dann zwischen Französisch oder Latein, und wer noch nicht genug hatte, konnte in der Oberstufe Spanisch oder Italienisch belegen und nachmittags die Russisch-AG besuchen.

Unsere ersten englischen Worte haben sich auf alle Ewigkeit in unser Gehirn eingebrannt: »This is Peter Clark. Peter is a boy.« Sie stammten aus dem Lehrbuch *English G1* von Cornelsen, in dem uns vom Alltag der Familie Clark berichtet wurde. Peters Schwester hieß Betty, und bei den Clarks wohnte ein Wellensittich namens Peep, der ständig verlorenging. Ihr Alltag war nicht sonderlich aufregend, aber sie waren gut damit ausgelastet, ihr Zimmer aufzuräumen, einkaufen zu gehen, das Fahrrad zu reparieren oder den Wellensittich zu suchen. Beinahe zwanghaft stellten sie sich jedem Fremden vor.

Die Franzosen, deren Bekanntschaft wir etwas später in einem anderen Lehrbuch machten, hatten offenbar ein Problem damit, sich zu merken, wo sie ihre Musikkassetten liegengelassen hatten – jedenfalls waren Pierre und Nicole ständig auf der Suche danach, nur um dann festzustellen, dass ihnen ausgerechnet dann der Kassettenrekorder, das *magnétophone*, kaputtgegangen war, wenn sie das gesuchte Tape wiedergefunden hatten. Suchten sie nicht, waren sie auf dem Markt einkaufen, verliefen sich dabei aber ständig und mussten nach dem Weg fragen.

Alles in allem auch nicht viel besser als Fu, die sprechende Socke, mit der wir in der ersten Klasse Schreiben gelernt hatten und die ständig nach Uta rief.

Das neu eingerichtete Sprachlabor sollte dabei helfen, unsere etwas schwerfälligen deutschen Zungen an die Aussprache der fremden Worte zu gewöhnen. An den einzelnen Tischen waren dünne Seitenwände montiert, so dass wir uns untereinander nicht sehen konnten. Der Blick führte durch die Frontscheibe zur großen Schaltzentrale an der Kopfseite des Raums, von wo aus der Lehrer wie ein DJ am Mischpult die Sprachübungen steuerte. Jeder Platz war mit einem Kassettendeck ausgerüstet, zu dem ein Set Kopfhörer mit eingebautem Mikro gehörte. Auf einem Drehstuhl saßen wir vor dem Gerät, während der Lehrer vorn die Kassette einlegte. Wenig später erklangen Ausschnitte aus dem Lehrbuch, die wir nachsprechen, und Lückentexte, in die wir die passenden Vokabeln hineinquasseln sollten. Der Lehrkörper wurde zur Sprach-Stasi, hörte uns einzeln oder die gesamte Gruppe ab. Anders als bei Telefonhotlines heutzutage hatten wir keine Ahnung, ob mitgehört wurde, bis wir das Genuschel unseres Lehrers im Kopfhörer vernahmen, der uns korrigierte, wenn wir etwas falsch gemacht hatten – so lange, bis wir beim Versuch, das englische »th« korrekt auszusprechen, die Scheibe unserer Einzelkabine vollgespuckt hatten.

You can say you to me.
Helmut Kohl zu Margaret Thatcher

Der Unterricht im Sprachlabor kam irgendwann aus der Mode. Es dauerte einfach immer zu lange, bis alle ihre Kassetten an die entsprechende Stelle gespult und den Lautstärkepegel des Mikrofons richtig eingestellt hatten. Fortan hielten wir uns nur noch zu Klassenarbeiten dort auf, weil man in den Einzelkabinen nicht abgucken konnte – womit das Sprachlabor dann endgültig bei uns unten durch war.

Als schließlich die ersten Computerräume in den Schulen eingerichtet wurden, waren wir in der Zukunft angekommen. Wenigstens in den Augen der Lehrer. Denn während die noch rätselten, was das Wort »booten« bedeuten sollte, waren die meisten von uns schon viel weiter. Vor allem, was den Stand der Technik anging: Die PCs im Schulbetrieb stammten damals meist aus den Restbeständen irgendwelcher Firmen und waren entsprechend betagt und schwach auf der digitalen Brust – viel schwächer als das, was die Computerliebhaber unter uns zu Hause stehen hatten. IBM war auch gebraucht noch zu teuer für den unterfinanzierten Bildungssektor, daher waren im Computerraum eher die Marken Schneider oder Amstrad vertreten.

Wir Kassettenkinder erlebten ein Heimspiel in den Räumlichkeiten der Schule oder besser gesagt: Wir spielten schon auf einem höheren Level als unsere Lehrer. Immerhin experimentierten wir daheim mit dem Amiga oder dem C64 und hatten zum Erstaunen unserer Lehrkräfte auch schon in der Programmiersprache *Basic* die ersten kleinen Programme geschrieben. Wir freuten uns daher, wenn jemand *Tetris*, *Snake* oder ein Demo von *Leisure Suit Larry* auf den Schulrechnern installiert hatte. Damit konnten wir die Zeit überbrücken, in der unsere Lehrer lernten, wie man ein Programm auf dem PC startete. Sobald sie das verinnerlicht hatten, brachten sie uns allenfalls bei, wie man einen Befehl in der MS-DOS-Zeile eingab. Ansonsten ging es im Informatikunterricht meist darum, das Zehnfingersystem für die Tastatur zu erlernen. Vielleicht war dies der Moment, in dem das Vertrauen in die Allwissenheit der Lehrer den ersten wahren Dämpfer erlitt.

Je länger wir die Schule besuchten, umso deutlicher wurde uns bewusst, dass wir das Glücksrad im realen Leben austricksen mussten, um einen der begehrten Jobs zu ergattern, die uns besonders lohnende Zahltage bescherten: Wir lernten zu schummeln.

Noch in der Grundschule hatten wir brav mit dem LÜK-Kasten gelernt. LÜK, das stand kurz für: lerne, übe, kontrolliere. 24 viereckige Täfelchen und verschiedene Übungsbücher für Sprachen und Mathematik gab es. Wir lösten die Aufgaben, indem wir die entsprechenden Zahlentäfelchen in die Mulden legten. Ob wir im wahrsten Sinne des Wortes richtiglagen, zeigte sich beim Zuklappen des Kastens anhand einer geometrischen Figur auf der Rückseite der Plättchen. Wie die auszusehen hatte, war im Aufgabenbuch abgebildet. Und so gab es beim LÜK-Kasten für jede richtig gelöste Aufgabe eine Belohnung, und wenn es nur ein rot-grün-blaues Trapez war.

Je älter wir wurden, desto logischer erschien es uns, dass bunte geometrische Figuren allenfalls in den Vorspann der Musiksendung *Formel Eins* gehörten, dass es aber uncool war, damit für Klassenarbeiten zu lernen. Wir stiegen um auf andere Lernhilfen. Es folgten unendlich lange Nachmittage, an denen wir mit unseren Eltern Vokabeln paukten, die wir auf Karteikärtchen geschrieben hatten – die Abfrage fand im Stil eines Kreuzverhörs meistens in der Küche statt.

So mancher konnte sich trotz der freundlichen Unterstützung der elterlichen Vokabeltrainer oder gar der eines Nachhilfelehrers nichts merken – immerhin hatte unser Gehirn schon genug damit zu tun, die Pubertät zu bewältigen und Filmzitate zu behalten wie: »Luke, ich bin dein Vater!«

Wenn eine Klassenarbeit nahte, verbrachten wir deshalb viel Zeit damit, praktische Gedächtnisstützen zu entwickeln. Wir schrieben wahre Romane auf kleine Spickzettel fürs Federmäppchen, was fast aufwendiger war, als wirklich für einen Test zu lernen. Dabei setzte sich das, was wir da so mühsam in Kleinstschrift hinkritzelten, oft völlig unbeabsichtigt in unserem Kopf fest.

Wenn wir eine Klassenarbeit schrieben oder die Lehrerin Fragebogen verteilte, die wir ausfüllen sollten, waren diejenigen, die ihre Schlamperl präpariert hatten, wachsam. Den Reißverschluss zogen wir gerade einen Spalt weit auf, so dass wir selbst hineinspingsen konnten, aber nicht die Aufsicht. Solange diese während der Arbeit am Pult sitzen blieb, wähnten wir uns in Sicherheit. Wenn sie dann aufstand, um durch die Reihen zu gehen, beschleunigte sich unser Puls, und wir versuchten unauffällig, aber rasch, das Schlamperl so zusammenzudrücken, dass die Deklination der unregelmäßigen Verben nicht zu sehen war.

Manche versteckten ihren Pfuschzettel auch im Schuh und baten dann darum, kurz die Toilette aufsuchen zu dürfen. Andere hatten einen kleinen Papierstreifen auf die

Innenseite ihrer Armbanduhr geklebt und nestelten nun auffällig unauffällig am Verschluss herum.

Später, wenn wir in der Oberstufe waren, fand die Erinnerungshilfe in Kippenpackungen Platz, die wir in der Raucherpause auspackten, oder wir pinselten uns schon mal für die Deutschklausur die halbe Oldenburg-Interpretation in den betreffenden Roman. Mit der Zeit wurden unsere Methoden immer ausgefeilter und perfider, und nur totale Amateure hielten noch wichtige Notizen auf dem Unterarm fest, weshalb sie meistens auch als Erste aufflogen.

Wem das mit den Spickzetteln zu riskant war, der schrieb vom Banknachbarn ab, was aber ein gewisses Risiko barg, wenn man einen Fehler des Nebenmanns gleich mit abpinnte oder dieser wiederum von seinem Sitznachbarn abschaute. Diese Form der schriftlichen stillen Post ergab dann oftmals Notenkolonnen, die analog zur Sitzreihenfolge immer schlechter wurden. Dumm, wenn man am Ende der Reihe saß.

Die schlimmsten Minuten einer Arbeit waren aber immer jene, in denen alle unsere Klassenkameraden schon abgaben, wir aber noch mitten in der vorletzten Aufgabe steckten. Das war in etwa so schrecklich wie einer von diesen Albträumen, aus denen man nicht aufwachen konnte.

> *Wer nichts weiß und weiß, dass er nichts weiß, weiß mehr als einer, der nichts weiß und nicht weiß, dass er nichts weiß.*
>
> Schülerspruch

Wenn endlich die Schulglocke zur Fünf-Minuten-Pause läutete, war der Spuk vorbei. Fiel die nächste Stunde aus, weil der Lehrer krank war, nutzten wir die Freiheit, um uns unerlaubt vom Schulgelände zu schleichen und uns im nahe gelegenen Penny oder Coop mit Chips, Hanuta und Vanillemilch einzudecken. Unterrichtsausfall wurde auch oft ausgeglichen, indem wir uns zu einer anderen Klasse setzten oder unter Aufsicht selbst beschäftigten, was meistens in großem Gejohle endete. Es kam seltener vor, als wir uns das gewünscht hätten.

Erst in der großen Pause stürmten wir den Schulhof, wenn es die Wetterlage erlaubte. Zwei Schüler waren immer für den Hofdienst eingeteilt, um liegengebliebene Papierchen und anderen Unrat aufzusammeln. Der Rest stand in Grüppchen herum oder reagierte seinen Bewegungsdrang ab: Die Jüngeren beim Himmel-und-Hölle-Spiel, bei dem ein Stein auf eins der mit Kreide auf den Boden gemalten Kästchen geworfen wurde und man ihm auf einem Bein nachspringen musste. Die etwas älteren Kinder spielten Völkerball, das in der DDR Zweifelderball hieß und bei dem uns mitnichten klar war, dass es sich dabei um eine Art Kriegsspiel handelte, in dem eine Schlacht zwischen zwei Völkern nachgestellt wurde. Eine weitere sportliche Herausforderung für die Kleinen war das Fangspiel »Fischer, Fischer, welche Fahne weht heute?«, wobei einer der Fischer war und die Farbe festlegen durfte. Diejenigen, die etwas dieser Farbe am Körper trugen, mussten versuchen, die Ziellinie zu erreichen. Der Fischer war bemüht, sie vorher einzufangen. Solche Laufspiele gaben dem Schulhof das Flair einer großen Turnhalle.

In den oberen Jahrgängen kam gerade noch Tischtennisspielen an der fest installierten Platte aus grauem Beton in Frage – falls die Kleinen die Platte nicht mit einem Tischtennisrundlauf in Beschlag genommen hatten. Im Zweifelsfall verlegten wir uns in den Pausen lieber auf gepflegtes Rumstehen und Rauchen sowie Konversation, Kickern und Knutschen.

Wer nicht spielen wollte oder genug davon hatte, packte sein Frühstück aus: etwa eine Tüte Capri-Sonne und ein Schwarzbrot mit einer Eszet-Schnitte drauf. Unsere Mütter kombinierten gerne gesund und ungesund, weil sie ahnten, dass wir ein leicht angedetschtes Brot mit Streichwurst schamhaft im Papierkorb verschwinden lassen würden, nur um die letzten Groschen des Taschengelds für ein Negerkussbrötchen – auch »Matschbrötchen« genannt – vom Hausmeisterkiosk zusammenzukratzen.

So gern wir als Kinder in der Pause auf dem Hof herumgejagt waren – am wenigsten Begeisterung entlockte uns der Sportunterricht, und es wurde von Jahr zu Jahr weniger. Erst irgendwann in der Oberstufe konnten wir zwischen Sportarten wie Handball oder Federball wählen, und wenn es Wettkämpfe gab, dann waren das Basketballmeisterschaften. Schon allein deswegen kam uns die Oberstufe immer vor wie ein gesegneter Ort. Bis dahin bestand der Sportunterricht jahrelang nur aus Sportspielen, bei denen die beliebtesten Schüler die Mannschaften wählen durften – und die anderen mehr oder weniger quälend lange auf der Bank verharren mussten, bis sie aufgerufen wurden –, sowie Zirkeltraining mit Bock, Barren und Ringen. So lernten wir in diesen Stunden, dass Sport tatsächlich Mord war oder zumindest Mordgedanken aufkommen ließ. Die Vorstellung, dass wir ein paar Jahre später Unsummen ausgeben würden, um uns mehrmals die Woche freiwillig im Fitnessstudio zu knechten, wäre uns damals wie ein schlechter Witz vorgekommen.

Der Tiefpunkt unseres Schülerlebens waren aber die verhassten Bundesjugendspiele. Die institutionalisierte Tortur fand jedes Jahr kurz vor den Sommerferien statt. Ein ganzer Tag, an dem wir durch Wettkämpfe gedemütigt wurden, deren Sinn keinem von uns wirklich einleuchtete.

Es gibt nur eine Möglichkeit:
Sieg, Unentschieden oder Niederlage.

Franz Beckenbauer

Meist war es schon am Morgen so heiß, dass uns der Schweiß auf der Stirn stand, bevor der Hundertmetersprint oder der Weitsprung überhaupt begonnen hatten. Den ganzen Vormittag liefen wir von einem Sportwettkampf zum nächsten, versuchten den Anschluss nicht zu verpassen und keine allzu peinliche Figur abzugeben: also weder vor dem Startschuss loszurennen noch den Ball in die Rabatten zu werfen.

Am Ende stellten wir uns vor dem Schuldirektor auf, der über das sich ständig rückkoppelnde Mikrofon die Namen derjenigen vorlas, die eine Ehrenurkunde oder – wie die meisten von uns – wieder nur eine Siegerurkunde bekommen hatten. Das Dokument war aus verstärktem, gewelltem Papier und machte unser Versagen auch noch aktenkundig, denn die Siegerurkunde war eigentlich eine Verliererurkunde, bekam sie doch jeder, der sich nicht allzu blöd anstellte. Die Pappe, auf deren linker Seite mit Piktogrammen die Sportarten dargestellt waren, trug neben der Unterschrift des Kultusministers – statt wie die Ehrenurkunde das Gekritzel des Bundespräsidenten – den Stempel der Schule. Sie verschwand ganz schnell im Papierkorb, falls unsere Mutter sie nicht zuerst in die Finger bekam und zu den Schulzeugnissen heftete. Schlimmer ging es nur denen, die gar nichts bekamen, weil ihre Punktzahl selbst für eine Siegerurkunde zu gering war.

Die Bundeskörperertüchtigung war sicherlich gut gemeint – immerhin waren wir eine junge Generation, die wie noch keine andere vor ihr mit Büchern, Hörspielkassetten, Musik, Videospielen, Computern, Fernsehen und Videofilmen viele Anreize hatte, die Nachmittage auf dem Sofa zu verbringen. Dennoch wurden die Bewegungsspiele zu einem Trauma, das sich für immer in unsere kollektiven Erinnerungen gebrannt hat.

Wenn die Plackerei endlich vorbei war, setzten wir uns kaputt und verschwitzt auf unsere Fahrräder und strampelten langsam nach Hause, wo – wie jeden Mittag, wenn wir von der Schule kamen – bereits das Mittagessen auf uns wartete, das an diesem Tag statt aus Kartoffeln und Kohlrouladen gerne aus einem selbstgemachten Burger mit Tiefkühl-Pommes bestehen durfte.

Jahrmarkt der Albernheiten. Was unseren Humor und unseren Geschmack bestimmte

Sobald wir beim Mittagessen alles erzählt hatten, was an diesem Tag in der Schule vorgefallen war, und die Teller in der Geschirrspülmaschine verstaut waren, verzogen wir uns in unsere Zimmer, um die Hausaufgaben zu erledigen. Unter der holzvertäfelten Zimmerdecke oder Dachschräge stand ein Schreibtisch aus hellem Kiefernholz, an den wir uns nun setzten und mit einem Seufzen die Schultasche aufklappten.

In den frühen Achtzigern war unsere Bude noch vorwiegend mit Möbeln aus dem vorangegangenen Jahrzehnt bestückt, dazwischen stand vereinzelt ein modernes

Stück: ein Tischchen aus Glas und Chrom oder ein Regal mit Holzimitatfolie, das wir zum Geburtstag bekommen hatten. Bei einigen Kassettenkindern stand sogar der Spieltisch, den wir Jahre zuvor mit Pelikan-Malmäusen und Wachsstiften bekritzelt hatten, als Ablage noch in der Ecke, wenn er nicht zu den jüngeren Geschwistern abgewandert war – man bekam generell viel Gebrauchtes, Getragenes, Repariertes. Unsere Mutter besserte Löcher in Jeans noch mit Kreuzstich aus, auf durchscheinende Ellbogen von Pullovern kamen Bügelflicken, und Socken wurden gestopft, indem Mama sie über einen Stopfpilz aus Holz stülpte und farblich passendes Garn verwendete.

Der Bücherschrank war übersichtlich bestückt, da wir uns unseren Lesestoff oft in der Bibliothek ausliehen, statt ihn geschenkt zu bekommen. Schon als Dreikäsehochs zeigten wir Kassettenkinder stolz unseren Leihausweis vor und schleppten stapelweise *Was-ist-was*-Bücher aus der örtlichen Bücherei nach Hause, zusammen mit *Krabat* von Otfried Preußler, *Robbi, Tobbi und das Fliewatüüt* von Boy Lornsen, Enid Blytons *Fünf-Freunde*-Serie und *Eine Woche voller Samstage* von Paul Maar. Wir liebten Michael Endes Geschichten über *Lukas, den Lokomotivführer* – die wir uns auch in der *Augsburger Puppenkiste* im Fernsehen ansahen – und fraßen uns durch Astrid Lindgrens Gesamtwerk von *Pippi Langstrumpf* über *Madita* bis hin zu *Ronja Räubertochter*.

Die Tapete des Zimmers war vor allem eines, nämlich bunt. Entweder es zierten sie noch groß gemusterte Blumen aus den Siebzigern, oder sie trug ein ähnliches Comicmotiv wie unsere frühen Bettbezüge, beliebt waren *Benjamin Blümchen* oder *Heidi*. Mit dem Aufkommen der Pubertät wurde uns peinlich bewusst, dass das zunehmend unangemessen war, und wir forderten, dass die bunte Erinnerung an unsere Kindheit durch eine zarte Blümchentapete oder weiß gestrichene Rauhfaser ersetzt würde. Die dann sowieso nicht mehr zu sehen war, weil wir alles mit Filmpostern und dem *Bravo*-Starschnitt zupflasterten – oder, wie manche Jungs, auch mit Samantha Fox.

An der Wand neben dem Schreibtisch hing ein Setzkasten, in dem, wie in einer Miniaturausgabe der Schrankwand unserer Eltern, alle unsere Erinnerungen und Kostbarkeiten aufgereiht waren: Modellautos, Parfümflakons, Figürchen aus den Überraschungseiern oder Schlümpfe, die – wenn sie eine Blume in der Hand trugen – später unter Sammlern Rekordpreise erzielen würden. Vor unserer Sammelleidenschaft war nichts sicher. Was nicht in die kleinen Fächer dieser Bonsaischrankwand passte, fand seinen Aufbewahrungsort in Briefmarkenalben, in Sammelbüchern für Paninibildchen, an der Korkpinnwand oder in Herbarien. Andere Schmuckobjekte muten heute weniger pittoresk an: Wir stellten Bierdosen aus aller Welt ins Regal über unserem Bett, und selbst diejenigen unter uns, die noch nie an einer Zigarette gezogen hatten, klebten sich bisweilen die leeren Kippenpackungen der Eltern an die Wand. Begehrt waren vor allem Päckchen aus Übersee, die Papa von Geschäftsreisen mitbrachte.

Auf den Regalen und Fensterbrettern waren die cooleren Spielzeuge der Zeit gleichsam als Dekoration aufgereiht: Sprungfedern, die allein die Treppe hinunterlaufen konnten, röhrenförmige Wasserspiele, bei denen farbige Tropfen wie auf einer Wendeltreppe herabrieselten, ein Funkenrad vom Jahrmarkt, das man mit dem Daumen antrieb, oder eins dieser Nagelbilder – eine schwarze Box mit vielen Metallstiften, die auch im Musikvideo zu *If I was* von Midge Ure vorkam und in die man von hinten die Hand oder das Gesicht reindrücken konnte, worauf die Oberflächen der silberfarbenen Stifte einen 3-D-Abdruck erzeugten.

Wenn wir uns nicht von diesen Spielereien hatten ablenken lassen, waren irgendwann alle Lückentexte gefüllt, die geometrischen Flächen gespiegelt und die letzte Textaufgabe gelöst. Wie wir das alles erledigten, während laute Musik durchs Zimmer dröhnte, ist uns heute selbst schleierhaft. Unsere Eltern verstanden es schon damals nicht.

Als wir noch kleiner waren, wollten wir nach den Hausaufgaben sofort mit Geschwistern oder Freunden zum Spielen nach draußen. Wir kletterten auf Bäume, bastelten uns Unterstände im Gebüsch, streiften durchs Stadtviertel und angelten mit Holzruten und Bindfäden, an die wir selbstgebastelte Blinker hängten, verbotenerweise im nahe gelegenen See.

Es gibt kein Alter, in dem alles so irrsinnig intensiv erlebt wird wie in der Kindheit. Wir Großen sollten uns daran erinnern, wie das war.
Astrid Lindgren

Wir Kassettenkinder wuchsen ohne größere Schutzmaßnahmen seitens unserer Eltern auf. Die einzige Regel beim Spielen war, dass wir zum Abendessen zu Hause sein mussten. Oder dann, wenn die Laternen angingen. Manchmal waren wir so lange draußen, dass nachfolgende Generationen bereits von der Hundestaffel gesucht worden wären. Wir hatten keine Angst.

Auch unser Spielmaterial würde wohl heute keinen Spielzeug-TÜV mehr überstehen: dicke Äste und Steine, die wir zum Dämmebauen verwendeten, Bretter, in denen noch Nägel steckten und die wir für den Baumhausbau von einer nahe gelegenen Baustelle entwendet hatten, und Seile, die wir zwischen zwei Pfosten spannten, um das Seiltanzen zu üben. Wer sich auf die Fresse legte, war selber schuld.

Jungs trafen sich gerne, um mit Playmobil oder Lego zu spielen. Da wir uns die Merchandisingartikel zu unseren Lieblingsfilmen nicht leisten konnten, verwandelten sich die bunten Figuren in Geheimagent Lennet aus der gleichnamigen Buchreihe oder James Bond, und aus der Playmobil-Raumstation wurde Han Solos Raumschiff, das damals für alle in Deutschland noch der Rasende Falke hieß. Ein König, wer die *He-Man*-Püppchen oder gar die Crew von *Captain Future* samt ihrem Raumschiff Comet besaß. Bei schönem Wetter jagten wir mit Spielzeuggewehren und Plastikpistolen bewaffnet als A-Team durch den Wald, bei Regen genauso, diesmal aber mit Matsch als Tarnung im Gesicht. Wir spielten Superhelden, indem wir alte Bettdecken zu Umhängen umfunktionierten, und aus abgelegten T-Shirts bastelten wir uns die Masken von Batman (schwarzes T-Shirt) oder Spiderman (rotes T-Shirt): Wir schnitten gesichtsgroße Stoffstücke aus, in die wir zwei Löcher für die Augen schnippelten, und dann banden wir sie uns mit einem Gummiband um den Kopf.

Ein paar Jahre später vertrieben wir uns die Zeit damit, irgendwelche technischen Geräte miteinander zu verbinden oder sie auseinanderzunehmen und möglichst fehlerfrei wieder zusammenzusetzen. Rollenspiele wie *Das Schwarze Auge,* bei denen wir uns viele Nachmittage lang vorstellten, wir wären Zwerge, Orks oder Waldelfen, waren außerdem mächtig beliebt.

Kleine Mädchen spielten mit einem Puppenhaus, das entweder von Barbies oder Familie Sonnenschein bevölkert war – oder wir empfanden mit Schwestern oder

Freundinnen unsere Lieblingsfernsehserien wie *Die Märchenbraut* nach, wobei es immer Streit darum gab, wer Arabella sein durfte. Wir tauschten Glanzbildchen oder Sticker, von denen die kostbarsten glitzerten oder Wackelaugen hatten und die wir in hölzernen Zigarrenkisten aufbewahrten, kochten in der Fisher-Price-Küche für unsere Puppen, spielten Gummitwist oder Seilspringen, machten Fadenspiele, bei denen eine Schnur in einem aufwendigen Prozedere und in immer neuen Kombinationen um die Finger gewickelt und von der Spielpartnerin abgenommen wurde, und Klatschspiele, von denen eines mit den Worten »Bei Müllers hat's gebrannt, brannt, brannt ...« anfing. Als wir etwas älter waren, tranken wir literweise künstlich beduftetes Schwarztee mit Maracuja- oder Waldfrüchte-Aroma, den wir in kleinen Metalldöschen bei Nanu-Nana kauften, und redeten dabei über die Schule, Stars und Jungs, hörten Musik und schrieben Geschichten oder Briefe, auf die wir eine Achtzigpfennigmarke klebten, bevor wir sie in den Briefkasten steckten.

Verabredungen mit Freunden tätigten wir in der Schule oder kurzfristig per Telefon. Der Apparat mit den ultramodernen schwarzen Tasten, mit dem wir das erledigten, stand im Wohnzimmer oder im Flur auf einem kleinen Telefontischchen. Er hatte genau *einen* Klingelton, ein durchdringendes Ringen, das wir heute unter den Klingeltönen im Handy erst furchtbar nostalgisch, und dann nach kurzer Zeit wieder nervtötend finden.

Beim nächsten Ton ist es ...
Telefonische Zeitansage

Wenige Jahre zuvor hatte unser Fernsprecher noch eine Wählscheibe gehabt. Das neue Telefon im Farbton »Farngrün« (wahlweise auch »Hellrotorange«, »Weinrot« oder schlicht »Beige«) hatte der Techniker der Deutschen Post gebracht, es angeschlossen und das alte mitgenommen, da es nur gemietet war. Unsere Eltern mieteten gleich noch ein extralanges Kabel mit, damit man den Apparat für mehr Privatsphäre mit in ein anderes Zimmer nehmen konnte. Noch während wir zum Hörer griffen, ertönte von einem unserer Erziehungsberechtigten die scharfe Parole: »Fasse dich kurz!«

Telefonieren war damals eine teure Angelegenheit. Während man in den Siebzigern noch für 23 Pfennig ohne Zeitbegrenzung ein Ortsgespräch führen konnte, hatte die Deutsche Bundespost 1980 überall außer in Berlin den Acht-Minuten-Takt eingeführt. Man konnte nun förmlich im Hörer rattern hören, wie die Pfennigstücke durchfielen – so, wie wir es aus den gelben Telefonzellen kannten (stationäre Vorgänger des Handys), für die Mama uns immer Telefongroschen mitgab, damit wir von unterwegs aus anrufen konnten.

Es gab extra Sanduhren, auf denen »8 Minuten« stand und die eben diese Zeit brauchten, um durchzulaufen. Ab sechs Uhr abends telefonierte man allerdings vergünstigt, weswegen dann immer alle an den Hörer stürzten, um längere Gespräche mit der besten Freundin zu führen oder mit der umständlichen Erbtante, die so gerne und so viel redete. Was dazu führte, dass die Leitungen oft überlastet waren. Die Deutsche Post schaltete sogar Anzeigen, um ihre Kunden dazu zu bewegen, billige Ferngespräche auf die Zeit nach zwanzig Uhr zu verlegen, damit sich das Ganze besser verteilte.

Unsere Eltern kontrollierten die Telefonrechnung am Ende des Monats deshalb

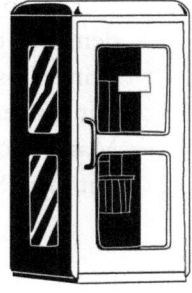

genau, und manche sperrten sogar die Tastatur mit einem kleinen Schloss ab. Dumm nur, dass wir inzwischen auf dem Schulhof erfahren hatten, wie wir die Sicherung überlisteten: Die Telefonnummern konnten wir auch durch Tippen auf die Gabel anwählen.

Wir vereinbarten darum mit unseren Freunden rasch einen festen Treffpunkt, statt wie heute hundert WhatsApp-Nachrichten zu schreiben, waren pünktlich am rechten Ort, und wenn einer von uns fünf Minuten zu spät war, wurde gewartet und dann gemeckert.

Wenn wir uns für einen Stadtbummel verabredeten, standen wir uns meist am Roland in Bremen oder vor dem Dom in Köln die Beine in den Bauch. Clevere Treffpunkte, die nicht so überfüllt waren, die aber trotzdem jeder fand, fielen uns in dieser Zeit noch nicht ein, weswegen wir uns jedes Mal durch das Gewimmel fremder Teenager kämpfen mussten, die sich ebenfalls zur gleichen Zeit an diesem Ort verabredet hatten. Es begann leicht zu nieseln, und wir klappten die Jackenkragen hoch, während in uns der Ärger über den Zuspätkommenden aufstieg.

Der war jedoch schnell vergessen, wenn derjenige bei der verspäteten Ankunft sogleich einen makabren Witz zum Besten gab, den er von seiner älteren Schwester gehört hatte, wie: »Alle Kinder gehen zum Friedhof, nur nicht Hagen, der wird getragen.« Oder: »Mama, Mama, ich mag Opa nicht.« – »Sei ruhig, mein Kind, und iss weiter.«

Es gab eine Unmenge von diesen Scherzen, und trotzdem war es schwer, einen ausfindig zu machen, den noch keiner unserer Freunden kannte. Wer davon träumte, mal mit Witzen auf der Bühne zu stehen, der paukte die Fünf-Mark-Spontiwitze-Bücher und die Jeans-Taschenbücher mit den Schülerwitzen durch wie das Mathebuch von

Klett, bis er alle Antiwitze und Häschenpointen auswendig konnte.

Am besten lernte man von den Könnern jedoch, wenn man ihnen genau auf den Mund schaute. Denn zu einem guten Witz, das lernten wir damals von unseren komischen Idolen, gehörte nicht nur eine Pointe, sondern auch die richtige Art, sie vorzutragen. Wir vertrieben uns daher gern die Zeit damit, Schallplatten zu hören und Auftritte unserer Lieblingskomiker im Fernsehen zu verfolgen, damit wir sie nachahmen konnten. Nichts war uns mehr Lohn als die Lacher unserer Freunde.

Gut eigneten sich die alten Heinz-Erhardt-Platten von den Eltern, aber besser waren die des größten Anarcho-Clowns der Achtziger: Otto Waalkes.

Ein Meister des Blödelns war dieser Ostfriese, darüber waren sich alle einig, und so fehlte in kaum einem Plattenschrank unserer Generation die Scheibe des jungen Mannes mit strähnigem Haar, der in die Kamera grinste, umringt von Comicelefanten: *Otto versaut Hamburg*.

Otto brachte unser Lebensgefühl auf die Bühne: Aufgedreht und energiegeladen rollte er auf Rollerscates ans Mikro und jodelte aus vollem Hals, obwohl er aus dem hohen Norden kam, ließ die ostfriesische Nationalflagge flattern (ein weißes Taschentuch: weißer Adler auf weißem Grund!), schnappte sich die Gitarre, um Lieder der Neuen Deutschen Welle zu parodieren, und brachte doch manchen Song nicht zu Ende, weil das Publikum sich den letzten anzüglichen Reim selbst denken sollte.

Otto hatte als blasser Junge mit viel Blödsinn im Kopf in den Siebzigern angefangen. Und so begleitete er die meisten von uns schon, bevor sie überhaupt laufen konnten. Jetzt liefen wir nicht nur, sondern hüpften genauso wie unser Vorbild mit angezogenen Armen und gekrümmten

Händen über den Schulhof und frotzelten uns im Stil seiner Shows an – und jeder hatte mindestens einen Freund, der einen originalgetreuen Ottifanten zeichnen konnte.

Lange bevor irgendjemand ADHS überhaupt buchstabieren konnte, sprang Otto schon wie von der Tarantel gestochen von einem Gag zum anderen, und wir erfuhren nicht nur, dass man auch ohne einen roten Faden lustig sein konnte, sondern dass wir über alles lachen durften: vor allem über uns selbst und über etwas, mit dem wir uns meist noch nicht so gut auskannten, das uns mitten in der Pubertät aber natürlich brennend interessierte: Sex – trotz freier Liebe in den Siebzigern für viele immer noch ein Tabuthema. Dass Otto uns erklärte, wozu das Knie des Mannes im Geschlechtsakt taugte, oder ankündigte, dass bis morgen früh durchgebumst würde, machte uns locker, fallera. Egal, ob der rasende Reporter Harry Hirsch, der Dirigent Herbert von Karamalz, Oberförster Pudlich oder Frau Suhrbier – Respektspersonen parodierte Otto, und das machten wir hemmungslos nach. Selbst sonst humorfreie Zonen wie die *Tagesschau,* eine Märchenstunde, eine Gerichtsverhandlung oder das *Wort zum Sonntag* waren dank des Emdeners nicht mehr vor der Veralberung sicher.

Deutscher Humor ist ja ein echter Schlankmacher:
Man muss meilenweit laufen, bis man ihn trifft.

Dieter Hallervorden

Insgesamt waren die Achtziger ein albernes Jahrzehnt, und wenn wir daran zurückdenken, fallen uns sofort der Klamauk von Didi Hallervorden und Peter Frankenfeld, Harald Juhnke und Rudi Carrell ein. (Albernheiten konnten zu jener Zeit sogar die Welt bewegen, wie wir 1987 erkannten, als Carrell einen vierzehn Sekunden langen Spot über Ayatollah Khomeini brachte, dem – per Bildmontage – verschleierte Frauen ihre Büstenhalter zuwarfen. Das löste eine Staatskrise aus, doch damals lieferte die Bundesregierung dem Mullahregime keine öffentliche Entschuldigung, sondern verwies schlicht auf die Meinungsfreiheit der Medien.)

Wie alle Teenager dieser Welt liebten wir Kassettenkinder alberne Scherze. Und anders als heutige Teenager hatten wir das Glück, im albernsten aller Jahrzehnte aufzuwachsen. Wir lachten uns in den *Supernasen*-Filmen darüber kaputt, wie Thommy Gottschalk und Mike Krüger einer Bande Nazis entkamen, weil sie mit ihnen darum würfelten, wer als Nächster von der Ladefläche des Transporters springen musste, kicherten über die falschen Zähne und die zentimeterdicken Brillengläser von Diether Krebs in *Sketchup* und sorgten dafür, dass wir den gesamten Gegenwert herausholten, wenn wir in Scherzartikel wie ein Furzkissen, eine falsche Kaugummipackung (die einem eine Metalllasche auf den Finger schnalzte, wenn man am Kaugummistreifen zog) oder ein doppelwandiges Plastikbierglas mit eingeschlossener gelber Flüssigkeit und Schaum investiert hatten. *Werner*-Comics des Zeichners Brösel, *Der große Boss – Das Beste aus dem Alten Testament* von Fred Denger und *Das kleine Arschloch* von Walter Moers standen hoch im Kurs und hatten ihren Platz im Bücherregal neben den gelben Reclam-Heftchen, die wir für die Schule lesen mussten.

Da sich mit dem Witzeerzählen vorerst für die meisten kein Geld verdienen ließ, gingen wir stattdessen ein- oder zweimal in der Woche Zeitungen austragen, mähten den Rasen des Nachbarn, räumten im Supermarkt Regale ein oder verdienten uns am Popcornstand vor dem

Möbelzentrum ein paar Mark dazu, weil wir uns eines der unzähligen Gadgets kaufen wollten, die wir in den Achtzigern unbedingt besitzen mussten – Keyfinder, die auf Pfiff reagierten, Schlüsselanhänger aus grellbunten Telefonkabeln oder eine poppige Swatch-Uhr fürs Handgelenk.

Oft jobbten wir auch, weil wir die Reitstunden selbst bezahlen mussten oder weil unsere Eltern es nicht guthießen, dass wir E-Gitarre lernen wollten, um unsere eigene Punkband zu gründen, und deshalb den Zuschuss verweigerten. Dabei waren Hobbys eine wichtige Sache. Immerhin versicherten uns Lehrer und Eltern nimmermüde, wir könnten alles werden, was wir wollten, wenn wir uns nur anstrengten – und am besten etwas taten, das uns Freude bereitete. Wir blickten daher voller Zuversicht in die Zukunft, in der wir so viel aus uns machen konnten – auch wenn wir dazu erst einmal herausfinden mussten, welches Talent wir überhaupt besaßen.

Was bin ich?
Die Suche nach unserer Superkraft

Der Staub tanzte zu den Gitarrenklängen in den Sonnenstrahlen, die durch die Fenster des Klassenzimmers drangen. Es ähnelte dem Raum, in dem wir schon den Vormittag verbracht hatten, dennoch kam uns das, was vorn passierte, wesentlich aufregender vor als die klassischen Schulstunden.

Wir saßen zu fünft auf den abgeranzten Holzstühlen im Kreis, und der Musikschullehrer mit dem flusigen mittellangen Pottschnitt, der bereits von grauen Strähnen durchzogen war, zeigte uns, wie wir »Livin' on a Prayer« von Bon Jovi mit drei Akkorden nachspielen konnten:

Gestartet wurde mit e-Moll mit dem zweiten Finger im zweiten Bund. So weit, so einfach. Jeder griff nach seinem Plektrum, achtete dabei darauf, dass ihm die etwas zu große Gitarre nicht vom Knie rutschte, und es stellte sich heraus ... dass wir das besser bis zum nächsten Mal noch intensiv übten, bevor wir damit begannen, uns eine Band wie die von Jon zu suchen.

Bis wir die hätten, so glaubten wir, war es sicher nur eine Frage der Zeit, und so hatten viele von uns schon den Partykeller der Eltern zum Probenraum auserkoren und vorsichtshalber die Wände mit Eierkartons verkleidet, wegen der Schalldämmung.

Die Musikschule, auf die uns unsere Eltern schickten, war eine von vielen Möglichkeiten, die uns helfen sollte herauszufinden, auf welche Weise wir berühmt und erfolgreich werden würden. Dass das über kurz oder lang so kommen würde, stand für alle außer Frage. Mama und Papa gehörten der Wirtschaftswundergeneration an, für die es immer nur bergauf gegangen war. Sie hatten geschuftet und gespart, bis sie es sich in ihrer Schrankwandwelt nett einrichten konnten. Damit war für uns der Boden bereitet, alles schien möglich, und obwohl es unserer Familie gutging, würde es uns Kassettenkindern noch viel besser gehen, wenn wir einmal erwachsen waren. Vielleicht würden wir eines Tages sogar tatsächlich mal »König von Deutschland« werden, wie Rio Reiser sang – die Ironie des Lieds ging glatt an uns vorbei. Unseren Eltern waren in der Kindheit zwischen Trümmern und Wiederaufbau manche Wünsche verwehrt geblieben. Wir Kassettenkinder waren nun ihre Nachfolger, in denen sie ihre eigenen Träume verwirklicht sehen wollten. Und die Nachmittage waren dazu da, unsere Fähigkeiten zu entdecken und zu entfalten.

Schon in der Schule gab es nach dem Unterricht genügend Möglichkeiten, verborgenen Talenten auf die Spur zu kommen, wenn wir an einer der zahlreichen AGs teilnahmen. Dann spielten wir Theater und wurden von unseren Eltern beklatscht, als wären wir Sophie Marceau oder Don Johnson. Beim Fußballmatch wurde unsere Flanke mit der von Karl-Heinz Rummenigge verglichen, und unsere Eltern jubelten, wenn wir im Schulorchester dirigiert wurden, als wären wir die Wiener Philharmoniker unter der Leitung von Herbert von Karajan. Wenn wir in der Dunkelkammer mit der Holzzange die ersten Fotos aus dem Chemikalienbad holten und an Wäscheleinen aufhängten, träumten wir davon, so berühmt zu werden wie Helmut Newton oder Annie Leibovitz. Und am Ende der Projektwochen wurden unsere Ergebnisse bestaunt, als wäre es die Krönung kulinarischen Wissens, mit Erdnussbutter zu kochen, und als wäre unser Kartoffeldruck gleichauf mit den Werken von Andy Warhol.

Wir waren wohl die erste Generation, die nachmittags von einem gut organisierten Netz aus Mama-Taxis flächendeckend zu Musikschulen, Ballettklassen oder Sportvereinen gekarrt wurde. Es gab Basic-Hobbys wie Kirchenchor oder Tischtennis, die den Vorteil hatten, dass wir nicht viel Zubehör brauchten und die Einstiegshürden relativ niedrig waren. Zur Standardausrüstung eines Kassettenkindes gehörte deswegen auch die Blockflöte – kaum einer von uns hatte noch nie eine in der Hand, und schon im Grundschulalter flöteten wir unserer Familie an Weihnachten etwas vor. In Mode waren plötzlich auch neuartige Instrumente, die wir unseren Eltern erst aufschwatzen mussten. Keyboard war eines davon, weil das die Chartsbands hatten und Stefan Remmler uns mit dem Mini-Casio in der Hand bei »Da da da« beeindruckt hatte.

So mancher Junge träumte auch davon, ein Martial-Arts-Star zu werden, unsere Vorbilder waren dabei Steven Seagal oder Jean-Claude Van Damme, die den Bösewichten mit dem Fuß einen gezielten Kinnhaken verpassen konnten. Selbst Schwachbrüstige fühlten sich zum Kämpfer berufen, hatten der Spargeltarzan Daniel LaRusso und sein Lehrer Mr. Miyagi in *Karate Kid* doch vorgemacht, dass es nur der richtigen Atemtechnik (»Einatmen durch Nase, ausatmen durch Mund«) bedurfte, um eine asiatische Kampfkunst zu erlernen. Auch Basketball boomte unter Jungs, die Magic Johnson oder Michael Jordan nacheiferten.

Die Vorweihnachtsserie *Anna,* bei der Mädchen reihenweise dahinschmolzen, weil die gleichnamige Heldin nach einem Unfall nicht nur wieder ganz auf die Beine kam, sondern auch die große Liebe fand, ließ viele davon träumen, auch einmal Primaballerina zu werden, und die Anmeldungen zu Ballettkursen stiegen schlagartig an. Ein ebensolches Phänomen war nach dem Überraschungserfolg des eigentlich low budget produzierten Tanzfilms *Dirty Dancing* zu bemerken, genau wie nach dem Sommerhit »Lambada« der brasilianischen Band Kaoma im Jahr 1989 – die Bewegungen beim Tanzen glichen im Laufe der Achtziger immer mehr denen, die zur Fortpflanzung ausgeführt wurden. Die Tanzschullehrer hatten sicher mit dem Frust der Kassettenkinder zu kämpfen, weil für die Mädchen und jungen Frauen, die solche Modetänze lernen wollten, nicht genügend Kerle zur Verfügung standen, die auf dem Tanzparkett bei Hebefiguren wie denen von Patrick Swayze nicht zusammenbrachen, und die nicht zu hüftsteif waren, so dass der Lambada auch fern von brasilianischen Stränden gelang.

Das Nonplusultra in der Kategorie »Früh übt sich« war in den achtziger Jahren aber eine Sportart, in der es darum ging, eine gelbe Filzkugel möglichst gekonnt über ein Netz zu dreschen. Wir Deutschen waren in dieser Disziplin neuerdings weltweit führend, namentlich der junge Boris Becker aus Leimen und Stefanie Graf aus Mannheim. Mit ihren Siegen in Wimbledon und anderswo inspirierten sie eine ganze Generation von Eltern, in ihren Sprösslingen – also uns – ebenfalls kommende Tennisstars zu sehen, und erhoben die Tennissocke zum modischen Accessoire. Deshalb trainierten wir Kassettenkinder viele Nachmittage lang in den überall aus dem Boden schießenden Tennishallen und auf Ascheplätzen, deren roter Staub nur mit Mühe aus den weißen Tennisklamotten wieder herauszuwaschen war. Es lockte die große Karriere, die aber wegen langwieriger Verletzungen oder schlicht mangels Talents bei den meisten niemals stattfand.

Wenn man von klein auf fast jeden Tag Tennis spielt, ist natürlich eine extreme Leidenschaft und Hingabe dabei. Aber man hat auch sehr wenig Zeit für sich selbst. Deshalb habe ich mich auf die Zeit danach gefreut.
Steffi Graf

Ähh ...
Boris Becker

Was die Hobbys anging, war unsere Generation immer gespalten: Es gab jene, die wirklich von der eigenen Band träumten und das Ding auch ohne elterliche Hilfe durchzogen, genau wie solche, die für ihr Leben gerne kickten und gut darin waren, einfach, weil es ihnen Spaß machte.

Und dann gab es einige wenige, die wirklich ein Ausnahmetalent besaßen, dabei aber so schüchtern waren, dass dies nie zum Vorschein kam.

Viele andere wurden zu ihrem Glück genötigt. Sie langweilten sich zu Tode, wenn sie Geigenetüden spielen sollten, statt mit den anderen ins Freibad zu gehen. Und sie verzweifelten, wenn sie zum Ballett mussten, weil ihrer Mutter der Wunsch verwehrt geblieben war. Wenn sie die Ödnis der Musikschulen und Turnhallen bei den Eltern reklamierten, sagten diese ein wenig ratlos: »Aber wenn du dort bist, macht es dir doch Spaß.« Die Kassettenkinder, die das erlebten, sehnten sich nach der freien Zeit, in der das Mama-Taxi mal in der Garage blieb und sie aus eigenem Antrieb erkunden konnten, was ihnen wirklich Spaß machte.

Egal, wie wir zu unseren Hobbys standen, in einem waren wir uns jedenfalls einig: Einer der schönsten Nachmittage unserer Kindheit war der, an dem wir mit dem Zeugnis in der Hand nach Hause kamen und das Schuljahr samt Klassenarbeiten und Sportwettkämpfen hinter uns lag.

Dann wurde es wie aufs Stichwort Sommer. In dem winzigen Schwarzwaldhaus, das als Wetterstation auf dem Fensterbrett in der Küche stand, räumte das Regenmännchen mit dem schwarzen Mantel, Hut und Schirm endlich das Feld, und das Sonnenmädchen mit dem Trachtenkleid kam hervor. Und für uns gab es nur noch eins zu tun. Wir schwangen uns auf den Drahtesel und radelten an den Ort, wo das Leben am sorglosesten war: ins Freibad.

2
DIE SUPERSORGLOSZEIT

Endlossommer, Erdnussflips im
Bademantel und die Geborgenheit guter
Samstagabendunterhaltung

Es war der erste Tag der Sommerferien, und das Schuljahr lag hinter uns. Als wir am Tag zuvor aus der Schule gekommen waren, hatten wir den Eltern unser Zeugnis in die Hand gedrückt, die Schultasche in die Ecke geschleudert und die beruhigende Gewissheit genossen, dass sie für den Rest der Ferien dort liegen bleiben würde.

Obwohl es noch früh am Morgen war, stand die Sonne bereits hoch am Himmel, und keine einzige Wolke war zu sehen. Wir schlüpften in die Shorts und zogen uns ein T-Shirt über, denn es war bereits jetzt tüchtig warm. Ein mächtiges Azorenhoch würde auch in den kommenden Tagen warme Luft in unsere Breitengrade schaufeln – perfektes Freibadwetter. Schon beim Frühstück stellten wir uns vor, wie wir unseren Schwarm mit einem eleganten Köpper vom Startblock beeindrucken würden.

Nachdem wir hastig ein Brot mit Schokostreuseln heruntergeschlungen hatten, packten wir die Badesachen in eine Korbtasche aus pinkfarbenem Plastik und holten die Räder aus der Garage. Wenn unsere Eltern den Ärger übers Zeugnis schon vergessen hatten, drückten sie uns noch einen Heiermann in die Hand, ein Fünfmarkstück, damit wir den Eintritt ins Schwimmbad und ein Eis bezahlen konnten. Und dann radelten wir los.

Am Freibad schlossen wir die Fahrräder mit den frickeligen Drehzahlschlössern aneinander, denen wir nie wirklich vertrauten, weil der Draht aussah, als könnte man ihn auch mit einer Gartenschere knacken und weil uns allzu oft die Kombination entfiel. Vor dem Eingang drängelten wir uns an besonders heißen Tagen in der Schlange, weil von drinnen schon das Kreischen und Planschen der anderen Badegäste erklang. Eine Mark sechzig kostete der Spaß für Erwachsene, für Kinder bis zwölf nur eine Mark, und mit dem Schülerausweis war die Eintrittskarte ebenfalls vergünstigt. Wer öfter im Freibad war, hatte ohnehin einen Saisonpass oder mindestens eine Zehnerkarte.

Je älter wir waren, umso wichtiger wurde es, einen der Liegeplätze im Schatten der Mirabellenbäume in Beschlag zu nehmen. Denn während die Hauptattraktion für Grundschüler noch das mehr oder weniger kühle, in jedem Fall aber gut gechlorte Wasser und der Sprung vom Dreier als Mutprobe waren, besuchten die Älteren das Freibad vor allem zu einem Zweck: sehen und gesehen werden.

Wir breiteten die Badehandtücher in einem Kreis auf dem frisch gemähten Rasen aus. Ein paar von uns hatten ein Exemplar der Zeitschrift *PopRocky* oder *Popcorn* dabei, andere stützten sich auf die Ellbogen und schlugen Noah Gordons *Der Medicus* oder Tom Clancys *Jagd auf Roter Oktober* auf. Während wir uns betont gelangweilt in der Sonne fläzten, tönten aus dem Ghettoblaster die neuesten Sommerhits – wobei wir mit unserem Schulenglisch rätselten, was Madonna uns sagen wollte, wenn wir sie »This is where I long to be – lucky slave bone eater« singen hörten, und fragten uns, was die Pet Shop Boys mit der rätselhaften Zeile meinten: »All day, all day, terminal dancing, watch the mall fall down«. Die Übersetzungen von Songtexten in der *Bravo* sorgten damals für so manches Aha-Erlebnis.

Ins Wasser gingen wir nur selten. Mädchen vor allem deswegen, weil sie noch bis Ende der Achtziger eine Badekappe tragen mussten, um den Filter des Schwimmbads nicht mit ihren langen Haaren zu verstopfen, und weil sonst ihre aufwendig toupierten Frisuren nass geworden wären. Was die Jungs allerdings dazu anstachelte, sie mit Wasser zu bespritzen oder gar unterzutauchen.

Wir erhoben uns allenfalls, um uns am Schwimmbadkiosk anzustellen. Vor uns standen einige Grundschüler, die bis aufs Haar nass waren und tropfend von einem Bein aufs andre traten. Während wir in der Schlange vorrückten, zählten wir unser Geld und überlegten, welche der Süßigkeiten, die in dem winzigen Büdchen in runden Gläsern übereinandergestapelt waren, wir haben wollten. Wenn wir dann an der Reihe waren, schaufelte die Verkäuferin mit glänzenden kleinen Metallschippchen das Gewünschte in dreieckige Papiertütchen. Zwei von dem und drei von jenem: Colafläschchen, Schleckmuscheln, Münzen aus Fruchtgummi, saure Wunderbälle mit Kaugummikern oder Brausebrocken, kleine runde Kirschlollis, wie Kojak sie immer im Mundwinkel hatte, Lakritzschühchen oder Melody Pops – Lutscher, die gleichzeitig eine Flöte waren, wobei wir selten einen erwischten, der auch wirklich einen Ton von sich gab. Außerdem wurden natürlich Fritten mit Mayo verkauft, weshalb am späteren Nachmittag das ganze Schwimmbadgelände duftete wie ein holländischer Strandabschnitt – und man darauf achten musste, nicht mit nackten Füßen in die kleinen bunten Plastikgabeln zu treten, die überall auf der Wiese verstreut lagen.

Nachdem wir uns den Bauch mit sauren Schnüren und Brause-Ufos vollgeschlagen, uns ein Dolomiti in den

Farben Weiß, Rot und Grün oder ein Calippo mit Colageschmack gegönnt hatten (das wir aus der langen Tüte herausdrückten, bis diese so aufgeweicht war, dass der klebrige Colasud sich auf unserer Hand verteilte), war vom Heiermann immer noch eine Mark fünfzig übrig. Das Restgeld steckten wir anders als die Kleinen nicht mehr in den Brustbeutel oder die Groschenmaus – ein Portemonnaie in Form eines kleinen Nagetiers, das einen Reißverschluss auf dem Rücken hatte –, sondern in ein Portemonnaie aus Nylon, das wir dann unter die rechte obere Ecke unseres Badetuchs schoben. Dann legten wir uns wieder hin, genossen mit der Ray Ban (oder einer billigen asiatischen Kopie) auf der Nase die Sonne und fühlten uns, als lägen wir am Strand von Miami, wo jeden Moment Don Johnson vorbeischlendern konnte.

Irgendwann waren wir von Sonne und Hitze so wohlig eingelullt, dass die Musik, das Kreischen und das Planschen zu einem dumpfen Soundteppich verschmolzen, der uns langsam wegdämmern ließ – mit dem guten Gefühl im Bauch, dass vor uns sechs lange Wochen lagen, in denen es nicht um Schule und Hausaufgaben ging, sondern darum, sich den Bauch mit Eis vollzuschlagen, die Sonne zu genießen und vielleicht den ersten Kuss zu ergattern.

*Don't worry,
be happy.*

Bobby McFerrin

Wenn wir an unsere Kindheit und Jugend zurückdenken, geraten wir ins Schwärmen, denn oft ist es genau das, was uns zuerst einfällt: die schier endlosen Sommer, in denen wir uns treiben ließen. Wir denken an die Momente, in denen wir Spaß hatten und das Leben genossen – und dann kommen uns die Achtziger vor wie eine echte Supersorgloszeit.

Das hatte zum einen natürlich damit zu tun, dass wir noch jung waren. Zum anderen war in der geordneten Schrankwandwelt, die unsere Eltern errichtet hatten, für uns alles organisiert, und unser weiterer Lebensweg schien beruhigend klar vorgezeichnet – vom Schulabschluss über die Karriere und die eigene Familie bis hin zur Verrentung. Es gab wenig Grund für ernsthafte Sorgen.

Unsere Eltern, noch während des Kriegs oder kurz nach seinem Ende geboren, hatten uns erzählt, wie sie als Kinder in den Trümmern gespielt hatten, von Essensmarken, von den einfachen, aber in ihrer Erinnerung köstlichen Gerichten wie Kartoffeln mit Stippe und Suppe aus ausgekochten Wurstenden und von der Schokolade, die ihnen ein amerikanischer Soldat vom Panzer aus zugesteckt hatte.

Die Erinnerung an die Bombennächte im Luftschutzkeller oder den Hungerwinter 1946/1947 ließen sie in diesen Erzählungen aus, genau wie den Verlust von nahen Angehörigen oder die Kindheit ohne den Vater, der erst spät oder auch gar nicht aus der Kriegsgefangenschaft heimgekehrt war. Sie sprachen kaum je über die Flucht durch ein kaputtes Land und die Toten am Wegesrand – und auch nicht über die bittere Erkenntnis, dass die einen oder anderen von unseren Großeltern in der NSDAP mehr mitgemischt hatten, als diese später eingestehen wollten. Wenn unsere Eltern uns von ihrer Kindheit erzählten, dann so, als sei das alles nichts, eine Anekdote, nicht weiter der Rede wert.

Der Grund dafür, dass sie für uns einen Puffer gegen die Welt errichtet hatten, lag zum einen in ihrer eigenen

Erfahrung mit Angst und Entbehrung. Zum anderen war ihre Generation eine des sozialen Aufstiegs – sie waren die Kinder des Wiederaufbaus und des Wirtschaftswunders, die bei null gestartet waren und erlebten hatten, wie sich alle plötzlich etwas gönnen konnten: die Waschmaschine, den Fernseher, das Auto, den Urlaub, die Schrankwand. Darüber hinaus wurde die gesamte Gesellschaft in ein Netz aus Gesundheitsvorsorge und sozialen Sicherungssystemen eingewoben, das ein Maß an Geborgenheit erschuf, wie es noch keine vorangegangene Generation erlebt hatte.

Warum sollte das nicht immer so weitergehen und auch für uns, ihre Kinder gelten?

Unsere Eltern wollten, dass es uns noch besser ginge als ihnen. Wir sollten eine unbeschwerte Kindheit erleben, sorglos und wohlbehütet, so kuschelig, als wäre sie mit Perwoll gewaschen. Mama und Papa setzten alle Hebel in Bewegung, um dieses Ziel zu erreichen. Sie schoben die massive Schrankwand und die breite Sofagarnitur zwischen uns und jegliche Gefahren, selbst die des Kalten Kriegs.

Und so erlebten viele von uns eine All-inclusive-Kindheit, in der sich alles um uns drehte – zu Hause wurde für uns gekocht, gewaschen und geputzt. Unsere Eltern zeigten sich verständnisvoll, und dennoch gab es klare Regeln: Ein Nein war noch ein Nein, und wir mussten das tun, was die Erwachsenen wollten, »solange wir unsere Füße unter ihren Tisch streckten«. Doch selbst wenn hin und wieder ein Machtwort gesprochen wurde oder es auch mal einen Klaps gab, mussten die meisten von uns keine ernsten Konsequenzen fürchten – anders als unsere Eltern, die bisweilen mit dem Teppichklopfer verprügelt worden waren und sogar in der Schule noch die ein oder andere Backpfeife kassiert hatten. Sie lehnten den Kommandoton ab, dem sie als Kinder hatten gehorchen müssen, den wir aber von Oma und Opa gar nicht kannten.

Unsere Eltern wollten es gerne anders machen, besser und moderner, lieber mit gutem Zureden und Verständnis statt mit Verboten und Drohungen, auch wenn ihnen das manchmal nicht gelang, weil wir sie einfach zur Weißglut trieben.

Darauf, gute Eltern zu sein, hatten sie sich mit Erziehungsratgebern vorbereitet und verfügten so über ein breites Fachwissen, das sie zur Bewältigung der Aufgabe einsetzten. Sie pflegten oft einen fast kumpelhaften Umgang mit uns und wollten von uns gleichermaßen geachtet und liebgehabt werden. Wir konnten mit ihnen herumalbern, sie spielten und bastelten mit uns, und sie waren da, wenn wir sie brauchten: Sie kümmerten sich, wenn wir vom Baum fielen oder uns beim Sport einen Bänderriss holten, warteten im Auto, um uns spätabends von der Disco oder vom Rockkonzert abzuholen, zahlten teure Urlaube, Klassenfahrten und Schüleraustausche, und zu besonderen Anlässen durften wir schon mal an Mamas Sekt oder Papas Bier nippen. Sie waren stets bemüht, uns alles zu erklären – und wir bekamen mitunter von ihnen sogar Antworten auf Fragen, die wir gar nicht gestellt hatten –, wenn sie uns beispielsweise aus Furcht vor dem sich ausbreitenden HI-Virus einen Tick zu detailreich über unseren einsetzenden Paarungstrieb aufklärten.

Unsere Eltern waren nicht nur die Architekten der Schrankwandwelt, sondern auch deren Hausmeister. Sie hielten das Gebäude instand, sorgten für den reibungslosen Betrieb und dafür, dass die Bewohner allzeit zufrieden waren.

So erschufen sie ein aufwendiges System von Familienritualen wie gemeinsame Ausflüge, Urlaube, Fernsehabende mit der ganzen Familie oder große Feste, die unser Leben strukturierten und so selbstverständlich dazugehörten wie die verwaschene, beigefarbene M-65-Feldjacke zu Horst Schimanski.

Dazu zählte auch das gemeinsame Mittagessen: Kamen wir aus der Schule, hatte Mama schon gekocht. Den Speiseplan stellte sie in Kantinenmanier immer gleich für eine oder zwei Wochen auf. Den Vorratsraum füllte sie nach den regelmäßigen Großeinkäufen (zu denen wir mitdurften, solange wir nicht quengelten) mit haltbaren Zutaten, so dass sie selten in Verlegenheit kam, wenn sie einmal umplanen musste.

Der Wochenablauf war nach bestimmten Gerichten gegliedert: Montags frisierte Mama die Reste vom Sonntag, zum Beispiel schnitt sie die übrig gebliebenen Kartoffelklöße in Streifen und briet diese in der Pfanne kross an. Mittwochs gab es Spaghetti von Mirácoli und freitags aus religiösen Gründen, die uns keiner genau erklären konnte, Fisch oder Pellkartoffeln mit Quark. Am Samstag aßen wir oft Eintopf, aus dem wir uns mit der Kelle ein Würstchen angeln durften. Und der Höhepunkt der Woche war in kulinarischer Hinsicht der Sonntag, an dem es einen Braten gab, der über Nacht mariniert worden war.

Nachtisch kam fast immer auf den Tisch, weil wir sonst gemeutert hätten. Da Fertiggerichte, Backmischungen und andere Küchenhelfer sich bei unseren Müttern großer Beliebtheit erfreuten, bestand das Dessert auch oft aus Zutaten, die man entweder einfach aus dem Eisfach nahm oder anrühren musste: Joghurt mit eingelegten Früchten oder Quarkspeise mit zermatschten Schaumküssen, Kaltschale oder Nestlé Flair aus der Dose, das nur mit Milch angerührt werden musste, um eine schlabbrig süße Himbeerspeise herzustellen. Sonntags gab es eine besondere Süßigkeit, etwa Schokopudding mit einer dicken Haut und echter Sahne obendrauf oder Fürst-Pückler-Eis von Bofrost.

Beim Essen erkundigte sich Mutter nach unseren Erlebnissen in der Schule und amüsierte sich über den neuesten Tratsch aus unserem Freundeskreis – wobei wir uns bisweilen vorkamen wie ihre persönliche jugendliche Version der *Lindenstraße*.

Ohne in den Kalender zu gucken, konnten wir die Tage auf diese Weise am Geschmack erkennen. Und auch die Jahreszeiten folgten einem bestimmten Lauf. Im Frühling hängten wir buntgefärbte Eier in den Strauch vorm Haus, im Sommer bemalten wir Blumentöpfe und fuhren aufs Erdbeerfeld, im Herbst bastelten wir am Küchentisch Drachen aus buntem Transparentpapier, die wir auf dem Stoppelacker steigen ließen, und sammelten Kastanien, um mit Streichhölzern Männchen daraus zu basteln, während im Winter das Haus für Weihnachten dekoriert wurde und Mutter mit uns ein Hexenhäuschen aus Lebkuchen und Zuckerguss baute. Dass das Jahr vorüber war, merkten wir spätestens, wenn wir zusammen vor dem Fernseher saßen und *Dinner for One* guckten.

Das Jahr war für uns eine Abfolge von Ereignissen, die von Karneval (für die norddeutschen und süddeutschen Kassettenkinder: Fastnacht oder Fasching) und Ostern über die Sommer- und Herbstferien unweigerlich mit Sankt Martin und Nikolaus auf den Höhepunkt Weihnachten zulief, mit dem Geburtstag als Jokertag jedes einzelnen Kassettenkinds. Immer gab es einen nächsten besonderen Tag, auf den wir hinfiebern konnten – ein Quell der Vorfreude, denn dauernd regnete es Geschenke, ob es nun eine Tüte Süßigkeiten von der Kirmes, eine Kleinigkeit zu Ostern oder ein Stapel Päckchen am Heiligabend war.

Die kleinen und großen Rituale gaben unserem Leben eine Struktur, und das fühlte sich sicher und stabil an. Obwohl Sicherheit in einer Welt voller Atomsprengköpfe, explodierender Kernkraftwerke und sterbender Wälder natürlich trügerisch war. Doch in der privaten Idylle der Schrankwandwelt fühlten wir uns glücklich und geborgen, so wie der Tiger und der Bär, wenn sie am Ende ihres Kinderbuchabenteuers wieder zufrieden auf ihrem gemütlichen Plüschsofa saßen, nur dass wir im Gegensatz zu ihnen gar nicht erst auszogen, um nach Panama zu suchen.

Wir wussten schon, wie schön es auf der heimischen Couch war, und deshalb verließen wir sie später, als wir erwachsen wurden, auch nur sehr ungern. Obwohl es etwas aus der Mode gekommen ist, das »Hotel Mama« zu preisen: Unser widerwilliger Auszug aus dem Paradies war vielleicht das größte Kompliment, das wir Kassettenkinder unseren Eltern machen konnten – dafür, dass sie uns in einer Supersorgloszeit aufwachsen ließen, in der es manchmal schon genügte, wenn man zur richtigen Zeit die richtige Programmtaste auf dem Fernseher drückte.

Beziehungskiste. Als der Fernseher noch eine Familienerlebnismaschine war

Es war einer jener Tage, an denen es selbst nachmittags nicht richtig hell wurde und der Regen so bleiern vom Himmel troff wie der Grafschafter Goldsaft auf Papas Sonntagsbrötchen.

Nach dem Mittagessen – es gab Fischstäbchen mit Matschkartoffeln, Rahmspinat und Remoulade aus der Tube – hatten wir schnell die Hausaufgaben erledigt und durften uns nun vor den Kasten setzen, den Mama und Papa »Mattscheibe« nannten und der für uns das Zentrum des Wohnzimmers darstellte.

Bei jedem Schritt, den wir in seine Richtung gingen, sanken wir auf dem Flokati im Wohnzimmer ein klein wenig ein. Schließlich machten wir es uns im Schneidersitz vor dem Gerät bequem, in der Hand eine Rippe Ritter Sport Olympia als Nachtisch.

Der Fernseher war ungefähr so groß wie eine der Chiquita-Bananenkisten, in denen Mama die Einkäufe aus dem Coop nach Hause schleppte und mit denen wir Kinder uns bei gutem Wetter im Hof Pappkartonburgen bauten. Wir waren von dem Gerät so fasziniert, wie es unsere Urgroßeltern vermutlich gewesen waren, als sie zum ersten Mal mit dem Lichtschalter eine Glühbirne zum Leuchten brachten.

Der Fernseher war zu Beginn der achtziger Jahre neben dem farngrünen Telefon mit Wähltasten oder Papas Tonbandgerät mit der große Spule eines der wenigen modernen Mediengeräte im Haus – Computer, Spielkonsolen und Videorekorder waren noch nicht auf dem Markt oder schlicht so teuer, dass unsere Eltern sie sich nicht leisten konnten.

Deswegen war es ein besonderer Tag gewesen, als ER bei uns eingezogen war: ein Farbfernseher, und zwar einer mit Hausantenne auf dem Dach, die für einen stabilen und guten Empfang sorgte, selbst wenn sie bei Sturm gelegentlich davonflog oder sich so verdrehte, dass es mitten in der Fußballübertragung Bildrauschen gab.

Der alte Schwarzweißfernseher mit dem Gehäuse aus

Holzimitat, der nun auf dem Dachboden verstaubte, hatte noch eine Zimmerantenne gehabt: entweder einen Teleskopstab, der, wenn er vollständig ausgezogen war, meist nach einer Weile herabsackte, oder eine der besseren Zimmerantennen, die aussahen, als könnte E.T. ohne Probleme damit nach Hause telefonieren. Sie bestand aus einer aufrecht stehenden Drahtgeflechtscheibe, vor der zwei dickere Drähte wie ein Propeller gebogen waren, dahinter zusätzlich zwei Stabantennen.

Die Antenne musste erst ausgerichtet werden, damit der Fernseher ein Programm empfing. Und so wurden wir hin und wieder, die Antenne wie eine Wünschelrute in der Hand, von unseren Eltern durchs Zimmer dirigiert – ein bisschen nach links, ein bisschen weiter hinten! –, während sie den Standort für den besten Empfang ermittelten. Wenn wir einen Ort gefunden hatten, an dem es kein Schneegrieseln auf dem Bildschirm gab, die Antenne dort abstellten und zum Sofa zurückgingen, konnte es jedoch vorkommen, dass der Empfang wieder schlechter wurde. So lernten wir früh, dass der menschliche Körper elektrischen Strom leitet und den Empfang der Sendestrahlen verstärken kann – und hätten wir das auch im Physikunterricht so erklären können, wer weiß, was dann notenmäßig alles drin gewesen wäre. Zu diesem Zeitpunkt waren wir jedoch stärker an der Praxis als an der Theorie interessiert. Und so lernten wir allenfalls, dass ein Familienmitglied hin und wieder für die Dauer der Sendung auf einem Stuhl neben der Antenne sitzen musste, damit das Bild stabil blieb.

Diese Zeiten waren nun vorbei. Vor uns stand ein topmoderner Farbfernseher, mit Zweikanal-Stereoton und Teletext, dessen Antennenkabel wir nur noch in die Wandbuchse stöpseln mussten. Seinetwegen hatte der

Sommerurlaub im letzten Jahr ausfallen müssen, was wir aber verschmerzen konnten, denn wir waren uns alle einig: Ein besseres Fernsehgerät würde es niemals geben.

Der schwarze Kasten hatte auf der Rückseite eine Ausbuchtung, unter der sich die technischen Innereien verbargen. Von sechs Programmplätzen brauchten wir jahrelang nur drei. Sie wurden über kleine Knöpfchen justiert, an denen wir so lange herumdrehten, bis wir einen Sender gefunden hatten – was in etwa dem Geschicklichkeitsspiel glich, bei dem wir eine kleine silberfarbene Kugel durch geschicktes Kippen der Spielfläche in ein Loch bugsieren mussten.

Viele Flimmerkisten hatten zwar eine Fernbedienung, aber die lag meist unbenutzt im Fernsehschränkchen, denn so oft schalteten wir bei drei Programmen nicht um – oder sagen wir lieber so: Wenn wir mit den Erwachsenen fernsahen, waren wir Kinder die Fernbedienung. Auf Kommando krochen wir nahe an den Bildschirm heran, wenn wir den Sender wechseln sollten – und schnell wieder weg. Unsere Eltern hatten uns nämlich eingebleut, dass wir wegen der Strahlung, die von der Bildröhre ausging, nicht zu dicht an die Mattscheibe gehen sollten, was sie mit Horrorgeschichten von Kindern untermalten, die sich die Augen viereckig geguckt hatten. Das erschien uns durchaus plausibel, denn wenn man die Hand vor den Bildschirm hielt, baute sich zwischen unseren Fingern und der Glasscheibe eine knisternde Spannung auf, die an der Haut kribbelte und unsere Haare statisch auflud. Als wir dann älter waren, hielten wir eher deswegen Abstand, weil der enge Kontakt zum rauschenden Fernsehschirm auch der kleinen Carol Anne im Film *Poltergeist* nicht gerade gutgetan hatte.

Neben Sehschäden befürchteten unsere Eltern auch,

dass uns der Fernsehkonsum die mühsam antrainierte Gedächtnisleistung wieder zerstörte – man könnte auch sagen: Sie waren der Ansicht, zu viel Glotzen mache blöd.

Die Zeit, in der wir uns fernsehbestrahlen ließen, wurde deswegen mal mehr, mal weniger strikt geregelt. Eine Fernsehregel konnte lauten: in der Woche nachmittags eine Stunde und am Sonntagmorgen ausnahmsweise auch mal zwei Stunden, wenn Mama und Papa im Schlafzimmer etwas Wichtiges miteinander zu besprechen hatten. Manche Eltern setzten diese Richtlinien so rigoros durch wie die Einreisekontrollen an der innerdeutschen Grenze.

Kinder, die sehr kurzgehalten wurden, nahmen gerne Einladungen von Freunden an und nötigten diese manchmal, den Fernseher einzuschalten, selbst wenn die Gastgeberkinder eigentlich lieber draußen spielen wollten.

Andere Eltern betrachteten die Fernsehfrage entspannter. Wahrscheinlich, weil ihnen klargeworden war, dass sie mit dem Fernsehen das perfekte Druckmittel in der Hand hatten: Wir durften fernsehen, aber erst, wenn das Zimmer aufgeräumt war und wir Klarinette geübt hatten. Wir waren ohne Erlaubnis mit den Freunden auf dem Rummel gewesen? Fernsehverbot.

Manche Eltern hielten es sicher für sinnvoll, wenn wir uns frühzeitig mit der neuen Medienwelt befassten, jedenfalls schien diese lauter Berufschancen zu bergen: Einer unserer innigsten Wünsche war es, mal selbst eine Sendung zu moderieren, so wie Anke Engelke vom Ferienprogramm. Wir träumten davon, Kamerakind bei Michael Schanze zu werden oder gar Schauspieler wie Patrick Bach, der in den Weihnachtsserien *Silas* und *Jack Holborn* die Hauptrolle spielte. Vermutlich wurde in dieser Zeit auch das bei Kassettenkindern später sehr beliebte Berufsbild geformt: irgendwas mit Medien.

Wir überlegten mit großem Bedacht, welche Sendungen wir uns ansahen – nicht, dass wir eine riesige Auswahl gehabt hätten. Wenn wir im Schneidersitz auf dem Wohnzimmerteppich saßen und auf den klobigen Knopf am Kasten drückten, um die Glotze anzustellen, gab es einen Funken in der Bildmitte, und nach einem kurzen Rauschen und Flackern wurde das Bild klarer. Wenn dann ein buntkariertes Muster auf dem Schirm erschien, waren wir etwas zu früh dran: Nach dem gemeinsamen Vormittagsprogramm von ARD und ZDF gab es mittags immer eine kleine Pause, bevor das Nachmittagsprogramm begann. In dieser Zeit lief das Testbild, mit dem man die Bildqualität überprüfen konnte. Begleitet wurde es von einem hohen, gleichfrequenten Piepston, der einem fast die Amalgamplomben aus den Zähnen zog. Wir drehten den Fernseher leise, bis das Testbild verschwand und unsere Lieblingssendungen begannen.

> *Die* Biene Maja *hat mir viel Ehre eingebracht, aber auch viel Ärger. Ehre, weil ich damals in der Presse der »Insektenjupp« hieß. Ärger hat sie mir gebracht, weil der* Stern *einmal einen Artikel gebracht hat, in dem er mir vorwarf, ich würde die Kinder mit der Serie zur Flucht aus der Wirklichkeit verführen. Die Zeit war damals eben sehr aufregend und antiautoritär. Es ging um Realismus und Sozialkritik, und damit hat* Maja *natürlich nicht zu tun. Wir wollten die Kinder einfach nur unterhalten.*
>
> Josef Göhlen, ehemaliger Leiter des ZDF-Kinder- und Jugendprogramms

Wir wuchsen mit dem Fernseher auf, als wäre er ein netter elektronischer Onkel, der in der Ecke des Zimmers stand, uns auf Knopfdruck Geschichten erzählte und in fabelhafte Phantasiewelten entführte.

Schon als Kleinkinder gewöhnten wir uns an die beruhigende Routine des Fernsehprogramms und die sorglosen Wohlfühlmomente mit der Tagtraummaschine: Bevor wir abends zu Bett gingen, durften wir, eingekuschelt auf dem Sofa noch die Gutenachtgeschichte vom Sandmännchen sehen, das mit seinem Backenbart und der Schirmmütze aussah wie ein Seemann, aber mit einem propellergetriebenen Auto angeflogen kam und uns zeigte, was die kleinen wissbegierigen Schweinchen Piggeldy und sein älterer Bruder Frederick erlebten. Unser West-Sandmännchen ist heute im Ruhestand – der Spitzbartkollege aus dem Osten ist eines der wenigen DDR-Produkte, die ihr Pendant »Made in West-Germany« überlebt haben.

In der Grundschulzeit war für uns der *Spaß am Dienstag* Pflicht – und diese Kindersendung ist sicher mit dafür verantwortlich, dass wir uns rasch die Abfolge der Wochentage einprägten, damit wir sie nicht verpassten. Der Co-Moderator der Sendung, an den wir Dienstagsgucker uns schnell gewöhnten, war Zini, ein »Wuslon aus der Familie der Elektroiden« und einer der ersten Special Effects, den wir auf dem Bildschirm auch als solchen wahrnahmen. Es war zwar nur ein gelber Punkt, der seinen Schatten hinter sich herzog, wenn er hektisch über den Bildschirm tanzte, aber wir liebten Zini, erinnerte es doch an die Wurli-Würmer aus zartem Plüsch, die wir gern am Faden durch die Finger zogen, so, als ob sie tatsächlich lebendig wären.

Die Sendungen, die wir uns ansahen, waren allesamt harmlos und kindgerecht, und die meisten von ihnen kamen mit einem pädagogischen Anspruch daher – wenn wir schon glotzten, sollten wir dabei auch etwas über die

Welt lernen. In der *Sendung mit der Maus* empfanden wir die Sachgeschichten manchmal als störende Unterbrechung der Lachgeschichten – lieber hätten wir mehr Cartoons gesehen, in denen die Maus mit den klackernden Augen sich aus den Schwierigkeiten befreite, in die sie mit dem kleinen blauen Elefanten geriet. Genauso ging es uns mit den Spots in der *Sesamstraße,* die uns durch die kurzen Episoden aufs spätere Zappen vorbereitete und die knappen Aufmerksamkeitsspannen ausnutzte, die wir als Kinder aufbringen konnten: Jedes Kassettenkind hatte seinen Liebling, mal war es Kermit oder Graf Zahl, mal Grobi oder das Krümelmonster – und viele von uns freuten sich besonders, wenn Samson, der Bär, und der kleine rosa Tüllvogel Tiffy wieder auftraten. Nur Herrn von Bödefeld mochten die wenigsten.

Ohne *Sesamstraße* können wir uns unsere Kindheit kaum vorstellen. Die Worte des Titelsongs (»Wieso, weshalb, warum? Wer nicht fragt, bleibt dumm«), der zu unserer Zeit noch mit dem berühmten Ploingploing der Maultrommel begann, die bei vielen unserer Eltern in der Schublade neben der Mundorgel lag, dienen uns heute noch dazu, bei den eigenen Kindern die Neugier anzustacheln. Die *Sesamstraße* ist eben noch immer ein Dauerbrenner, auch wenn wir Kassettenkinder es irgendwie falsch finden, dass der Titelsong inzwischen von Lena Meyer-Landrut gesungen wird.

Auch andere Fernsehhits haben sich auf unsere kollektive Netzhaut gebrannt. »Ene, mene, miste, es rappelt in der Kiste« aus der *Rappelkiste* ist noch immer unser liebster Abzählreim, und wir schmunzeln, wenn wir an die Warnung »Achtung, jetzt kommt ein Karton« denken müssen. Bei den Klängen des »Cancan« fällt uns neben Jacques Offenbach und dem Moulin Rouge sofort der

Soundtrack der endlosen Sommerferien unserer Kindheit ein – die Eröffnungsmelodie des ZDF-Ferienprogramms: »Hallo! Leute, es sind Ferien! Alle machen blau von Flensburg bis nach Oberammergau! Denn es sind Ferien und mit viel Tam-Tam und In-for-ma-ti-on steigt wieder unser Ferienprogramm!«

Kein Wunder, dass wir all das nicht vergessen können – da sie immer zu bestimmten Zeiten zu uns kamen, schienen manche Figuren aus den Kinderserien schon bald mit zur Familie zu gehören, und von den Abenteuern unserer Helden erzählten wir auch bisweilen so, als wären sie real: von der Zeichentrickfigur Captain Future, der mit Roboter Grag, Androide Otto und Simon Wright, dem Supergehirn im fliegenden Spezialbehälter, durchs All unterwegs war; vom altklugen Bienenkind Maja, das seine Lehrerin Fräulein Kassandra mit ihren Fragen fast in den Nervenzusammenbruch trieb (und die es wirklich nicht verdient hat, dass ihr Titelsong heute von Helene Fischer gesungen wird); vom Drachen Grisu, der lieber Feuerwehrmann werden wollte statt Feuerspucker; vom schwarzen Küken Calimero, das eine Eierschale auf dem Kopf trug, und seiner Freundin Priscilla, die beide mit ihren Riesenaugen immer ein wenig so aussahen, als stünden sie unter Drogen; von Herrn Rossi, der in seinem langweiligen Job als Buchhalter nicht zufrieden war, aber dank einer magischen Trillerpfeife mit seinem sprechenden Hund Gaston durch Raum und Zeit reiste und dort nie das Glück fand, das er so dringend suchte; von Mr. Buttermaker, einem griesgrämigen Baseballtrainer, dem es gelang, aus einem chaotischen Haufen Kinder ein richtiges Team zu machen, in dem alle füreinander einstanden; oder Danger Mouse, einem etwas seltsamen Geheimagenten, der in einem Briefkasten in der Nähe von

Scotland Yard in London wohnte und dem bei der Weltrettung ständig ein trotteliger Hamster im Weg stand, der in der deutschen Synchronisation nach dem Ex-Bundespräsidenten Lübke benannt war.

Wenn wir ehrlich sind, sehen wir Kassettenkinder uns diese Serien mit unserem eigenen Nachwuchs heute hauptsächlich deswegen lieber an als moderne Animationsserien, weil wir in Erinnerungen schwelgen wollen. Und wir verspüren ein Gefühl des Triumphs, wenn wir aus dem Augenwinkel beobachten, dass sich bei *Doctor Snuggles* und *Es war einmal der Mensch* oder *Der Muppet Show* und *Hallo Spencer* in den Augen unserer Kinder das gleiche Glitzern einstellt wie bei uns seinerzeit.

> *Wenn ich heimkomme, stelle ich mich direkt vor den Fernseher. Dann wissen die Kinder, dass ich zu Hause bin.*
>
> Robert Lembke

Als wir älter wurden, strichen wir das Kinderprogramm vom Fernsehmenü, so wie wir unsere Barbie-Puppen, Duplosteine und Fisher-Price-Bagger in einen Karton steckten und im Keller einmotteten. Wir sahen uns jetzt lieber die amerikanischen Serien an, die zwischen sechs und acht Uhr abends liefen.

Die Vorabendserien waren eine Art Naherholungsziel unter der Woche, auf das wir uns schon Tage im Voraus freuten. So wie bei Herrn Taschenbier montags Herr Mohn vor der Tür stand, es donnerstags donnerte und samstags das Sams eintraf, kam bei uns am Montag *Ein Colt für alle Fälle,* dessen GMC-Truck alle Jungs später mal haben wollten, am Dienstag das *Trio mit vier Fäusten,* das von der schnittigen Jacht Riptide aus arbeitete, und am Freitag *Ein Duke kommt selten allein* mit den Cousins Bo und Luke, die immer durch die Fenster ihres Autos, des General Lee, einsteigen mussten, weil sie dessen Türen seltsamerweise zugeschweißt hatten. Wir lernten einschalten, um abzuschalten, denn wenn wir einen Mathetest verhauen oder vom Schwarm einen Korb bekommen hatten, konnten wir zumindest sicher sein, dass in unserer Lieblingsserie alles wie immer war.

Die Serienfolgen wurden im Ersten und Zweiten immer von einem Werbeblock unterbrochen, weil nach zwanzig Uhr auf den Öffentlich-Rechtlichen keine Reklame mehr laufen durfte, dies also die einzige Gelegenheit war, um eine große Masse von Zuschauern mit »Produktinformationen« zu versorgen. Die Werbespots wurden im Ersten von Ute, Schnute, Kasimir – »Ja, ja, ja, so heißen wir« – unterbrochen, im Zweiten riefen zwischendurch die Mainzelmännchen: »Gudn Aaamd!« Weil die Cartoons die Reklame auflockerten, blieben wir Kassettenkinder auch in der Werbepause vor dem Fernseher sitzen, um sie zu sehen, und inhalierten so gleichzeitig jede Menge heiße Reklameluft – die Spots von Wrigleys Spearmint (»gum, gum, gum«), Sinalco (»die Sinalco schmeckt, die Sinalco schmeckt«) oder Drei-Wetter-Taft (»hält bei jedem Wetter«) klingen uns deswegen noch heute im Ohr. Verglichen mit den Werbebotschaften wohnte den Streichen der Mainzelmännchen fast schon etwas Geistreiches inne – vielleicht haben wir es also Anton, Berti, Conni, Det, Edi und Fritzchen zu verdanken, dass wir keine völlige Meise vom Glotzen davontrugen.

Es waren zwar fast ausnahmslos Actionserien, die von der Werbung zerschnitten waren, dennoch wurden wir durch das permanente Rumgeballere keine Amokläufer. Das hatte wohl etwas mit der Gleichförmigkeit der

Folgen zu tun und damit, dass nie jemand ernsthaft zu Schaden kam, obwohl dauernd geschossen wurde und vieles in die Luft flog. In jeder Folge geschah im Grunde das Gleiche: Das *A-Team* fand immer eine Scheune, in der zufällig Spezialgerät und Material lagerten, aus denen Hannibals Truppe eine tolles Gadget zusammenschlosserte, mit dem sie den Gaunern den Garaus machten; in *Ein Colt für alle Fälle* vollführte Stuntman Colt Seavers, um alles zum Guten zu wenden, meistens ein gewagtes Kunststück, das er zu Beginn der Folge bei seiner aktuellen Filmproduktion eingeübt hatte; und bei Bruce Banner aus der Serie *Der unglaubliche Hulk* hatten die Bösen in dem Moment verloren, wenn er sich (auf den Moment warteten wir nur!) in den grünen Hulk verwandelte, der so sauer war, als hätte ihm jemand seine Extraportion Milch geklaut.

Zugegebenermaßen waren die Charaktere eindimensional, die Handlung eintönig und die Dialoge in etwa so tiefsinnig wie ein philosophisches Streitgespräch mit unserem Meerschweinchen. Doch es war so berechenbar, dass es sehr beruhigend auf uns wirkte, und es prägte unsere Sicht auf die Welt. Gut und Böse waren klar voneinander zu unterscheiden, und die gerechte Sache siegte am Schluss, genau wie in den Comics, die wir lasen, und in den Filmen, die wir uns im Kino ansahen. Wenn wir dann in den Nachrichten hörten, dass Boxer Bubi Scholz seine Frau erschossen haben sollte oder Palästinenser das Kreuzfahrtschiff Achille Lauro entführt hatten, wünschten wir uns, dass es tatsächlich da draußen einen Remington Steele oder einen Angus MacGyver gab, der die Verantwortlichen zur Strecke brachte und die Welt rettete.

So wichtig uns all diese Sendungen vorkamen – sie waren allenfalls Beiwerk, verglichen mit jenem Fernsehevent der Woche, das in den achtziger Jahren alle anderen überstrahlte: der heilige Fernsehsamstagabend.

Es war das Schlimmste, was ich je gesehen habe. Ich bin nicht mal zu der Feier nach der Sendung gegangen, weil ich dachte, das ist der größte Flop, den wir je gelandet haben.

Alexander Arnz, Regisseur von *Wetten dass..?* über die erste Sendung *1981*

Wir versammelten uns pünktlich um acht vor dem Fernseher, und während die *Tagesschau* lief, konnten wir es kaum noch abwarten. Draußen war es dunkel, und in den umliegenden Häusern hatten die Nachbarn die Rollläden heruntergelassen oder die Gardinen zugezogen. Lediglich das Flackern, das durch die Schlitze der Lamellen schien und die Vorhänge der Wohnzimmer erleuchtete, verriet, dass sie daheim waren und ebenfalls vor dem Fernseher saßen. Mit hoher Wahrscheinlichkeit wollten auch sie sich *Wetten dass..?* ansehen, die Spielshow von Frank Elstner, der uns auch an diesem Abend wieder in eine Welt voller unglaublicher Unterfangen, Musik und Prominenter entführen würde, Saalwette inklusive.

Wir Kassettenkinder saßen, die Füße angezogen, neben unserer Mutter auf der Couch. Die Aussicht, den Abend mit den Erwachsenen verbringen und so lange aufbleiben zu dürfen, wie Elstner überzog, ließ uns innerlich um ein paar Zentimeter wachsen. Manche von uns trugen ihren Baumwollschlafanzug, andere kamen frisch aus der Badewanne, wo sie mit dem Playmobil-Piratenschiff oder der Badeknete gespielt hatten, und waren in einen Frotteebademantel gehüllt. Die Heizung bullerte auf höchster Stufe, und die Wohnzimmertür war geschlossen, damit es nicht zog und wir uns keinen Pips holten – der Fernsehabend war vor allem in den kalten Monaten ein bisschen wie Familiensauna.

Im Fernsehen liefen die letzten Minuten der *Tagesschau*. Dagmar Berghoff verlas gerade die Ergebnisse vom Bundesligaspieltag, und Papa stöhnte auf, weil der FC Bayern München zum wiederholten Mal Deutscher Meister geworden war. Es folgte die Wettervorhersage, die immer mit einer Windrose endete, deren Zeiger sich in Windrichtung drehte, während es dabei aus für uns damals unerfindlichen Gründen piepste – der Morsecode QAM, der schlicht und einfach »Wie wird das Wetter?« bedeutet.

Vater ging zur Schrankwand im Eiche-Nussbaum-Dekor, in deren Mitte das Farbfernsehgerät stand. Er beugte sich vor, drückte die Kanaltaste zwei und wechselte damit vom ersten aufs zweite Programm. Dann setzte er sich in den Sessel, wo er es sich mit einer Flasche Bitburger (»Bitte ein Bit!«) gemütlich machte und die Beine auf dem kleinen Fußbänkchen ablegte.

Mutter hatte neben uns in der einen Hand ein Gläschen Asti Spumante, mit der anderen fischte sie nach einem der in Metallicfolie eingewickelten Quality-Street-Toffees in der fliederfarbenen Blechdose, die wir ihr abluchsen würden, sobald sie leer war, weil sich darin so herrlich Krimskrams sammeln ließ. Die Toffees waren uns gleich, denn wir mochten nur die eckigen Stücke aus Vollmilchschokolade, die in ein grünes Papierchen eingeschlagen waren. Viel verlockender waren die Süßigkeiten und Chips, die wir morgens im Supermarkt extra für den Fernsehabend geholt hatten und die nun vor uns auf dem Glastisch standen: ein Arrangement aus Erfrischungsstäbchen, bunten Bonito Schokolinsen mit Gesichtern drauf, daneben eine Packung Trüller Paprikachips und eine Tüte Ringli, die wir uns einzeln auf die Fingerspitzen steckten und dann abknabberten.

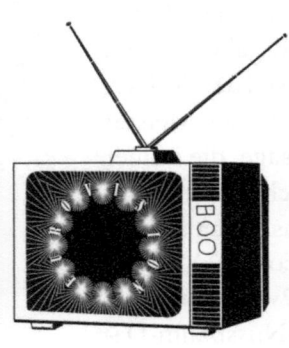

Auf dem Fernsehschirm erschienen vor dunkelblauem Hintergrund die Buchstaben ZDF, umgeben von einem goldfarbenen Strahlenkranz und dem Schriftzug EUROVISION. Normalerweise mochten wir klassische Musik so gerne wie Sauerkraut, doch bei der Eurovisionsfanfare, die nun aus den Fernsehlautsprechern tönte, war das etwas anderes. Die Musik klang feierlich und kündete davon, dass etwas Bedeutsames folgen würde.

Bei einer Eurovisionssendung, das wussten wir, wurde zur gleichen Zeit live in Deutschland, der Schweiz und Österreich ausgestrahlt – was nicht nur bedeutete, dass sich Millionen Menschen in diesem Moment genau dieselbe Sendung anschauten wie wir, sondern dass unzählige Kassettenkinder in drei verschiedenen Ländern an diesem Abend lange aufbleiben durften, um Europas größte Fernsehshow zu sehen.

Und so lagen vor uns zweieinhalb bis drei Stunden, in denen wir das gute Gefühl hatten, genau das Richtige zu tun, und in denen es keine Rolle spielte, was sonst auf der Welt geschah.

Früher war es doch so:
Die Intellektuellen saßen im Theater,
und die Doofen haben ferngesehen.
Heute gucken die Intellektuellen Wetten dass..?
und die Doofen Big Brother.

Thomas Gottschalk

Wetten dass..?, das war unser Synonym für einen gelungenen Samstagabend – der Supersorglos-Pack für die ganze Sippe. Die Sendung gehörte zu unserem Familienleben dazu, so wie für viele der sonntägliche Kirchgang.

Natürlich gab es noch andere große Spielshows: Allen voran *Auf los geht's los* und *Einer wird gewinnen* mit den Fernsehurgesteinen Blacky Fuchsberger und Hans-Joachim »Kuli« Kulenkampff, außerdem die Sendung *Lass dich überraschen,* in der Rudi Carrell mit oft nachgemachtem, aber nie erreichtem niederländischen Akzent den Titelsong sang, talentierte Imitatoren präsentierte und Studiogästen ihren größten Lebenswunsch erfüllte. In *Verstehen Sie Spaß?* legten Kurt Felix und Paola (die keinen Nachnamen zu haben schien, obwohl sie mit Kurt verheiratet war) die Leute mit der versteckten Kamera herein, und in *Der große Preis* mit Wim Thoelke trötete es auf halber Strecke der Sendung immer »Thööölke«, und der Moderator unterhielt sich vor einer großen Leinwand mit den Loriot-Figuren Wum und Wendelin, die manchmal Besuch bekamen vom blauen Klaus, einem Außerirdischen in Menschengestalt, der eine rote Kappe mit Bommel trug und in einer fliegenden Untertasse angereist kam.

Doch *Wetten dass..?* war einzigartig, es war ein Spektakel, das uns einbezog: Mit Kommentaren wie »Ich glaub, das schafft der nicht!« oder »Klar schafft der das!« wurden wir zu Sofa-Wettpaten, wobei unser Einsatz darin bestand, die nächste Tüte Chips aus der Küche zu holen. Dann rückten wir vor dem Fernseher zusammen und sahen zu, wie Kandidat Hans Oßner aus Velden in Niederbayern eine handelsübliche Wärmflasche wie einen Luftballon aufpustete und zum Platzen brachte, wie Franz Bierbaum aus Wien mit der bloßen Hand fünfzig Telefonbücher zerriss, von denen jedes einzelne tausend Seiten stark war, oder wie Rudolf Künzler mit seinen Freunden einen über acht Tonnen schweren LKW auf vier Biergläsern parkte.

Insgeheim träumten wir davon, dass Frank Elstner auch zu uns einmal sagen würde: »Top, die Wette gilt!« Denn lange vor *Deutschland sucht den Superstar* war *Wetten dass..?* eine der wenigen Gelegenheiten, als Normalo ins Fernsehen zu kommen. Deshalb ersannen wir Ideen für eigene Wetten, und wenn jemand etwas Ungewöhnliches konnte, dann würdigten wir das mit den Worten: »Damit kannst du glatt bei *Wetten dass..?* auftreten!«

Als bekannt wurde, dass Frank Elstner die Sendung an Thomas Gottschalk abtrat, den wir aus *Na sowas!* und *Die Supernasen* kannten, befand sich Deutschland innerlich wochenlang im Notstand. Nicht, weil es mit der Ausstrahlung von Helmut Kohls Neujahrsansprache vom Vorjahr, dem Kentern des Fährschiffs Herald of Free Enterprise vor Zeebrugge und dem Fund von Würmern in Fischkonserven nichts Besseres gegeben hätte, über das man sich aufregen konnte. Nein, ein ganzes Land fachsimpelte über den zukünftigen Moderator einer Unterhaltungsshow, weil das Wohl vieler Millionen Familien auf dem Spiel stand – wenn der Thommy die Nummer verbockte, was sollte man dann am Samstagabend machen?

Ging natürlich alles gut. Thomas Gottschalk wurde Mr. Wetten dass..?, moderierte die Show bis ins neue Jahrtausend und sorgte regelmäßig für Gesprächsstoff: Welches skurrile Kleidungsstück würde Thommy dieses Mal tragen – vielleicht noch mal den Goldblazer oder sogar noch etwas Ausgeflippteres als den Schottenrock? Gerüchte, dass seine Frau Thea ihm die Klamotten rauslegte, stritt er hartnäckig ab.

Leider gab es *Wetten dass..?* nur in unregelmäßigen Abständen alle paar Wochen, und es galt eine Sommerpause zu überbrücken. Umso größer war unsere Vorfreude auf die nächste Sendung, vor allem, wenn wir in der HÖRZU oder dem Programmheftchen *Prisma,* das der Tageszeitung beilag, gelesen hatten, dass einer unserer Lieblingsstars dort auftreten würde. Es war damals nicht ganz einfach, Fan von jemandem zu sein, denn die dafür nötigen Infos mussten wir uns mühsam aus der Tageszeitung, aus Filmzeitschriften wie der *Cinema* und Wochenmagazinen wie *Spiegel* und *Stern,* die unsere Eltern lasen, zusammensuchen. Manchmal blätterten wir auch heimlich in den Boulevardblättchen von Oma, die sich durch *Das goldene Blatt, Die Aktuelle* oder *Echo der Frau* stets auf dem neusten Kenntnisstand über die modischen Macken von Gloria von Thurn und Taxis, die Trinkgelage von Harald Juhnke oder die Scheidung von Silvester Stallone und Brigitte Nielsen bewegte.

Wenn dann Terence Hill in *Wetten dass..?* mit blitzeblauen Augen in zauberhaftem gebrochenem Deutsch von seiner Dresdner Mama plauderte, während Bud Spencer darauf bestand, nicht Italiener, sondern Neapolitaner zu sein, und dem staunenden Frank Elstner erklärte, er sei nur zum Film gekommen, weil sie einen großen Dicken gesucht hätten, war das für uns fast spannender als die Wetten. Elstner quetschte für uns Jean-Paul Belmondo über seinen Sohn aus, und er befragte Stephan Remmler zur Haushaltsführung seiner Wohngemeinschaft in Großenkneten. Wir wunderten uns darüber, dass Nina Hagen die anderen Gäste von Thomas Gottschalk mit einem kleinen rosa Plüschhäschen anstupste, und sahen Steffi Graf, Karl Dall und Arnold Schwarzenegger auf der Couch Platz nehmen.

Wegen der Interviews, die klangen, als wenn sie auch Frau Schmitz von nebenan hätte führen können, fühlte es sich an, als sprächen unsere Idole nur zu uns. Und mit dem, was wir von ihnen erfuhren, konnten wir am folgenden Montag auf dem Schulhof bei all denen punkten, die die Sendung verpasst hatten.

Das Highlight aber waren eindeutig die Auftritte der Popstars. Denn Musik war unser Leben. Wir sahen uns regelmäßig *Formel Eins* an, das über die Jahre von Peter Illmann, Ingolf Lück oder Stefanie Tücking moderiert wurde, schauten *Ronnys Pop Show,* in der Otto Waalkes dem moderierenden Schimpansen seine Stimme lieh, und wer in den späten Achtzigern über eine Satellitenschüssel verfügte, der empfing auch MTV Europe mit Ray Cokes. Doch Live-Auftritte waren rar gesät. Wenn wir kein Konzert besuchen konnten, mussten wir hoffen, dass unsere Lieblingsband in der langen *Rockpalast Nacht* auftrat, die der WDR aus der Essener Grugahalle übertrug. Auch ein Liveauftritt bei *Wetten dass..?* war deshalb etwas ganz Besonderes. Wenn Alphaville im Anzug und mit fetter Beleuchtung im Hintergrund »Sounds Like a Melody« spielten, Jennifer Rush mit Wind im gekreppten Haar »You're My One And Only« sang, Tina Turner »I Can't Stand The Rain« rockte und Agnetha Fältskog nach ihrem ersten Solosong persönlich über den weiteren Bestand von ABBA Auskunft gab, dann kam bei uns vor dem heimischen Fernseher Kammerkonzert-Stimmung auf – auch deshalb, weil die Popstars bei *Wetten dass..?* mehrheitsfähig waren und wir an diesem Punkt einmal nicht mit unseren Eltern über Musikgeschmack streiten mussten, anders als Ende der Achtziger bei Videoclips von Guns N' Roses auf MTV, die von unseren Erziehungsberechtigten gerne als »singende Klobürsten« abgekanzelt wurden.

Es kommt darauf an, dass das Fernsehen sinnvoll genutzt wird: zur Unterrichtung, Unterhaltung, Information, auch übrigens zum Familiengespräch. Dass der Empfang der vielen Programme in den ersten Momenten wie eine Narkose wirken kann, das ist durchaus möglich. Aber dann werden die Leute mit mehr Überlegung ans Fernsehen herangehen, als wenn sie nur ein oder zwei Kanäle haben, und sich genau aussuchen: Was schau ich mir an.

Christian Schwarz-Schilling,
Bundespostminister, in einem Interview 1982

Fernsehen war in unserer Kindheit ein Ereignis, und das, was über den Äther lief, hatte noch die Sprengkraft, die Nation zu entzweien und für Diskussionsstoff zu sorgen. Ob es der Buntstiftskandal war, bei dem ein *Titanic*-Redakteur sich als Wettkandidat ausgab und behauptete, er könnte die Farbe der Stifte am Geschmack erkennen (aber unter der Brille durchlugte), ob jemand in der *Lindenstraße* das Wort »Saftarsch« verwendete oder ob Thomas Anders und seine Nora sich im Bett interviewen ließen – alles beste Gründe, sich eine Zeitlang aufzuregen.

Fernsehen war Tagesgespräch, weil es zu den Ereignissen eines Tages gehörte. Die Sendungen liefen nur zu einem bestimmten Zeitpunkt, an einem vorgegebenen Datum zu einer festgelegten Uhrzeit – es sei denn, man hatte Zeit, sich im Vormittagsprogramm die Wiederholung anzusehen. Wenn es dazu noch live war, kam das Gefühl auf, einem einmaligen Ereignis beizuwohnen. So erwies sich der Fernseher bisweilen als echter Straßenfeger: Wenn Boris Becker oder Steffi Graf in Wimbledon spielten, versammelte sich ganz Deutschland vor der Mattscheibe, wie sonst nur zur Fußballweltmeisterschaft, und fachsimpelte über Serve-and-Volley-Spiele, Grundlinienduelle und Beckerhecht. *Aktenzeichen XY ... ungelöst* mit Eduard Zimmermann, der uns Kindern immer ein wenig unheimlich war, vielleicht weil er auch »Ganoven-Ede« genannt wurde, trug zur Lösung vieler ungeklärter Kriminalfälle bei, weil Millionen von Fernsehzuschauern einschalteten und gemeinsam auf Verbrecherjagd gingen.

Dass wir übers Fernsehen redeten, als gehöre es wirklich zum Erlebten, lag auch daran, dass bei drei Sendern die Chance sehr hoch war, dass viele das Gleiche sahen, was in der Schule, im Büro oder beim Bier in der Eckkneipe für ein Gefühl der Verbundenheit sorgte. Bisweilen gab uns ein Fernseherlebnis sogar monatelang Rätsel auf und beflügelte allerorten die Phantasie. Eine der Fragen, die uns besonders in Atem hielt, war: »Wer hat J.R. Ewing erschossen?«

John Ross Ewing war die Hauptfigur in *Dallas,* einer der ersten Serien, denen es gelang, uns so sehr an sie zu binden, dass uns die Schüsse auf J.R. vorkamen, als hätte jemand hinterrücks auf ein Familienmitglied geschossen – wenn auch auf ein besonders unsympathisches.

Dallas erzählte die Geschichte der texanischen Familien Ewing und Barnes, die nicht nur Konkurrenten im Ölgeschäft waren, sondern bei denen auch privat der Larry los war. Grob gesagt ging es um Verrat, Verbrechen, Klunker und Alkohol – und um Geprotze mit großen Cowboyhüten und dicken Autos. Der Held der Serie war – und das war ein Novum – nicht der strahlende Gute, sondern der intrigante Böse, J.R. Ewing eben. Die Serie gewährte uns durchs Fernsehschlüsselloch erstmals den Blick in die Welt der Superreichen, und das in einer Zeit, in der selbst internationale Spitzenpolitik im gelben Pullunder und in der Strickjacke verhandelt wurde.

Darum machten regelmäßig zwanzig Millionen Deutsche am Dienstag um Viertel vor zehn mit der ARD einen Ausflug auf die Southfork Ranch, den Stammsitz der Familie Ewing. Jede Folge endete mit einem Cliffhanger, und es dauerte immer eine quälend lange Woche, bis wir erfuhren, wie es weiterging. In der Zwischenzeit kreiste unser Denken um den möglichen weiteren Verlauf der Intrigen und Liebschaften. Das Schöne war: Wir konnten völlig offen miteinander darüber reden und spekulieren, ohne Angst vor Spoilern – wer *Dallas* mochte, hatte mit ziemlicher Sicherheit die letzte Folge gesehen, und wenn nicht, wollte er unbedingt wissen, was darin geschehen war, um wieder auf dem aktuellen Stand zu sein. Es gab kein YouTube, kein iTunes und keine Streamingdienste, die es uns erlaubt hätten, ganze Staffeln zeitversetzt zu gucken. J.R. wurde für alle zum selben Zeitpunkt erschossen.

Die Folge von *Dallas,* in der aufgelöst wurde, wer die Schüsse abgefeuert hatte, wird auch heute noch von vielen, die ihre Erstausstrahlung miterlebten, in einem Atemzug mit den großen Momenten der Fernsehgeschichte wie der Mondlandung oder dem Elvis-Konzert *Aloha from Hawaii* genannt, weil es einer der seltenen Momente war, in denen so viele Menschen zeitgleich dieselbe Sendung einschalteten.

Dallas war die Mutter aller Soaps und löste eine Welle von ähnlichen Serien aus. Im ZDF gab es bald mittwochs den Dallas-Klon *Der Denver-Clan* rund um die Carringtons und Colbys, in der ARD-Serie *Falcon Crest* intrigierte im Wochentakt die Weingutbesitzerin Angela Channing, und wer dann immer noch nicht genug hatte, konnte sich in der Sommerpause von *Dallas* den Lückenfüller *Flamingo Road* ansehen, in dem ein Freudenhaus in Florida im Mittelpunkt stand. Plüschiger ging es nicht.

In Deutschland inspirierte das Format ebenfalls diverse Seifenopern, die mit den Reichen und Mächtigen allenfalls die Schulterpolster gemein hatten, und so erzählten *Diese Drombuschs* vom Alltag einer schicksalsgeplagten Familie in Darmstadt, und in der *Schwarzwaldklinik* war der Einzige, der gut verdiente, Chefarzt Dr. Brinkmann, wobei die Serie sich nicht ums Öl drehte, sondern vor allem darum, wie er Schwester Christa rumkriegte. In der *Lindenstraße* ging es derweil um Menschen, die auch unsere Nachbarn hätten sein können. Wir erlebten die Ehekrisen der Familien Beimer und Schildknecht, das Comingout von Carsten Flöter und ärgerten uns über Tratschweib Else Kling – so weit, so deutsch, so wenig glamourös. Von *Kir Royal,* einer Miniserie, in der Klatschreporter Baby Schimmerlos die Münchener Schickeria aufmischte, waren wir deswegen 1986 sehr beschwipst. Typisch deutsch daran: Unser Baby wird am Ende nicht zum Tanzen aufgefordert, sondern verliert alles.

Das Gemeinschaftsgefühl und die Übersichtlichkeit gingen beim Fernsehen verloren, als die Senderzahl mit der Einführung des Privatfernsehens anstieg – eine Entwicklung übrigens, die auf die Initiative der Unionsparteien zurückging. Diese fühlten sich im öffentlich-rechtlichen Rundfunk, den sie eher links verorteten und der seit einer Debatte Ende der siebziger Jahre auch »Rotfunk« genannt wurde, unterrepräsentiert und drängten deshalb auf eine Privatisierung des Fernsehens, von der sie sich eine ausgeglichenere Berichterstattung erhofften.

Obwohl RTL plus und Sat.1 als Garagensender starteten – sie sendeten ihre ersten Sendungen buchstäblich aus einem Schuppen im Hinterhof und füllten das Programm mit Wiederholungen und Softpornos aus den sechziger und siebziger Jahren – und bis Ende der achtziger Jahre eher ein Nischendasein fristeten, zerstreute sich unsere Aufmerksamkeit bald in alle Winde.

Eines der großen Fernsehereignisse, das uns noch als Glotzgemeinschaft zusammenschweißte und nur funktionierte, solange viele mitmachten, endete dann auch 1989 mit dem Aufstieg der privaten Sender: der *ZDF-Wunschfilm*. Bis dahin stimmten wir in den Sommermonaten per Postkarte und später per Telefonanruf im TED ab, welchen der drei angebotenen Streifen wir am Samstagabend sehen wollten. Anfang bis Mitte der Achtziger hatten die wenigsten von uns einen Videorekorder, weshalb der Wunschfilm eine gute Gelegenheit bot, einen Lieblingsfilm noch einmal zu sehen – wenn er denn eine Mehrheit fand. Im Angebot waren Perlen wie *Die glorreichen Sieben*, *Convoy* oder *Batman hält die Welt in Atem* (ziemlicher Schund, aber damals noch der einzige Batmanfilm, und darum konnte man ihn sich noch geben).

Abgestimmt wurde bis eine Stunde vor Sendungsbeginn, und wenn wir heute von unserem demokratischen Wahlrecht so intensiv Gebrauch machen würden wie damals beim Fernsehen, würde die Beteiligung bei den Bundestagswahlen wohl höher liegen. Meistens riefen wir sogar mehrmals an, um für einen bestimmten Film zu stimmen – so lange, bis uns die Eltern stoppten oder die Programmansagerin mahnte: »Liebe Zuschauer, rufen Sie jetzt bitte nicht mehr an.« Kurz vor dem Filmstart saßen wir dann vor dem Fernseher und lauschten gespannt, wenn das Endergebnis verlesen wurde. War unser Film der Gewinner, stieg ein Gefühl in uns auf, als hätte unser Fußballclub gerade ein wichtiges Pokalspiel gewonnen.

Die einzige Ausrede, die wir gelten ließen, um ein solches Event zu verpassen, war der Sommerurlaub, wenn wir mit Mama und Papa in die Ferne fuhren.

Wir waren ja so verschossen, in unsere Sommersprossen.
Wie wir lernten, uns weit weg daheim zu fühlen

Die Wochen, in denen das normale Leben für eine Weile Pause machte, begannen gelegentlich mit einem tiefen Brummen, das sich anhörte wie eine Riesenhummel, so ein mutiertes Tier wie in den Jack-Arnold-Monsterfilmen *Tarantula* oder *Der Schrecken vom Amazonas,* die wir uns im ZDF spätabends in der Reihe »Der phantastische Film« ansahen. Erst wenn wir vorsichtig die Augen öffneten, begriffen wir, dass das Brummen in Wahrheit vom Motor des Autos stammte.

Wir Kinder saßen auf der Rückbank, und die Stoßdämpfer des Ford Taunus arbeiteten sich am rauhen Straßenbelag ab, so dass alles vibrierte und wir bei jedem Schlagloch einen kleinen Satz machten. Zwischen uns stand eine Kiste mit den Badesachen, und zu unseren Füßen lagerte eine Tüte mit Dosenöffner, Keksen, einer Rolle Klopapier für unterwegs und Filterkaffee – natürlich Café Hag, den Professor Brinkmann in der Fernsehwerbung empfahl und der Papas gestresste Magenwände schonen sollte.

Um uns herum waren die letzten Ritzen und Freiräume mit Bettwäsche und Jacken zugestopft, was uns nicht mehr viel Platz ließ. Mit so viel Krempel fühlten wir uns für den Fall eines Aufpralls gut geschützt. An Airbags dachte zu dem Zeitpunkt noch keiner, und Gurte waren nur auf dem Vordersitz Pflicht, wobei Papa sich ärgerte, weil ihm die Vorrichtung die Freiheit nahm und er immer noch die leise Befürchtung hegte, dass der Gurt ihn bei einem Unfall zu sehr ans brennende Vehikel kettete. Mama hatte indes nur Angst, dass ihr der Busen platt gedrückt wurde.

Ein heller Sonnenstrahl drang durch die Frontscheibe zu uns nach hinten, und wir kniffen die Augen zu. Papa klappte die Sonnenblende herunter und starrte angestrengt geradeaus, und Mama studierte auf dem Beifahrersitz den *ADAC Atlas*, die Bibel des deutschen Autofahrers. In dem herausgebenden Automobilclub waren unsere Eltern natürlich Mitglied, denn eine Autoreise ohne den Schutz der gelben Engel wäre ihnen schlicht lebensmüde erschienen.

Vor uns schlängelte sich die zweispurige Autobahn durch eine hügelige Landschaft, an deren Horizont die Sonne noch tief stand. Wir erhaschten einen Blick auf das Straßenschild, das vorbeihuschte: Wir waren kurz hinter Frankfurt, was, wie Papa uns erklärte, bedeutete, dass es noch ungefähr zehn Stunden bis zu unserem Zielort in Italien waren.

Wie immer hatte die Fahrt in den Urlaub in den frühen Morgenstunden begonnen. Wir waren noch im Halbschlaf mit dem Kopfkissen unterm Arm ins Auto gestiegen und schon wieder eingenickt, bevor wir die Ortsausfahrt passiert hatten. Alles war geplant, alles vorbereitet, alles eingepackt. Das schlechte Zeugnis würde für die kommenden drei Wochen keine Rolle mehr spielen, wir durften bis in die Puppen aufbleiben – und wir würden es uns richtig gutgehen lassen: Pizza Margherita, Spaghetti Bolognese und jede Menge Eis. Vor uns lagen drei Wochen im absoluten Ausnahmezustand, eine wahre Supersorgloszeit.

> *Italien, Urlaub, Sonnenschein,*
> *Ich kurvte durch Neapel.*
> *Erst kreuz, dann quer, dann mittenrein*
> *in den Tomatenstapel.*
> *Wer hatte recht? Es gab Tumult.*
> *Wer wird den Schaden zahlen?*
> *Die Allianz begleicht die Schuld,*
> *Lässt alle wieder strahlen.*
>
> Werbespot

Die schönsten Wochen des Jahres wollten gut geplant sein – die Vorbereitungen für die Reise liefen oft schon ein halbes Jahr, bevor wir endlich losfuhren. Und das führte bei uns Kassettenkindern dazu, dass die Vorfreude stetig anwuchs.

Nachdem sich unsere Eltern über die grundsätzliche Richtung geeinigt hatten (Berge oder Meer), durften wir Kinder mitentscheiden, wo genau wir hinfuhren und welche Unterkunft wir wählten. Unsere Eltern hätten natürlich auch über unsere Köpfe hinweg bestimmen können, doch dieses Modell passte besser in ihr Erziehungskonzept. Es mochte auch sein, dass sie die vage Hoffnung hegten, unsere Erdkundenote würde sich dadurch im nächsten Zeugnis verbessern.

Stand das Reiseziel fest, gingen wir alle Mann hoch ins Reisebüro, um uns von einer Reisefachkraft beraten zu lassen. Das war eine geradezu magische Umgebung, denn hier schien alles möglich: Im Laden standen an der Wand in den Regalen die Kataloge von Neckermann, TUI oder Meier's Weltreisen, in denen Reisen an Orte beworben wurden, deren Namen wir noch nie gehört hatten. Da die Hefte einen intensiven Geruch verströmten, war der Duft der weiten Welt für uns lange Zeit der von frischer Druckerschwärze.

Wenn wir vor den Regalen standen und in den Katalogen blätterten, ließ uns allein der Anblick der Fotos davon träumen, wie wir später die ganze Welt bereisen würden – am liebsten mit dem Rucksack, in einem VW-Bus oder sogar auf einer Harley Davidson. Das war mit der ganzen Familie natürlich nicht möglich. Trotzdem begannen wir im Reisebüro von den unendlichen Weiten zu träumen – das Fundament für sämtliche InterRail-Reisen unseres jungen Erwachsenendaseins wurden zu jener Zeit gelegt. Und so schafften wir es später, wenn schon nicht mit dem Cabrio von Atlantic City nach Los Angeles, dann immerhin mit dem Zug bis an die Algarve.

Für uns Kassettenkinder war das schon eine Fernreise. Denn für gewöhnlich lag das Urlaubsziel unserer Kindheit ganz in unserer Nähe: an der Nordsee oder Ostsee, in Holland, Dänemark oder Frankreich. Wenn unsere Eltern es traditionell liebten, verbrachten wir die Ferien in der Schweiz oder in Österreich und kamen vom Wandern mit Blasen an den Füßen heim. Italien, Spanien, Jugoslawien oder Griechenland waren für uns mit einem Hauch von Abenteuer und Luxus verbunden.

Im Reisebüro galt es zu entscheiden, ob wir eine Pauschalreise buchten oder nur eine Unterkunft am Urlaubsort. Wer es sich leisten konnte, wählte die Rundumsorglosreise. Wenn die Familie größer war, läpperte sich der eigentlich geringe Preis jedoch, und so entschieden unsere Eltern oft, die weite Strecke mit dem Auto auf sich zu nehmen.

Wenn wir das Reisebüro wieder verließen, trugen wir einen Stapel Kataloge unter dem Arm, die uns über Hotels, Ferienhäuser, Mietwohnungen und Campingplätze informierten. Die Planung der Reise war ein generalstabsmäßiges Unterfangen, eine Vorarbeit, die unsere Eltern mit so großer Akribie betrieben, dass es uns vorkam, als würde hier die NASA einen neuen Raketenstart vorbereiten.

Der Wohnzimmertisch quoll vor Katalogen, Atlanten, Reiseführern oder Anträgen für Reiseversicherungen über. Manchmal kam in uns der Gedanke auf, wir würden es später nie gebacken bekommen, alleine zu verreisen. Denn das, was unsere Eltern in diesen Stunden leisteten, wenn sie hinten in den Katalogen die komplizierten Tabellen danach durchforsteten, was die Unterkunft zu einer bestimmten Saison kostete, wirkte auf uns so kompliziert wie eine Debatte im Bundestag oder die Steuererklärung, bei der unser Vater ab einem gewissen Punkt nur noch vor sich hin fluchte. Und das war es auch – viel schwieriger jedenfalls als heutzutage, da man innerhalb von Minuten eine Reise im Internet organisiert hat.

Navi und Routenplaner waren unsere Eltern. Mit Bleistift und Straßenkarten bewaffnet, tüftelten sie bis in die Nacht an der schnellsten Route, planten Zwischenstopps und schrieben auf, mit welchen Mautgebühren und Vignetten sie rechnen mussten, wenn wir durch Transitländer fuhren.

Auf der Suche nach der richtigen Unterkunft waren statt Internetportalen Freunde, Bekannte und Kollegen wichtige Infoquellen, wenn sie schon einmal an unserem Urlaubsort gewesen waren oder gar jemanden kannten, dem dort ein Ferienhaus gehörte. Wir Kinder blätterten derweil die Reisekataloge durch und suchten nach den Hotels, Ferienbungalows oder Campingplätzen, die uns am besten gefielen, weil sie mit dem kürzesten Weg zum Strand oder einem Pool mit Wasserrutsche aufwarten konnten. Bei besonders schönen Hotels drifteten wir bisweilen in Tagträume ab, bei denen wir schon den Geruch von Sonnenöl und Meeresbrise in der Nase hatten.

Einen Vorgeschmack auf das Reiseland gab es in dem Moment, wenn Mutter ein Tütchen mit der fremden Währung auf den Küchentisch legte, die meist viel bunter war als die deutschen Geldscheine. Wenn wir zum ersten Mal echte Peseta, Francs oder Öre in der Hand hielten, betrachteten wir sie viel eingehender, als wir das je mit den D-Mark-Scheinen getan hatten. Das fremde Geld war die erste Möglichkeit, sich mit dem Reiseland vertraut zu machen, und es schien uns zuzuraunen: Bald geht es los!

Dass der Wechselkurs manchmal auch das Reiseziel bestimmte, erfuhren wir erst später. Denn für den Urlaub in südliche Gefilde sprachen nicht nur das bessere Wetter und das blauere Meer: Spanien oder Italien hatten im Vergleich zur harten D-Mark Währungen, die so weich waren wie die Schokolade im Handschuhfach auf unserer Reise gen Süden.

Wechselten wir unsere begehrten Devisen in die Landeswährung, bekamen wir mehr Gegenwert für unser Geld, konnten uns vor Ort folglich mehr leisten und uns ein bisschen wie Krösus fühlen, wenn wir durch ein Bündel mit Tausend-Lire-Scheinen blätterten und sich unser Taschengeld auf wundersame Weise vermehrt zu haben schien. Da in Spanien und Italien im Supermarkt gerundet wurde, kamen wir oft mit einem Beutel Klimpergeld zurück, wenn wir es vor der Abreise nicht mehr hatten ausgeben können, und viele Kassettenkinder finden heute in einer Krimskramskiste noch ab und an ein 25-Pesetenstück, das wir aufgehoben hatten, weil es so ein lustiges Loch in der Mitte hatte. Viele von uns hatten es deswegen auch an einem Band um den Hals getragen, zum Beweis, dass wir Weltenbummler waren.

Der Wechselkurs war auch einer der Gründe, warum viele plötzlich doch eine richtig weite Reise planten: Als der Dollar Mitte der Achtziger stark abwertete, brach eine Reisewelle in die USA los, wo nun die Westküste, die Südstaaten oder New England per Busrundreise erkundet wurden. Das Erste machte 1988 gleich ein dreiteiliges Weihnachts-Fernsehspiel draus – womit die Reiserei über den großen Teich gleich weniger aufregend und eher alltäglich wurde. In *Wilder Westen inclusive* sahen wir dem Hamburger Meteorologen Bruno Küssling dabei zu, wie er mit seiner Ex-Frau und der gemeinsamen

Tochter den Westen der USA unsicher machte, wobei ein sehr kreatives Englisch gesprochen wurde: Das Frühstück wurde zum »early piece«, der verlorene Koffer als »nigelnagelnew with so red stripes« beschrieben, und Bruno ersuchte die Rezeptionistin im Hotel um Hilfe, indem er erklärte: »My wife is a woman and she has her days.«

Ein anderes Reiseziel der Wahl war Florida. Seit 1984 gingen in *Miami Vice* die Polizisten Crockett und Tubbs im Schulterpolsterblazer zwischen Palmen und Art-déco-Hotels am Ocean Drive auf Verbrecherjagd. Nun war die Reise dorthin endlich erschwinglich, und viele nutzten die Gelegenheit, sich selbst davon zu überzeugen, dass Miami eine gefährliche Metropole war. Mit Erfolg, könnte man sagen: Schon bald machten Fälle von Touristen Schlagzeilen, die mit ihrem Mietwagen bei fingierten Unfällen überfallen worden waren.

Ohne Mama hätte es uns am Ferienort wohl an den allernötigsten Sachen gefehlt, und das ganz ohne bestohlen zu werden. Für alles Mitzunehmende erstellte sie lange Listen, die abgehakt wurden. Und das war gut so, denn in der Fremde wollten wir uns schließlich wie zu Hause fühlen. Also packten wir so viel wie möglich von unserem Zuhause ins Auto.

Es war wie bei einem Umzug – das sorgfältig geplante Gepäck schien sich auf dem Weg von der Haustür bis zum Auto zu verdoppeln. Das Kofferraumvolumen reichte nie aus, um den halben Hausstand zu transportieren, deshalb landete ein Gutteil des Gepäcks neben uns Kindern auf der Rückbank oder auf dem Dachgepäckträger, den wir eigentlich gar nicht hatten benutzen wollen. Meist begann die Fahrt damit, dass Papa noch in unserer verkehrsberuhigten Siedlung über eine Bodenschwelle fuhr und ein schrappendes Geräusch erklang – was bereits auf den ersten Metern für schlechte Stimmung sorgte.

> *Mutti, Mutti, ich will nicht nach Amerika.*
> *Halt's Maul und schwimm weiter.*
>
> Antiwitz

Der Weg zum Urlaubsort war mit Beschwerlichkeiten gepflastert. Eingepfercht zwischen Taschen, Jacken, Kissen und Kisten, war unsere Bewegungsfreiheit auf ein Minimum beschränkt, und auch die Rundumsicht ließ zu wünschen übrig. Lesen konnten die wenigsten von uns, weil uns beim Fahren schlecht wurde, und wer keinen Walkman besaß, musste sich mit Eltern und Geschwistern über die Oberhoheit des Radiokassettendecks streiten. Statt Klimaanlage gab es ein Gebläse, das, je weiter wir nach Süden kamen, immer wärmere Luft in den Innenraum pustete, so dass uns schnell das T-Shirt am Leib klebte, weil die Fenster bei Autobahntempo allenfalls für kurze Zeit geöffnet werden konnten.

Unser Wagen schien das Gegenteil vom DeLorean aus *Zurück in die Zukunft* zu sein: In ihm verging die Zeit unendlich langsam, wenn man damit fuhr. Aus Minuten wurden Stunden, aus Stunden Tage. Wenn wir Glück hatten, ließen uns das Schaukeln des Autos und das monotone Brummen des Motors wegdösen, und wir verschliefen einfach ein paar Stunden. Doch das passierte selten.

Trotzdem erinnern wir uns heute mit Wehmut an die Familienfahrten in den Urlaub, weil sie voller kleiner Rituale waren, die wir inzwischen mit unseren eigenen Kindern wiederholen. Wir zählten Notrufsäulen oder Kirchtürme, an denen wir vorbeikamen, spielten »Ich sehe was,

was du nicht siehst«, oder wurden von unseren Eltern alle paar Kilometer mit der Frage bei Laune gehalten: »Wisst ihr, wo wir sind?«, gefolgt von einem längeren Exkurs über die Sehenswürdigkeiten, die wir gar nicht zu sehen bekamen, weil wir gerade daran vorbeibrausten.

Damit auf der langen Fahrt niemand verhungerte, hatte Mama Wegzehrung eingepackt, die so reichhaltig war, dass sie manches Mal sogar die ersten Tage am Ankunftsort überdauerte: Käsestullen, hartgekochte Eier oder Bifi, die wir uns im Supermarkt für die Fahrt erbettelt hatten. Leicht Verderbliches bewahrte unsere Mutter in der Kühltasche mit den blauen Kühlelementen auf – nur kalte Getränke waren nicht darin, obwohl wir in der angestauten Hitze nach eisgekühlter Limonade geradezu lechzten. »Nie zu kalt trinken, sonst bekommt man Flöhe in den Bauch!«, sagte sie, wenn wir den gut angewärmten Sprudel ohne Geschmack reklamierten. Sie hatte außerdem zwei Thermoskannen im Gepäck: in der einen Filterkaffee, damit Papa am Steuer nicht einpennte, in der anderen lauwarmen Pfefferminztee.

Die Arbeit im Cockpit des Wagens teilten Mama und Papa sich auf wie bei einer klassischen Rallye. Sie hatte als Copilot die Karte, und er hielt das Lenkrad umklammert, als wäre er Walter Röhrl persönlich. Drückte er mal zu sehr auf die Tube, ermahnte ihn Mama prompt, dass wir hier nicht die Rallye Monte Carlo fuhren. Für die Fahrtzeiten gab es eine klare Regelung: Papa fuhr so lange, bis er müde war, und dann fuhr er noch ein bisschen weiter.

Egal, wie lange unsere Reise dauerte, irgendwann war immer der Punkt erreicht, an dem unsere Mutter hektisch in der Karte hin- und herblätterte, und schließlich mit einem hilflosen Blick zu ihrem Seitenfenster hinaus offenbarte: »Ich glaube, wir hätten vorhin abbiegen müssen …«

Wenn wir uns verfuhren, was auf den kleinen, oft nicht ausgebauten Landstraßen in den Nachbarländern schnell geschah, wurde es abenteuerlich. Wir hielten an einer Tankstelle oder einem Gemüsestand in irgendeinem Kaff, und Papa versuchte den Leuten mit Händen, Füßen und einem Schwall von Vokabeln aus allen ihm zur Verfügung stehenden Fremdsprachen den Weg zu unserem Feriendomizil zu entlocken. Die Einheimischen boten ihm daraufhin gerne exotische Südfrüchte oder kitschige Souvenirs an. Manche rückten erst mit der Sprache raus, wenn Papa der Schweiß auf der Stirn stand und sein Kopf so rot angelaufen war, dass sie fürchten mussten, er bekäme an Ort und Stelle einen Herzinfarkt, und oft fiel ihnen der Ort, nach dem wir suchten, auch erst ein, wenn unser Vater ihnen eine großzügige Spende aus unserer Urlaubskasse überreichte. Auf diese Weise lernten wir zumindest Land und Leute kennen und durften uns dabei ein bisschen wie auf einer Expedition durch unerforschte Welten fühlen – ein Genuss, in den die Pauschaltouristen, die über unseren Köpfen mit LTU- oder Hapag-Lloyd-Jets in den Urlaub düsten, nie kamen.

Dafür standen sie nicht im Stau. Der erwischte uns mit schöner Regelmäßigkeit – spätestens, wenn wir uns dem Grenzübergang näherten, an dem in den Sommerferien die Autos schon viele Kilometer vorher Schlange standen.

Vom Asphalt stieg die flirrende Hitze auf, und wir mussten im vollgestopften Auto in einer qualmenden Blechlawine ohne Katalysatoren ausharren. Jedenfalls kam damals kaum jemand auf die Idee, den Motor auszuschalten, selbst wenn man eine halbe Stunde auf der Stelle stand.

Die Autorität der Grenzbeamten flößte uns Respekt ein. Wenn einen die Zöllner rauswinkten, konnte es passieren, dass man den ganzen Wagen ausräumen musste und sie jedes Gepäckstück untersuchten – das war kein Hirngespinst, wir hatten es im Vorbeifahren schon bei genügend anderen Urlaubern beobachtet. Und so trommelte Papa mit den Fingern auf dem Lenkrad, und die Luft im Fond des Wagens schien mit jedem Meter dicker zu werden, den wir uns der Grenze näherten. Als wir nur noch wenige Meter vor dem rot-weißen Schlagbaum standen, stellte Mama plötzlich die Frage, die uns für einen Moment das Herz in die Hose rutschen ließ: »Haben wir eigentlich die Pässe eingepackt?«

Papa zauberte die Dokumente aus der Jackentasche und reichte sie zum Grenzhäuschen hinüber. Doch der dicke Grenzbeamte mit dem Schnauzbart war zu sehr mit dem Fußballspiel befasst, das auf dem kleinen tragbaren Fernseher in seinem Büdchen lief. Er nahm die Pässe nicht mal entgegen, sondern winkte uns mit einer laschen Handbewegung einfach durch.

Papa trat ohne ein weiteres Wort aufs Gas, Mama kurbelte das Fenster einen Spalt herunter, und wir stellten die Frage, die uns schon die ganze Zeit auf der Zunge gelegen hatte und die unsere Eltern in den sicheren Wahnsinn trieb: »Wann sind wir endlich da?«

Auto fängt an zu kochen, Herz an zu pochen, werde langsam panisch, klitschnass geschwitzt.

Herbert Grönemeyer, »Mambo«

Der feine Sand brannte in der Mittagssonne unter den Fußsohlen, wenn wir mit der Luftmatratze zum Wasser marschierten, und so begannen wir nach einigen Metern zu rennen.

Mama hatte uns zwar gründlich mit Tiroler Nussöl

oder Sonnenmilch eingecremt, die penetrant nach Kokos roch, doch gegen die Sommersonne war selbst das meistens machtlos. Unsere Schultern und Nasen waren schon nach dem ersten Tag krebsrot, was keinen weiter störte, denn es hieß damals noch, der erste Sonnenbrand sei der beste Schutz für die Haut. Wenn wir endlich ins kühlende Nass eintauchten, meinten wir es förmlich zischen zu hören, als tauche jemand ein glühendes Eisen ins Wasser.

Nach der Ankunft hatten wir alle Sachen aus dem Auto geladen und unser neues Domizil gründlich inspiziert. Dann waren wir Kinder ausgeschwärmt, um die nähere Umgebung zu erkunden. Wir fanden den Pool (wenn es denn einen gab), als ob er uns magisch anzog, außerdem klügelten wir den besten Weg zum Strand aus, stießen auf Spielautomaten und nahmen schon mal Kontakt zu Gleichaltrigen auf.

Die ersten Schritte am Strand – dem Ort, an dem wir die meiste Zeit des Urlaubs verbringen würden – konnten manchmal recht ernüchternd sein. Gleich neben der Badestelle führten oft rostige Rohre ins Meer – natürlich völlig unschädliche Abwässer, wen immer wir auch fragten. Dennoch stank es nach Kloake, und wir mussten jedes Mal duschen, wenn wir aus dem Wasser kamen, damit wir nicht wie das Chemieklo im Campingwagen rochen.

Oft sammelte sich auch Schaum am Strand, wir fanden in der Brandung tote Fische oder mussten abends eine langwierige Prozedur über uns ergehen lassen, bei der Mama unter Zuhilfenahme von Waschbenzin hartnäckige Teerflecken von unseren Füßen schrubbte. Von solchen Nichtigkeiten ließen wir uns jedoch nicht die Urlaubslaune verderben, und ins Nachdenken kamen wir erst, als wir Jahre später im *Spiegel* oder *Stern* etwas über die schlechte Wasserqualität an Badestränden lasen.

Wenn wir zum ersten Mal in Badekleidung am Strand waren, ertrugen wir es mit Demut und so viel Würde, wie wir nur aufbringen konnten, wenn jemand neben uns angesichts unserer noch käsebleichen Haut tuschelte: »Da kommen wieder welche im Schneeanzug!«

Was das Wissen über Sonneneinstrahlung betraf, spielten die Achtziger noch auf einem niedrigen Level, und das Ozonloch dehnte sich erst langsam in unserem kollektiven Bewusstsein aus. Um Hautkrebs machte sich niemand Sorgen, eher darum, dass die Haut trocken wurde und man schneller Falten bekam. Rückblickend kommt es uns daher wie eine sorglose Zeit vor, in der es allenfalls schmerzhaft, aber nicht weiter tragisch war, wenn sich die Haut auf dem Rücken schälte. Und so verbrachten wir als Teenager weite Teile des Urlaubs selbst mittags in der prallen Sonne.

Das war wichtig, denn Bräune war eines von zahlreichen Statussymbolen: So, wie wir stolz waren, wenn wir das Rambomesser mit dem Kompass am Griff hatten oder ein echtes BMX-Rad, hielten wir nach den Ferien die Arme nebeneinander, um zu zeigen, dass wir amtlich in der Sonne geschmort hatten. Und so freuten wir uns im Urlaub immer dann, wenn die rote Haut nach zwei Tagen wie durch Zauberhand einen satten Braunton annahm.

Am Strand lasen wir ein Buch oder lagen einfach da und passten den perfekten Moment ab, um uns vom Bauch auf den Rücken zu drehen und umgekehrt. »Carbonara e una Coca-Cola…«, dröhnte es aus dem Ghettoblaster neben uns über den Strand, dicht gefolgt von den scheppernden Klängen von »Vamos a la playa«. Der nächste Song auf der Kassette, die wir für den Urlaub extra aufgenommen hatten, leierte in der Hitze etwas, und wir verpassten dem Kassettenfach einen kleinen Klaps, während Laid Back die ersten Zeilen von »Sunshine Reggae« sangen. Jedes Land, jeder Urlaub hatte seinen eigenen Soundtrack, der uns auch heute rasch wieder an den Strand von damals versetzt, wenn wir beim Aufräumen eine alte Kassette wiederfinden, die vielleicht sogar noch Originalsand im Getriebe hat.

> *Aus meiner Band Katrina & The Waves ist nie wirklich etwas geworden. Die Menschen liebten das Lied, nicht die Band. Aber das ist für mich kein Problem.*
> Kimberly Rew über den Supersommerevergreen »Walking on Sunshine«

Ausflüge in die nähere Umgebung waren ein wichtiger Programmpunkt. Unsere Eltern wollten, dass wir etwas mitnahmen aus dem Urlaub, und damit meinten sie nicht die Softballschläger, die wir in einem kleinen Laden am Strand gekauft hatten.

Wir waren freundliche und weltoffene Reisende, bleuten uns Mama und Papa ein, nicht nur Touristen. Mit dem bösen T-Wort verbanden wir nur die Strandkolonie-Bewohner in dem Film *Man spricht deutsh*. Die waren peinlich, wir aber sollten gute Botschafter unseres Landes sein. Als solche hatten wir auch einiges wiedergutzumachen, was in der Vergangenheit nicht ganz so prima gelaufen war.

Was das war, wussten wir aus dem Geschichtsunterricht. Der glich in den achtziger Jahren nämlich ein wenig der Zahnprophylaxe: Nach den Kautabletten, die die gefährliche Plaque rot einfärbten, musste geputzt werden, bis alles sauber war – wehret den Anfängen. Und so wurde auch im Unterricht alles, was braun zu werden drohte, gründlich weggeschrubbt. Lektionen in »Sag nein!« bekamen wir wie eine Extraportion Fluorid.

Die Schule lief auf Auto-Reverse, so wie das neue Kassettendeck in der Familienkutsche. In jedem Schuljahr lernten wir etwas über die Zeit zwischen 33 und 45, zwei Zahlen, die wir uns gut merken konnten, weil sie den Geschwindigkeiten auf unserem Plattenspieler entsprachen. Der Schulstoff drehte sich um die Machtergreifung, die Judenverfolgung und alle anderen Untaten, die unsere Großväter und Großmütter während des Dritten Reichs verbrochen hatten. Und das war nur der Geschichtsunterricht. In Deutsch lasen wir *Nachts schlafen die Ratten doch* von Wolfgang Borchert, *Damals war es Friedrich* von Hans Peter Richter und *Der gelbe Vogel* von Myron Levoy. Und sahen mit unseren Eltern die US-TV-Miniserie *Holocaust*, als sie im Fernsehen wiederholt wurde. In der *Lindenstraße* wurde mit Franz Wittich eine Figur geschaffen, die den Prototyp des Alt-Nazis verkörperte: zeternd, schießwütig, intrigant. Und bei *Indiana Jones* waren die Bösen ohnehin grundsätzlich die Deutschen.

Wir lernten auf diese Weise vor allem eines: Deutschsein war echt doof. Und daran änderte sich auch im Urlaub nichts, im Gegenteil – wir merkten bisweilen, dass wir vor allem in den Nachbarländern mit Skepsis beäugt wurden. Zu frisch waren bei deren Bewohnern noch die Erinnerungen an die militärischen Entgleisungen unserer Großväter. Und dass einige von ihnen, die als Besatzer rausgeworfen worden waren, nach dem Krieg in den fünfziger Jahren als Urlauber zurückgekommen waren, hatte die Sache irgendwie nicht besser gemacht. Nun war es an uns zu zeigen, dass Deutschsein auch anders ging. Wir verfuhren nach einem simplen, aber genialen Plan:

Versuche möglichst nicht als Deutscher aufzufallen, lass es dir einfach nicht anmerken.

Wir passten uns also den örtlichen Sitten und Gepflogenheiten an und versuchten uns im Urlaub – den Baedeker verschämt in der Basttasche, unauffällig in landestypische Kleidung gewandet (beispielsweise in ein »I love Rome«-T-Shirt oder in einen vor Ort erworbenen Poncho) – der Umgebung anzupassen, und zwar in jedem Land: Während wir im Miniaturpark Madurodam die Niederlande erkundeten, auf einer Finca in Andalusien Paella zu Flamencoklängen kosteten oder am Eiffelturm anstanden, um hinaufzufahren, lernten wir, auf die Frage »Where are you from?« etwas zu nuscheln, das nach allem, aber nicht nach Duitsland, Alemania oder Allemagne klang.

Wenn wir am Ende des Urlaubs die anderen Hotelgäste morgens ganz selbstverständlich mit »Buongiorno«, »Goede morgen« oder »Buenos días« begrüßten, Freundschaften mit den Kindern der Einheimischen geschlossen und in unserem Ferienort selbst die entlegenste Gasse erkundet hatten, dann fuhren wir mit dem guten Gefühl nach Hause, ein bisschen mehr Welt und ein bisschen weniger deutsch zu sein – und freuten uns doch auf zu Hause.

Ich gucke mir nicht gerne alte Bilder von mir an.
Ich finde, das ist eine Art von Masturbation.

Helmut Newton

Am letzten Tag des Urlaubs gab es außer Packen nur eins zu tun: Wir mussten das restliche Geld unters Volk bringen. Und zwar möglichst unter das Volk, in dessen Land wir uns gerade befanden.

Mit den ausländischen Münzen konnten wir in Deutschland nichts anfangen, und das restliche Scheingeld war entweder nicht so viel wert oder ließ sich meist nur zu einem schlechten Wechselkurs zurücktauschen. Wenn am Ende der Ferien noch Fremdwährung übrig war, übten wir uns deshalb in der Kunst des sinnvollen Verschwendens und investierten in Souvenirs: neben speziellen Majorica-Perlen aus Mallorca, holländischen Holzpantinen und buntbestickten Ledertrinkschläuchen, standen bei uns Kindern die kleinen Gucki-Klickfernseher mit Motiven aus dem Urlaubsort hoch im Kurs.

Was wir auf jeden Fall aus dem Urlaub mitbrachten, war unsere Knipse, randvoll mit Erinnerungen, jedes Foto das Dokument eines sorglosen Urlaubsmoments, den wir uns nach den Ferien immer wieder ansehen konnten.

Während unsere Eltern eine Spiegelreflexkamera besaßen, aber trotzdem oft eine kleinere mitnahmen, weil Erstere zwar enorm gute Fotos machte, aber samt Objektiven und Stativ sauschwer war, gab es für uns Kassettenkinder nur eine Wahl: Wir besaßen eine längliche Pocketkamera, sozusagen unsere fotografische Erstausstattung, die viele von uns schon in den Siebzigern geschenkt bekommen oder von den älteren Geschwistern geerbt hatten, wenn diese eine neuere Kleinbildkamera bekamen.

Die Fotoapparate waren vor allem eins: unkompliziert. Beliebt waren Modelle aus der Agfamatic-Reihe, denn sie hatten einen entscheidenden Vorteil – sie wurden mit flachen Filmkassetten gefüttert, die man einfach nur in die Kamera einlegen musste und die ein wenig günstiger waren als die Filmrollen in den Döschen. Mit ihnen blieb uns das frickelige Einspannen des Films erspart.

Einen automatischen Filmtransport hatten damals nur teure Profikameras, das war vor allem etwas für Sportfotografen. Bei Kleinbildapparaten mussten wir selbst Hand anlegen und den Film für jedes Bild einzeln weiterdrehen, meistens mittels eines gezackten Rädchens. Die Agfamatic Pocket machte noch mehr Spaß: Wir schoben die Kamera zusammen, ließen sie wieder aufschnappen und drückten dann auf den roten Auslöseknopf. Ritsch, ratsch – klick!

Mit der »Ritsch-Ratsch-Klick« ließen sich tolle Schnappschüsse machen. Die einzigen beiden Nachteile: Die Kameras waren so leicht, dass die Hälfte der Aufnahmen verwackelt war. Außerdem kamen die Filmkassetten in öden Pappschachteln daher. Normalerweise steckten die Filmröllchen in kleinen schwarzen Plastikdosen, die wir mit einem Deckel wiederverschließen konnten, weshalb die Filmdosen perfekt waren, um darin Sand oder kleine Muscheln aus dem Urlaub aufzubewahren.

Wie viele Bilder wir auf der Reise machen konnten, hing maßgeblich von unserem Ersparten und dem Urlaubstaschengeld ab, das wir von unseren Eltern bekamen. Auf eine normale Farbfilmrolle passten üblicherweise 24 oder 36 Bilder, und wer die mit einer herkömmlichen Kamera komplett ausnutzen wollte, musste wissen, wie man den Film richtig einspannte – öffnete man die Kamera nämlich mal aus Versehen, war der Film belichtet und alle Bilder hinüber. Diese Stolpersteine umschifften wir mit der Ritsch-Ratsch-Klick, weil der Film eben in einer Kassette steckte.

Dennoch mussten wir vor Reiseantritt ungefähr abschätzen, wie fotogen unser Urlaubsgebiet wohl war und wie viele Filme wir mitnehmen sollten – denn waren sie verbraucht, war es wesentlich teurer, vor Ort neue zu beschaffen. Es wollte genau überlegt sein, was wir ablichteten und wie wir das Motiv arrangierten. Wir gaben uns Mühe, wenn wir am Strand, vor dem schiefen Turm von Pisa und mit der Urlaubsfreundin vor dem Sonnenuntergang posierten – und knipsten nicht jeden Quatsch, denn dann wären alle Filme nach den ersten Urlaubstagen voll gewesen. Ein Foto von seinem Mittagessen machte deshalb kaum jemand von uns, es sei denn, er hatte zu lange in der Sonne gelegen.

Spätestens auf der Heimfahrt überlegten wir, ob die Fotos etwas geworden waren. Sobald wir wieder an unserem Heimatort eintrafen, führte einer unserer ersten Wege ins Fotogeschäft oder in den Fotoshop im Eingangsbereich des Supermarkts. Es konnte ein paar Tage oder auch Wochen dauern (in der Hochsaison, wenn alle im Urlaub gewesen waren), bis die Negative und Abzüge abholbereit waren – ein Moment, dem wir entgegenfieberten, denn dann erfuhren wir, ob jemand die Augen zugekniffen oder uns Zeigefinger und Mittelfinger als Hasenohren hinter den Kopf gehalten hatte – was wegen der Unwiderruflichkeit der Aufnahme fast ein anarchistischer Akt war. Manchmal waren die Ergebnisse auch überraschend, wenn die Filme vor dem Urlaub schon länger in der Kamera gesteckt hatten und bereits vergessene Motive auf den Abzügen zu sehen waren.

Wir Kassettenkinder und unsere Eltern waren Meister im fotografischen Sammeln und Bewahren von Erinnerungen, womit wir die Urlaubszeit gefühlt ins Unendliche ausdehnten. In den Wochen und Monaten nach den Ferien, wenn der Alltag längst wieder begonnen hatte, würden wir den Urlaub mit ausgedehnten Diavorführungen noch einmal Revue passieren lassen. Und zwar nicht nur den eigenen, sondern auch den von Nachbarn, Freunden, Verwandten und Kollegen unserer Eltern. Einerseits war das schön, weil die Erinnerungen dadurch nicht so schnell verblassten, andererseits schienen sich die Worte »Diavortrag« und »lebendig« irgendwie auszuschließen. Wir hockten in abgedunkelten Räumen, ließen uns von den Erwachsenen vollqualmen und lauschten minutiösen Vorträgen über die Fauna der Bretagne, über die sich Onkel Ferdi im Reiseführer schlaugemacht hatte, oder betrachteten unzählige Fotos von der Population der Streifenhörnchen an der Costa Calma, weil sich Tante Hedwig für die weibliche Ausgabe von Heinz Sielmann hielt. Was die Länge der Dia-Abende betraf, galt grundsätzlich die Regel: bis einer schnarchte.

Ach, was!

Loriot

Aus dem Urlaub importierten wir auch typische Lebensmittel und damit die Küche der Gastländer.

In den frühen achtziger Jahren war Essen wie Gott in Frankreich bei uns in Deutschland noch ein ferner Traum. Die Küche unserer Kindheit war sehr traditionell. Es gab Matschgerichte, wie Spiegelei mit Kartoffelpüree und Rahmgemüse, und Deftiges, wie Eintöpfe, Erbsensuppe und Gulasch. Gemüse und Obst stammten – bis auf die seit Adenauers Bananenbekenntnis (»Die Banane ist eine Hoffnung für viele und eine Notwendigkeit für uns alle«) in Westdeutschland als unverzichtbar geltende krumme gelbe Südfrucht – meist noch aus deutschen Gefilden oder aus nahen europäischen Nachbarländern, weshalb es vielfach von der Jahreszeit abhing, was wir im Supermarktregal vorfanden.

Auch Restaurantbesuche waren noch eine Ausnahme und kamen in etwa so oft vor wie *Dalli Dalli* – maximal ein Mal im Monat, im Gegensatz dazu aber meist am Sonntag. Auch dort wartete neben der Tagessuppe und dem kleinen Beilagensalat mit Mayonnaise handfeste deutsche Küche mit Kartoffeln, Fleisch und zum Nachtisch rote Grütze oder Erdbeereis auf uns.

Aus dem Urlaub brachten wir Speisen und Getränke mit, die es zu Hause nicht gab – kaum mehr vorstellbar in Zeiten der Globalisierung: italienisches Olivenöl, Serrano-Schinken aus Spanien, französische Weine oder holländischen Dubbel-Vla, eine Art Pudding, bei dem zwei Geschmacksrichtungen – Vanille und Schoko – gleichzeitig aus einer Packung gegossen werden konnten, ohne sich zu vermischen. Allerdings lernten wir schnell, dass die Genüsse ferner Länder in heimischer Umgebung oft verpufften: Das Olivenöl schmeckte merkwürdigerweise nur noch halb so kräftig, wenn wir zu Hause damit den Salat anmachten; die Marshmallows verströmten ihren verführerischen Geruch nur bei einem offenen Lagerfeuer in der Prärie und nicht über dem Holzkohlegrill auf dem Balkon eines Mehrfamilienhauses; und die runden Fleischkroketten, die in der holländischen Fritteuse prächtig gediehen, zerfielen in einer deutschen Bratpfanne zu einem Gemenge, das an gebratene Kuhfladen erinnerte. Wir wählten deshalb im Laufe der Zeit immer sorgfältiger aus, was wir mit nach Hause nahmen. Ortsunabhängige Mitbringsel wie Schweizer Schokolade hüteten wir wie kleine Schätze und rationierten sie in Kleinstportionen, damit wir sie möglichst lange genießen konnten – waren sie aufgebraucht, mussten wir auf den nächsten Urlaub warten oder einen Freund bitten, uns welche mitzubringen.

Es war kein Zufall, dass das Essen in Deutschland in den Achtzigern vielfältiger wurde und unseren urlaubserprobten Gaumen entgegenkam. Als »Gastarbeiter« waren viele Italiener, Griechen und Türken nach Deutschland gekommen und hatten schon in den Siebzigern angefangen, Restaurants aufzumachen. Dort, wo vorher noch eine Eckkneipe oder ein Tante-Emma-Laden gewesen waren, eröffneten die Taverna Mykonos mit Gyros, Moussaka und Bifteki, das Ristorante Bella Italia, wo wir echte Steinofenpizza erwarten durften, oder der Balkan-Grill mit Spezialitäten wie Cevapcici und Schaschlik (oder – heute politisch unkorrekt: dem Zigeunerteller).

Auch das Sortiment des Supermarkts erweiterte sich, und es tauchte plötzlich Exotisches auf wie Zucchini, Aubergine oder Grapefruit – sogar Fanta gab es in den späten Achtzigern mit Mango-Geschmack, was aber niemand mochte. Wir lernten, beim Chinesen mit Stäbchen zu essen, fühlten uns beim ersten Besuch einer Dönerbude wie im Orient und wussten auch bald, dass der Unterschied zwischen Gyros und Döner hauptsächlich darin bestand, dass für das eine ein Schwein und für das andere ein Hammel oder ein Lamm gestorben war. In fast allen Restaurants bestellten wir in der Landessprache (»Numero uno, una ... oder ehm, uno Pizza Margherita! Merci ... äh, grazie«), um zu zeigen, dass wir uns auskannten.

Wenn nun Tomate mit Mozzarella und Pasta Aglio e Olio statt Sauerbraten und Klößen auf unseren Tellern lagen, gab uns das nicht nur ein Gefühl von Weltoffenheit. Durch die Spezialitäten mit ihren typischen Gewürzen waren wir auch imstande, im Kopf zu reisen und uns ein Stück Supersorglosgefühl aus dem Urlaub in die verregnete Gegenwart zu holen. Traditionell ging es kulinarisch bald höchstens noch an Weihnachten zu.

Geschenkeschlacht beim Fest der Liebe. Warum Weihnachten nie wieder so schön war wie damals

Manchmal schlichen wir Kassettenkinder schon in aller Frühe, bevor unsere Eltern aufwachten, durch das über Nacht ausgekühlte Haus. Mit den selbstgestrickten Schoppersocken mussten wir achtgeben, nicht auf dem glatten Fliesenboden hinzuschlagen.

In der Luft hing noch der Duft der Plätzchen, die wir am Vorabend mit Mama gebacken hatten. Beim ersten Blick zu dem mit Eiskristallen überzogenen Fenster hinaus sahen wir, dass sich frischer Schnee wie Puderzucker auf die Straßen, die Dächer der Häuser und die Wiesen gelegt hatte. Durch den orangefarbenen Schein der Straßenlaternen wehten noch immer dicke weiße Flocken. Das perfekte Wetter, um den Weihnachtstag mit Schlittenfahren zu beginnen, sobald es hell war – wenn unsere Eltern mitspielten.

Auf dem Weg in den Keller, wo wir die Kufen des alten Holzschlittens vom Rost befreien wollten, den sie über den Sommer angesetzt hatten, machten wir halt beim Schokoadventskalender in der Diele. Feierliche Stimmung überkam uns, als wir das vierundzwanzigste Türchen öffneten – immerhin würde es fast elf Monate dauern, bis wir den nächsten Kalender bekamen. Wir lösten das Schokostück aus der Plastikverpackung und betrachteten kurz das Motiv, meistens eine Krippe, ein Engel oder ein großer Stern mit Schweif. Dann legten wir es uns auf die Zunge, schlossen den Mund und ließen die Schokolade langsam im Mund zergehen, so wie eines der Wick-Hustenbonbons, das Erich in der Werbung nie zerbeißen durfte, weil es ihm noch besser tat, wenn er es lutschte. Nie wieder davor oder danach schmeckte uns ein Stück Billigschokolade so gut wie damals.

In unserer Kindheit weihnachtete es noch richtig, zumindest wenn wir uns heute daran erinnern. Die Winter waren kälter, es gab mehr Schnee, Seen gefroren zu Schlittschuhlaufbahnen, die Geschenke waren prächtiger und die Stimmung festlicher.

In der Weihnachtsbäckerei gibt es manche Leckerei, zwischen Mehl und Milch macht so mancher Knilch eine riesengroße Kleckerei.

Rolf und seine Freunde

Der Weg zum Heiligabend war gepflastert mit Vorfreude und kleineren Feiertagen. Er begann, wenn der Herbst vor der Tür stand und wir zu Sankt Martin – das Fest mit den Gratisweckmännern – Laternen bastelten und singend um die Häuser zogen, um Süßes einzukassieren. Mitte November hängten wir die ersten Weihnachtskalender auf, mal gekauft, mal von Mama selbst gebastelt und mit kleineren Geschenken bestückt. Der Nikolaustag war dann sozusagen Geschenkestufe eins: Wir stellten die Schuhe vor die Tür, und am nächsten Morgen waren darin nicht nur Süßigkeiten, sondern auch kleinere Präsente, mal ein besonderer Stift, mal ein Stofftier oder Socken. Der Weihnachtsabend, das war für uns der Höhepunkt der Supersorgloszeit – die Mutter aller Feste, Geschenkestufe zwei.

Es war ein Tag, an dem sich alles um die Familie drehte, oder besser gesagt: um uns. Denn wir Kassettenkinder standen im Mittelpunkt des Geschehens, dieser Tag schien für uns erfunden worden zu sein. In wenigen Stunden kam alles zusammen, was unsere Kindheit zu einem so glücklichen und geborgenen Ort machte: die unbändige Vorfreude auf die Bescherung, das gute Essen und die Zusammenkunft von Eltern und Großeltern, die noch beim

Festschmaus ein Herz und eine Seele waren, bei denen der Verlauf des Abends und der Alkoholkonsum allerdings gelegentlich eine leicht feindselige Stimmung aufkommen ließen. Das jedoch bemerkten wir Kassettenkinder erst im Verlauf der Jahre, als die vielen kleinen Rituale, wie das Christbaumschmücken, der Kirchenbesuch und die tschechischen Märchenfilme, die über den ganzen Tag verteilt waren, langsam in den Hintergrund traten und nur noch eine Kulisse für den Austausch von Geschenken wurden.

Weihnachten, liebe Landsleute,
ist das Fest des Friedens.
Bundespräsident Richard von Weizsäcker,
Weihnachtsansprache 1987

Am Weihnachtsmorgen machte sich Papa nach dem Frühstück am Christbaum zu schaffen, mit einer Inbrunst, die nahelegte, dass unsere Vorfahren Holzfäller gewesen waren.

Er hatte die Tanne meist erst am Vortag besorgt, und obwohl er sich sehr viel Zeit mit der Auswahl gelassen hatte (wie immer fast den ganzen Tag, wobei er verdächtig nach Glühwein roch, als er zurückkam), schien das Gewächs es auf Ärger abgesehen zu haben: Der Baum hatte nie die richtige Größe, der Stamm war nicht gerade genug und die Zweige waren ungleichmäßig gewachsen, so dass Vater meist völlig überraschend ein Loch auf einer der Weihnachtsbaumseiten feststellte, das da so vorher nicht gewesen war. Eine Tanne, die Vaters optische Ansprüche erfüllte, kam in der freien Natur vermutlich höchst selten vor. Das bedeutete, dass Papa den Baum formen musste, bis er seinen Wünschen entsprach, ein bisschen so wie Mr. Miyagi, der in *Karate Kid* zu

Meditationszwecken an seinen Bonsaibäumchen herumschnippelte.

Papa richtete die Nordmanntanne mit der Wasserwaage aus und justierte die Schrauben am grünen Christbaumständer so lange um Millimeter nach, bis der Baum absolut gerade war. Dann kappte er Äste, die zu üppig wucherten, und bohrte an anderer Stelle mit dem Handkurbelbohrer – so einer, wie wir ihn auch im Werkunterricht benutzten – ein kleines Loch in den Stamm. Dort steckte er dann den Ast hinein und befestigte ihn mit einem Tropfen von dem dickflüssigen weißen Ponal-Leim, der ein bisschen nach Terpentin und Seife roch – das Ganze hielt so fest, dass es gut die Ewigkeit hätte überdauern können, wenn nicht am dritten Tag nach Weihnachten alles vollgenadelt gewesen wäre.

Woher diese Weihnachtsbaumobsession unserer Väter rührte, ist bis heute nicht ergründet. Vielleicht waren es die Mängelweihnachten der eigenen Kindheit, in denen ein bisschen Geborgenheit gefehlt hatte. Weihnachten war für ihn nur echt, wenn es nach saftigem Harz und würzigem Tannengrün duftete, die Nadeln des Baums in den Strümpfen steckenblieben und an den Füßen piksten. Und er stritt sich mit unserer Mutter jedes Jahr aufs Neue um die Frage »Wachs oder Elektro?«, wobei er meist verlor und vielleicht ein oder zwei Wachskerzen anbringen durfte, nachdem ihm unsere Mutter mit ernster Miene (»wegen der Kinder!«) die Lichterkette in die Hand gedrückt hatte.

Vielleicht war das Weihnachtsbaumritual auch einfach Teil des deutschen Ordnungsdrangs, der unter anderem dafür sorgte, dass Vater Stunden im Hobbykeller mit der Modelleisenbahn verbrachte, und ihn steif und fest behaupten ließ, dass Holzkohlegrills ausschließlich von

Männern bedient werden durften und dass im Winter, wenn es stark schneite, ein Sandsack im Kofferraum liegen musste, damit die Karre nicht so schnell ins Rutschen kam. Solange alles seine Ordnung hatte und nach Plan verlief, hatten unsere Väter jedenfalls das Gefühl, dass sie alles im Griff hatten und alles gut war.

Während Papa sich um den Baum kümmerte, gingen wir mit Mama einkaufen, was am Weihnachtsmorgen oberätzend war. Weil die Läden für ein paar Tage dichtmachten, kauften alle ein, als gäbe es nie wieder was, und schoben die vollbeladenen Einkaufswagen, bei denen garantiert immer eines der Räder kaputt war und blockierte, besonders ruppig durch die engen Gänge. Derart unter Stress gesetzt, war Mama nicht in der Stimmung, um uns an der Kasse den Wunsch nach einer Packung Tic Tac, einem extragroßen Weihnachtsüberraschungsei oder einer Stange Hubba Bubba zu erfüllen – wodurch der Einkaufsbummel schlagartig weiter an Appeal verlor.

Hatten wir Glück, waren Mama und Papa derart mit unauffindbarem Weihnachtsschmuck, verkohltem Braten und gegenseitigen Vorwürfen beschäftigt, dass wir Kinder ihnen nur im Weg waren – dann durften wir mit Geschwistern, Freunden oder Nachbarskindern nach draußen in den Schnee. Wir zogen uns nach dem Frühstück die Schneeanzüge, Bommelmützen und Moonboots an und stürmten den nahe gelegenen Hügel.

Wer mit dem Holzschlitten aus dem Keller ankam, sah mindestens so alt aus wie sein Gefährt: Könner rutschten den Hang auf Plastiktüten vom ALDI oder Schläuchen aus alten Autoreifen herunter. Und wer richtig cool war, der hatte einen der neuen Bobs aus Plastik. Die waren in der Premiumausführung sogar mit Lenkrad und Bremse ausgestattet, während die billigen zum Lenken nur zwei Griffe an den Seiten und keine Bremse hatten, so dass man am Ende der Fahrt abspringen musste, bevor man im Stacheldrahtzaun landete. So weit kamen aber nur echte Cracks. Die Frontpartie der Bobs war so tief gezogen, dass sie wie eine Schneefräse andauernd Schnee aufwirbelte, der einem ins Gesicht flog. Im Blindflug erwischten wir eher früher als später einen der vielen gefrorenen Maulwurfshügel, der uns wie eine Rampe in die Luft katapultierte, so dass wir uns überschlugen, bis wir lachend in der weißen Pracht liegen blieben oder unfreiwillig in eins der Iglus oder einen der Schneemänner krachten, die wir tags zuvor gebaut hatten.

Nachdem wir den Hügel drei Dutzend Mal runtergefahren und wieder raufgekraxelt waren, gingen wir rein und hängten die nassen Sachen auf die Heizung. Wenn dann aus der Stereoanlage im Wohnzimmer »Last Christmas« von Wham! ertönte, dann war klar, dass jetzt tatsächlich Weihnachten war – und daran hat sich auch dreißig Jahre später nichts geändert. Wann immer wir Kassettenkinder diesen Song im Radio gegen Jahresende zum ersten Mal hören, ist Weihnachten, und wir suchen auf Facebook oder per WhatsApp die Gesellschaft von anderen, denen das ebenso geht.

Nun war es an der Zeit, den Baum zu schmücken – mit Kugeln, selbstgebastelten Sternen aus zweifarbiger Metallfolie und den Plätzchen, die wir zuvor gebacken hatten. Die restlichen Kekse wanderten auf den großen Süßigkeitenteller, der im Wohnzimmer auf dem Tisch stand und auf dem nun schon Schoko-Goldmünzen lagen sowie die kleinen Schokoladentäfelchen, die im 90-Grad-Winkel gestapelt waren und von goldenem Geschenkbandgummi gehalten wurden. Die Regel besagte, dass wir uns daraus erst nach der Bescherung bedienen durften, und so stieg die Vorfreude auf den großen Moment noch um einige Grade.

Sobald ich ein bisschen Klavier spielen konnte, war ganz klar: Heute Abend gibt es sämtliche Weihnachtslieder in der Einfinger-Version. Und wehe, es hören nicht alle vernünftig zu!
Bastian Pastewka

Am späten Nachmittag war es dann so weit – beziehungsweise: fast so weit. Denn bevor wir uns zur Bescherung unter dem Weihnachtsbaum versammelten, gingen wir in die Kirche, wo wir uns das Krippenspiel ansahen und Weihnachtslieder sangen – in unseren Augen eine unnötige Verzögerung. Meist war es in der Kirche kalt, und es roch komisch nach Weihrauch oder nach den Krippengegenständen, die jedes Jahr nur einmal ausgepackt wurden und die nun vor sich hin mufften. Manche von uns zelebrierten das Krippenspiel auch zu Hause, indem sich eins der Kinder ein Sofakissen unter den Pulli schob und damit Maria war, die mit Josef – dem anderen Kind – singend im Wohnzimmer umherzog, auf der Suche nach einer Unterkunft und einem Geburtsort für das Jesuskindkissen.

Feierlich erklärten unsere Eltern, warum die Geburt dieses Babys angeblich so bedeutungsvoll war. Wir hörten gerne zu, weil es eine schöne Geschichte war, ähnlich wie jene aus den Märchenbüchern der Gebrüder Grimm oder von Hans Christian Andersen, aus denen uns Mama und Papa vorgelesen hatten, als wir noch klein waren. Spätestens als wir Opa als Christkind oder Weihnachtsmann entlarvt hatten, war jedoch klar, dass die ganze Sache ein

Schwindel war. Und die Geschichte erinnerte uns im Laufe der Zeit immer mehr an einen unserer Lieblingsfilme: *Das Leben des Brian* von Monty Python. Damit bekam das Weihnachtsfest für uns einen völlig anderen Gehalt als für unsere Eltern. Wir hatten jedenfalls meist irgendwann keinen Schimmer mehr, warum sie so einen Aufriss um einen Heiland machten, der angeblich vor fast zweitausend Jahren das Zeitliche gesegnet hatte. Uns interessierte vor allem eins: die Bescherung!

Die Gaben lagen schon auspackbereit unter dem Christbaum, wenn wir aus der Kirche kamen. Alles war bereit für Geschenkestufe zwei.

Die Wunschlisten, die wir unseren Eltern oft schon im Herbst überreichten, waren ausführlich formuliert – und im Konsumjahrzehnt gab es viele Wünsche. Ständig wurde ein neues Gimmick auf den Markt geworfen, das wir unbedingt besitzen mussten: ein Skateboard, Monchhichis, die den Daumen oder den dicken Zeh in den Mund nehmen konnten, Rockstar-Barbie, einer der Wauzis, die im Tierheim für Plüschhunde lebten und in der Werbung so herzergreifend »haben keine Mama, haben keinen Papa, niemand hat uns lieb« sangen, oder den Jet-Hopper, einen ferngesteuerten Geländewagen.

Die Marketingindustrie arbeitete in den Achtzigern auf Hochtouren, sie berieselte uns mit Werbung für all die verführerischen Güter, und so war der nächste Wunsch nie weit weg. Wir mauserten uns zu emsigen kleinen Konsumenten, die sich früh daran gewöhnten, den Absatz anzukurbeln.

Unsere Eltern und Großeltern sahen die Geschenkeflut, die sie selbst auslösten, um uns glücklich und sorglos zu halten, durchaus kritisch. Warum brauchten wir noch mehr Lego oder Playmobil, wir hatten doch schon so viel davon? Sie hielten uns vor, dass sie sich in ihrer Kindheit an Weihnachten noch über einfache Geschenke gefreut hatten, wie eine Tüte Bonbons, ein Brötchen oder Socken – bei uns musste es hingegen immer groß und teuer sein. Dass wir das nicht ganz ernst nahmen, könnte damit zusammenhängen, dass wir das Gewünschte dann meistens doch bekamen.

Allerdings stellten die Geschenke Oma und Opa immer wieder vor Rätsel: War der Gameboy so etwas wie der *Playboy*? War der Videofilm mit dem Kerl in der schwarzen Maske altersgemäß – und wenn ja, wo sollten sie ihn herbekommen? Und warum nur trug der gewünschte Musikmix den Titel *Der flotte Dreier*? Sie freuten sich, wenn wir ihnen die gewünschte Ware im Quelle-Katalog zeigen konnten, taten sich aber leider mit englischen Titeln schwer: aus *Die Hard* wurde »Die Hand«, aus *Batman* Beatman, und bei *Big Trouble in Little China* schrieben sie sich den komplizierten Titel lieber auf, um den Zettel der Verkäuferin vorzulegen. Manche ließen die Geschenke auch gleich von unseren Eltern besorgen oder schenkten Geld, was bei unseren Erziehungsberechtigten gar nicht gut ankam, bei uns dafür umso besser.

Untereinander hatten die Erwachsenen meist vereinbart, dass sie bei der Kommerzialisierung von Weihnachten nicht mitmachten. Sie schenkten sich deshalb nichts. Oder besser: Sie schlossen ein Geschenkestillstandsabkommen, gegen das dann immer mindestens einer verstieß. Der Krach unterm Weihnachtsbaum war vorprogrammiert.

Die Einzigen, an denen die ganze Weihnachtskritik völlig vorbeiging, waren wir Kassettenkinder. Wenn wir vor dem Christbaum standen, breitete sich beim ersten Anblick der Päckchen ein warmes Kribbeln in unserem Bauch aus, denn anhand der Form und Größe konnten wir ungefähr abschätzen, ob drin war, was wir uns gewünscht hatten.

Mit dem Startschuss unserer Eltern kannten wir kein Halten mehr. Trotz der Mahnung, das Geschenkpapier vorsichtig zu behandeln, damit man es wiederverwenden konnte, zerrissen wir es so ungeduldig, dass die Fetzen in alle Richtungen flogen. Ein bisschen stolz sind unsere Eltern dann doch, wenn sie heute erzählen, wie unsere Kinderaugen in dem Moment glänzten, als sich aus dem Geschenkpapier wie erhofft eine Kassette mit den Hits des Jahres herausschälte – oder das Barbiehaus, die Darda-Autorennbahn, ein Revell-Modellbausatz einer *F-15 E Strike Eagle* (die Tom Cruise in *Top Gun* flog), eine He-Man-Figur, eine Puppe, die weinen konnte *und* ins Höschen machte, oder ein Paar Rollschuhe. Wenn wir alles ausgepackt hatten, sah es zwar komischerweise immer nach weniger aus, aber dennoch war es ein zutiefst befriedigender Moment, in dem wir sicher waren, dass unsere größten Wünsche nun in Erfüllung gegangen waren. Leider hielt dieses Gefühl nur so lange an, bis die Werbeindustrie den nächsten Massenhype entfachte.

Nach der Bescherung versammelten wir uns am frühen Weihnachtsabend um den Esstisch. Draußen war es dunkel, und in den Fenstern der Nachbarhäuser standen Schwippbögen aus dem Erzgebirge – ein beliebtes Geschenk der Verwandten aus der DDR, die sich damit für die Krönung von Jacobs, die Lux-Seife und die Milka-Schokolade im Westpaket bedankten – oder bunte Holzpferde neben hellen Lichterpyramiden, da schwedischer Weihnachtsschmuck gerade sehr angesagt war.

Weil es ein besonderer Abend war, hatten wir uns aussuchen dürfen, was wir trinken wollten – ganz oben auf der Liste standen immer Malzbier oder Cola. Die Flaschen hatten schon ein paar Tage in der Abstellkammer gestanden, und wir hatten nicht aufgegeben zu fragen, ob wir vorher schon eine öffnen durften, obwohl wir die Antwort kannten: »Das ist für Heiligabend!«, was den Genuss des Getränks dann wirklich zu etwas Besonderem machte.

Das Essen am Weihnachtsabend war immer mit dem klaren Vorsatz verbunden: Heute lassen wir es uns richtig gutgehen. Neben der klassischen Weihnachtsgans oder dem Karpfen versuchten wir uns an Speisen, die im besten Falle so unterhaltsam waren wie die Gesellschaftsspiele, die wir uns im weiteren Verlauf des Abends vorgenommen hatten: Beim Fondue – egal, ob Fleischfondue, Schweizer Käsefondue (bei dem die zähflüssige Käsemasse im Topf immer ein wenig bitter schmeckte und in die vor allem Brot, vorgekochtes Gemüse und Silberzwiebeln getunkt wurden) oder asiatisches Brühefondue, wenn Mama das ganze Fett nicht leiden konnte – fielen uns schon mal die Essenshäppchen von der Gabel und trieben herrenlos im Topf herum, so dass sich ein kurzweiliges Familiensuchspiel darum entwickelte, wer das Fleisch- oder Brotstück als Erster wiederfand. Auch das Raclette wurde zum Geschicklichkeitsspiel: Jeder wollte so viel wie möglich auf die Pfännchen türmen, ohne dass das Gebilde an den Heizstäben verkohlte.

Oh, ich hab schon wieder mein Brot verloren.
aus: *Asterix bei den Schweizern*

Wenn wir später ins Bett krochen, nachdem wir noch einmal alle unsere frisch ausgepackten Geschenke und neuen Spielzeuge genau betrachtet hatten, zogen wir die Decke bis zum Hals hinauf und vergruben den Kopf im Kissen. Mit Vorfreude dachten wir an die Tage, die vor uns lagen, an denen wir mit den Geschenken spielen, im ZDF vom ersten Weihnachtsfeiertag bis Neujahr Serien wie *Madita*, *Nesthäkchen* oder *Patrick Packard* sehen und es uns auf dem Sofa gemütlich machen und *Märchenmond* lesen würden.

Und damit nicht genug: Die Zeit zwischen den Jahren war wie eine Sorglosblase, denn die Weihnachtstage würden nahtlos in Silvester übergehen, und dann würden wir eine kleine Familienparty machen, bei der es wieder was Tolles zu essen gab. Je älter wir wurden, desto mehr stieg die Wahrscheinlichkeit, dass Papa nicht nur Knallteufel, sondern auch ein paar zünftige Böller aus dem Supermarkt mitbrachte. Bis der Countdown zum Feuerwerk im Fernsehen lief, wurden Gesellschaftsspiele gespielt, Scherzartikel ausgepackt, Krapfen gegessen und Luftschlangen durch die Gegend gepustet. Die »Polonäse Blankenese«, die wir am späteren Abend durchs Wohnzimmer machten, gehört inzwischen zu den peinlicheren Familienerlebnissen, an die wir uns nur ungerne erinnern.

The same procedure as every year, James.

Miss Sophie, in: Dinner for one

Das Gefühl, die Zeit stünde zwischen den Jahren still, haben sich viele Kassettenkinder deswegen bis heute bewahrt, und wir sind die Generation, die sich jedes Jahr im Herbst lautstark über die ersten Marzipankartoffeln ärgert – weil die irgendwie immer früher auf den Markt geworfen werden und das der Weihnachtszeit die Vorfreude nimmt. Heute veranstalten wir selbst die Party, und obwohl wir viele Rituale von unseren Eltern übernommen haben und jedes Jahr wieder *Drei Nüsse für Aschenbrödel* ansehen, gelingt es uns nie so ganz, dasselbe Gefühl abzurufen. Denn so schön wie damals wurde die Weihnachtszeit nie wieder.

Und so wünschen wir uns heute oft in die achtziger Jahre zurück, weil diese voller Sorglosmomente zu sein schienen, die danach im Leben nicht mehr so häufig vorkamen.

Klar, unsere Kindheit und Teenagerzeit war nicht völlig frei von Kummer: Es gab versemmelte Klassenarbeiten, die uns wochenlang um die Versetzung bangen ließen, die erste, oft unerfüllte Liebe (vielleicht hätten wir einfach mal was sagen sollen) oder Gardinenpredigten, die uns vorkamen wie das *Wort zum Sonntag*.

Im Normalfall und vor allem aus heutiger Sicht waren das aber keine existenziellen Sorgen, und sie wurden durch die vielen Rituale und Familienerlebnisse abgefedert. Diese halfen uns, einen Teil unserer Sorglosigkeit zu behalten, selbst als wir erkannten, dass die Welt gar nicht so harmlos war, wie sie uns trotz Teerflecken und Sonnenbrand immer vorgekommen war. Unsere Umwelt war im Eimer, die Menschheit stand kurz davor, sich mit einem globalen Atomkrieg selbst den Garaus zu machen, und der Terror der RAF der zweiten und dritten Generation war uns viel näher, als wir uns heute oft erinnern. Die achtziger Jahre waren bei allen albernen Scherzen und sorglosen Tagen auch eine gefährliche Zeit. Wir wären nicht Kassettenkinder, wenn wir das nicht wüssten – und gleichzeitig das Gute darin sehen würden.

3
VON BLAUEN ENGELN UND WEISSEN TAUBEN

Jute statt Plastik, Singen für ein bisschen Frieden und Hoffnung mitten in der Endzeitstimmung

3

Der Tag, an dem der Alptraum wahr wurde, war ein Dienstag im April 1986. *Tagesschau*-Sprecherin Daniela Witte – mit betonierter Föhnwelle und viel zu breiten Schulterpolstern – las mit unbewegter Stimme vor: »In dem sowjetischen Kernkraftwerk Tschernobyl ist es offenbar zu dem gefürchteten GAU gekommen, dem größten anzunehmenden Unfall. Auch drei Tage nach dem Ausbruch ist der Nuklearbrand noch immer nicht unter Kontrolle. Die sowjetische Nachrichtenagentur TASS meldete, zwei Menschen seien ums Leben gekommen. In der Nähe der Anlage würden die Bewohner evakuiert.«

Die Informationen über das Unglück waren in den vergangenen Tagen nur tröpfchenweise durch den Eisernen Vorhang gesickert, und auch erst, nachdem erhöhte Radioaktivität rund 1200 Kilometer weiter im schwedischen Atomkraftwerk Forsmark einen Alarm ausgelöst hatte, wo man zunächst annahm, die eigene Anlage habe einen Defekt. Erst als die Schweden wegen der Windrichtung ein ukrainisches Atomkraftwerk verdächtigten, bestätigten die Russen den Unfall. Am Vortag hatte es aus der UdSSR noch lapidar geheißen, es seien Schäden am Reaktor aufgetreten, und die erste kurze Meldung dazu hatte in der *Tagesschau* noch nicht allzu viel Wirbel verursacht. Und nun schien in der Ukraine ein Reaktorkern vor sich hin zu schmelzen. Was genau passiert war und warum – das blieb lange unklar.

Atomkraftgegner hatten einen solchen Unfall seit Jahren in düsteren Farben an die Wand gemalt, nun war er

Wirklichkeit geworden. An die Proteste in Brockdorf, Gorleben und Wackersdorf und die vielen roten Sonnen auf den Atomkraft-nein-danke-Aufklebern, die uns von Autoheckscheiben, Gitarrenkoffern und Laternenmasten anlächelten, hatten wir uns gewöhnt. Welche Konsequenzen aber genau drohten, wenn ein Atomkraftwerk in die Luft flog, und wie wir uns zu verhalten hatten, das wusste keiner.

Bundesinnenminister Zimmermann übte sich in der Kunst des Beschwichtigens. Er beeilte sich nämlich, am selben Tag noch kundzutun, eine Gefährdung bestehe nur in einem Radius von dreißig bis fünfzig Kilometern rund um den Reaktor und Deutschland sei somit aus dem Schneider. Wenig später wurde uns aber klar, dass das Unheil bereits auf dem Weg zu uns war – in Form der Regenwolken, die in den nächsten Tagen über Deutschland aufzogen.

Bei dem Unfall im Reaktorblock vier des Atomkraftwerks in Tschernobyl, der sich – Treppenwitz der Geschichte – im Rahmen eines Sicherheitstests ereignet hatte, war etwa zweihundert Mal so viel Strahlung freigesetzt worden wie bei den Atombomben von Hiroshima und Nagasaki. Die strahlenden Partikel waren bis hoch in die Atmosphäre geschleudert worden, und die so entstandene radioaktive Wolke hatte sich zunächst sichelförmig in Richtung Dänemark, Schweden, Norwegen und Finnland ausgebreitet. Doch dann hatte der Wind gedreht und sie bereits zu Beginn der Woche nach Deutschland getrieben – aber das erfuhren wir erst donnerstags. Vielerorts hatte es in der Zwischenzeit geregnet, und die Radioaktivität war auf uns niedergegangen, ohne dass wir es gewusst hatten.

Als nun erneut Tropfen aus grünlichgelben Gewitterwolken fielen, konnten wir uns nicht sicher sein, wie viel verstrahlter Dreck da wohl auf die Erde fiel, und wir hatten keinen blassen Schimmer, wie wir uns effektiv davor hätten schützen sollen. Dass Jod-Tabletten gegen Strahlung helfen konnten, wussten die wenigsten, und dass sie nur wirkten, wenn man sie vor dem Fallout nahm und nicht danach, das wusste so gut wie niemand. Deswegen wurde Jod erst gegen Ende der Woche zum Verkaufsschlager in Apotheken, und da war es längst zu spät.

Um die wahre Gefahrenlage herrschte allgemeines Rätselraten. Die Russen gaben weiterhin lediglich so viel preis, wie sie unbedingt mussten, was niemanden wirklich verwunderte, weil man das nicht anders kannte (auch wenn Gorbi in diesem Jahr gerade Glasnost und Perestroika propagiert hatte, was übersetzt Offenheit und Umgestaltung bedeutete). Auf die Frage eines Fernsehjournalisten, warum die Informationspolitik des Ostblocks in den vergangenen Tagen so schlecht gewesen sei, nuschelte der sowjetische Botschafter in Bonn, Juli Kwizinski, vor laufender Kamera lapidar: »Ich glaube nicht, dass sie schlecht war. Sie war normal.«

Es regnete weiter, und obwohl unsere Eltern versuchten, die sichere Schrankwandwelt für uns aufrechtzuerhalten und sich nichts anmerken zu lassen, spürten wir, wie die Angst vor der Strahlung bei ihnen von Tag zu Tag wuchs. Und so wurden auch wir immer unsicherer.

Unsere Eltern schärften uns ein, uns gleich beim ersten Tropfen irgendwo unterzustellen. Papa starrte auf den Wetterhahn, als könnte er den Wind, der stetig aus Osten blies, in die Gegenrichtung lenken. Und Mama hatte extra Schirme für den Regengang nach draußen bestimmt, die mit den Gummistiefeln vor der Haustür bleiben mussten. Fußballspiele wurden abgesagt, der Bolzplatz des

Schulhofs gesperrt, und auch Kühe durften nicht mehr auf die Weide. Hatten wir unser Kuscheltier auf dem Rasen im Regen vergessen, musste es einige Waschgänge in der Trommel hinter sich bringen, bevor es als dekontaminiert betrachtet werden konnte. Manches Matchbox-Auto hatte nicht so viel Glück – es landete gleich als radioaktiver Sondermüll im Endlager Mülleimer.

Mit den Strahlentabellen, die in der Tageszeitung abgedruckt waren, lernten wir ein neues Wort: Becquerel, die Einheit, in der Radioaktivität gemessen wird. Denn nicht nur das Regenwasser strahlte, als seien tausend Sonnen geschmolzen. Gekocht wurde mit Mineralwasser, weil Mama sich nicht sicher war, ob die Radioaktivität auch aus dem Hahn kam (was beim Duschen merkwürdigerweise niemanden zu stören schien). Es gab immer mehr Warnungen über verseuchte Frischmilch und – das war der einzige Lichtblick, denn dieses Grünzeug mochten wir sowieso nicht – verstrahlten Spinat. Da jeder beim Anblick von Pilzen und Beeren ein Ticken zu hören vermeinte, stapelten sich nach Mamas Hamsterkäufen im Vorratsschrank plötzlich Konserven aus der Vor-Tschernobyl-Zeit und Dosen mit Trockenmilchpulver, das mit Kaba vermischt besonders eklig schmeckte. Während die DDR mit dem Gemüse überflutet wurde, das der Westen den Ostblocklieferanten nicht mehr abnahm, und monatelang irgendwo Güterwagen mit Tonnen verseuchter Molke herumstanden, rätselten Wissenschaftler, wie die Auswirkungen des Reaktorunglücks genau in den Griff zu bekommen wären – ohne dass dabei etwas Nennenswertes herauskam.

Viele der Maßnahmen, die getroffen wurden, wirkten selbst aus unserer unbedarften Perspektive hilflos bis lächerlich. Im Fernsehen verfolgten wir, wie hastig Felder umgepflügt wurden, wie das Kabinett Kohl quasi über Nacht ein Ministerium für Reaktorsicherheit gründete und wie Bayerns Umweltminister Alfred Dick seinen Finger in verstrahlte Molke tunkte und ableckte, um sagen zu können: »Des tut mir nix.« (Sein ehemaliger Pressesprecher verriet viele Jahre später, dass Dick in Wahrheit gar nicht an dem Finger leckte, den er in die Molke gestippt hatte, sondern an einem ganz anderen.)

Verlässliche Grenzwerte für Lebensmittel suchten wir vergeblich – der Strahlenschutz war Ländersache, und die gaben fleißig unterschiedliche Richtlinien heraus. Welche Strahlendosis in einzelnen Lebensmitteln tatsächlich schädlich ist, hat bis heute niemand herausgefunden, und so nützte auch die schönste Tabelle in der Zeitung nichts.

Wer da noch kein Atomkraftgegner war, der wurde einer. Alle Parteien begannen über den Einstieg in den Ausstieg zu diskutieren, selbst die FDP wollte nur noch so lange an den Reaktoren festhalten, bis es Alternativen gab, und der Besuch von Anti-Atom-Demos wurde im Mai und Juni 1986 ein neuer Familiensport.

Wäre der Anlass nicht so ernst gewesen, hätten sich unsere Eltern und Lehrer freuen können: Selbst diejenigen, die bisher wenig Interesse für Erdkunde aufgebracht hatten, schlugen im Diercke-Weltatlas nach, wo die Ukraine lag, wie weit die Stadt Prypjat, in deren unmittelbarer Nähe das Kernkraftwerk stand, von ihrem Heimatort entfernt war und welche Luftströmungen in Tief- und Hochdruckgebieten herrschten.

Das mussten wir uns selbst erarbeiten, weil in den ersten Tagen nach dem GAU viele Schulen geschlossen waren. In den Wochen danach bemühten sich die Lehrer im Unterricht, uns die Angst zu nehmen, indem sie mit uns über die Gefahren sprachen. Im Biounterricht ging es darum, ob wir die Katze noch reinlassen durften, wenn sie das regennasse Gras gefressen hatte, und ob Wildfleisch weiterhin verzehrt werden konnte. In Deutsch lasen wir ein Buch mit grellgelbem Cover, auf dem neben vielen bedrückten Gesichtern auch ein Atompilz abgebildet war: Gudrun Pausewangs *Die letzten Kinder von Schewenborn,* in dem mehrere Städte in Deutschland durch Atombomben zerstört werden und Kinder sterben, nachdem ihnen die Haare in Büscheln ausgefallen sind. Zur Beruhigung trug das naturgemäß nicht bei, wir bekamen davon Alpträume. (Die Autorin schrieb als Reaktion auf Tschernobyl mit *Die Wolke* einen weiteren Atomschocker über Reaktorunfälle, der uns dann nahtlos im Folgejahr ängstigte.) In Physik ging es um die Gefahren der friedlichen Nutzung von Kernenergie und um Sinn und Unsinn von Vorsichtsmaßnahmen nach einem Reaktorunfall.

Wir Kassettenkinder wurden so mit der Zeit Atomexperten und fachsimpelten in den Pausen mit Klassenkameraden und Freunden über die Größe von Sperrzonen, genau wie über Strontium-90 und Cäsium-137, deren Halbwertszeit angeblich bei dreißig Jahren lag. Das kam uns damals wie eine irre lange Zeit vor.

Platz 1: Tschernobyl
Platz 2: Havarie
Platz 3: Super-GAU
Wort des Jahres 1986

Sosehr wir die Achtziger lieben und so lustig, bunt und unbeschwert uns die schrille Zeit mit Modesünden, *Magnum* und Moonwalk heute vorkommt – die Katastrophen gehörten auch dazu, und zwar nicht nur im Fernsehen, wo von *Flammendes Inferno* über *Erdbeben* bis zu *Airport* ständig Katastrophenfilme aus den Siebzigern liefen.

Unglücke wie die Havarie von Tschernobyl verliehen dieser Zeit einen, salopp gesagt, erhöhten Schwierigkeitsgrad. Der Zustand der Gewässer und der Luft war beklagenswert. 1985 wurde sogar zum allerersten Mal die Smog-Alarmstufe 3 im Ruhrpott ausgerufen, und auch in anderen deutschen Städten herrschte regelmäßig dicke Luft. Wir fanden das sogar irgendwie cool, weil wir gehört hatten, dass es das in den großen amerikanischen Städten wie Los Angeles auch gab – und alles, was aus den USA kam, war eben modern. Nur hatten die Wälder leider kaum eine Chance gegen den sauren Regen, der durch die Abgase entstand.

Die unrühmlichen Höhepunkte des Jahrzehnts lesen sich wie ein Bericht aus der Endzeit – sie waren das düstere Gegenstück zur Aerobic-Spaß-und-Ententanz-Kultur. Dazu drohte vor allem in den frühen Achtzigern noch ständig die Gefahr, dass ein nuklearer Krieg binnen weniger Stunden die gesamte Zivilisation auslöschte, wenn jemand auf den roten Knopf drückte.

Wir haben die Achtziger nicht nur *erlebt,* wir haben sie vor allem auch *überlebt:* Manche Katastrophen und Skandale bekamen wir bewusst mit, andere nur am Rande, und wenn wir in einigen Fällen auch noch nicht ganz verstanden, was da vor sich ging, sogen wir die Stimmung auf – die Sorgen, die unsere Eltern und älteren Geschwister umtrieben. Viele von uns hatten Husten und Asthma von der schlechten Luft, und wir litten an seltsamen Allergien und Ausschlägen, auf die sich kein Mediziner einen Rat wusste. Und ganz nebenbei fürchteten wir uns auch vor einer postnuklearen Welt, in der das Chaos regierte und alle einen langsamen Strahlentod starben, so wie im

Film *The Day After,* der den Fall eines globalen Atomkriegs durchspielte.

Dennoch bleiben die achtziger Jahre unser Lieblingsjahrzehnt. Vielleicht gerade weil sie uns Kassettenkinder durch die kritischen Momente, die Gefahren, und auch durch unsere Angst geprägt haben wie keine zweite Dekade, uns zu den Menschen machten, die wir heute sind, und Trends für eine bessere Welt setzten, die bis ins neue Jahrtausend anhalten. Und weil sie uns gelehrt haben, dass wir Menschen selbst für das meiste verantwortlich waren, was da schieflief. Wie sehr wir unsere Umwelt bereits gebeutelt hatten, das bemerkten viele erst, als es schon fast zu spät war und der Wald eines Tages lebensrettende Sofortmaßnahmen benötigte.

Der Letzte räumt den Wald auf. Wie wir Kassettenkinder zu Umweltschützern wurden

Die Zweige knackten unter unseren Schuhen, als wir dem Förster und unserem Lehrer im Gänsemarsch in den Wald folgten. Nur zaghaft drangen milchige Sonnenstrahlen durch den Frühnebel, der zwischen den Baumspitzen hing. Ausgerüstet mit Eimern und langen Metallzangen – solchen, wie wir sie auch beim Hofdienst in der Schule benutzten –, folgten wir vom Parkplatz an der Landstraße aus dem schmalen Trampelpfad.

Die Luft war feucht, und wir zogen die Reißverschlüsse unserer Trainingsjacken hoch und stülpten die Ärmel über die Hände, damit für die Mücken weniger Angriffsfläche blieb. Hin und wieder hatte einer von uns irgendein Krabbeltier im Haar und störte die Stille mit einem spitzen Schrei. Andere gönnten sich eine Tüte Magic Gum, das so schön im Mund knisterte, oder ein paar Treets, die Schokolinsen mit dem Erdnusskern, und ließen die leeren Verpackungen beiläufig im Gebüsch verschwinden, wenn die Erwachsenen nicht hinsahen.

Nach einem längeren Fußmarsch von ungefähr zwanzig Minuten, der die Untrainierten unter uns auch angesichts der frühen Stunde an die Grenzen ihrer Belastbarkeit führte, erreichten wir eine Lichtung, in deren Mitte ein kleiner Fluss vor sich hin plätscherte und auf der eine Wetterhütte stand, in der Wanderer Schutz vor Regen suchen konnten.

Dies war also unser Einsatzgebiet: eine perfekte Idylle, wie sie unsere Eltern bei den langen, uns Kindern verhassten Sonntagsspaziergängen suchten. Ein wirklich hübsches Fleckchen – wäre da nicht der ganze Müll gewesen.

Obwohl neben der Hütte ein Abfallbehälter stand, lagen im Unterholz überall leere Getränkedosen und deren silbernen Abreißverschlüsse, Verpackungsfolien von Schokoriegeln wie Raider und Bonbonpapierchen oder Zigarettenschachteln herum. Unter einem Baum stapelten sich alte, löchrige Matratzen, aus denen die Sprungfedern herausragten. Und im Bach lagen alte Autoreifen. Überhaupt, der Bach. Dass ein Gewässer in unseren Breiten nicht so schön türkisfarben schimmerte wie das Wasser im Mittelmeerurlaub, war klar. Doch die giftgrüne Färbung, die der Bach hatte, war definitiv nicht natürlichen Ursprungs, genauso wenig wie der dunkle Schaum, der sich in fluffigen Wolken an den Rändern ablagerte und so aussah, als hätte jemand zu viel von dem Schaumbad hineingekippt, in dem wir am Samstag vor dem Fernsehabend badeten.

Der Förster erklärte uns, dass die einige Kilometer flussaufwärts gelegene Chemiefabrik ihre Abwässer in den

Bach leitete. Dann drehte er sich im Kreis und deutete auf die Bäume, die uns umgaben. Um diese Jahreszeit, sagte er, sollten die meisten Laubbäume zumindest Knospen, wenn nicht schon die ersten Blätter haben, doch ihre grauen Äste ragten wie knochige, trockene Finger in die Höhe. Und an den Fichten schien dunkelgrünes Lametta zu hängen.

Da der Zustand der Bäume offenbar etwas mit den Abgasen zu tun hatte, die aus den Autos und den Schornsteinen der Fabriken kamen, dämmerte uns langsam, dass wir wohl eine Mitschuld an dem Desaster trugen, wenn Mama uns mit dem Auto zur Schule, zum Musikunterricht und zum Sport chauffierte.

Wir erfuhren vom Förster, wie wir die kranken Bäume von den gesunden unterscheiden konnten und wie die Schädlinge hießen, die unter der Rinde der Fichten lebten und das abgestorbene Holz fraßen: Borkenkäfer.

Es war gar nicht so lange her, da hatten wir noch um das Schicksal von Karl dem Käfer aus dem gleichnamigen Song von Gänsehaut gebangt, der ein netter, verträglicher Zeitgenosse zu sein schien. Karl hatte friedlich im Wald gelebt, bis der Forst von Baggern plattgemacht worden war, um Platz für eine Straße zu schaffen. Karl, der Borkenkäfer, schien aus anderem Holz gemacht: Ihn hätte von uns aus ruhig jemand auf der Straße plattfahren können. Die abgestorbenen Äste und Stämme fand der Borkenkäfer nämlich in etwa so appetitlich wie wir den rosa-gelben Mausespeck.

Gut, dass wir hier waren, um den Bäumen letzte Hilfe zu leisten – denn darum ging es beim Waldtag, den unsere Schule ins Leben gerufen hatte. Wegen der grassierenden Umweltverschmutzung hielten es viele unserer Pädagogen für unerlässlich, mit uns dem sterbenden Wald einen Kondolenzbesuch abzustatten. Vielleicht, damit wir noch mal Bäume sahen, bevor es sie nicht mehr gab. Wahrscheinlicher war, dass unsere Lehrer die Hoffnung hegten, der Wald könnte noch mal die Kurve kriegen, wenn wir uns dank des Ausflugs ins Grüne etwas sorgsamer um sein Schicksal bemühten.

Viele Eltern hatten sich zunächst über das Ansinnen der Lehrer aufgeregt – dass ihre Kinder den Müll anderer Leute wegräumten, kam für sie gar nicht in die Tüte. Schließlich sahen sie aber ein, dass unser juveniles Räumkommando ein reizvolles Fotomotiv abgab, denn ein Redakteur der Lokalzeitung samt Pressefotograf begleiteten uns, um einen Artikel über unseren Waldtag zu schreiben. Die Zeitungsleute hegten die Hoffnung, dass es sich ihre Leser demnächst zweimal überlegten, ob sie ihren Müll einfach achtlos im Wald zurückließen, wenn sie wussten, dass andererleuts Kinder ihn später wieder wegräumen mussten.

Bevor wir loslegten, machte der Fotograf ein Gruppenfoto. Dann hoben wir mit der Zange achtlos weggeworfene Batterien und zerdrückte Bierdosen aus dem Gehölz und ließen sie in den mitgebrachten Eimer fallen. Manche waren auch damit beschäftigt, die trockenen Äste und Zweige einzusammeln, von denen der Förster die Bäume befreit hatte, und packten diese auf Schubkarren, die wir dann am Bach entlang zum nächsten Ablageplatz brachten. Die Autoreifen und Matratzen hievten wir zu zweit oder zu dritt auf einen bereitgestellten Anhänger.

Als wir fertig waren, sah die Lichtung nicht mehr ganz nach apokalyptischer Müllhalde aus. Nur für den verpesteten Fluss und die sterbenden Bäume hätten wir wohl Beistand von höherer Stelle gebraucht, doch anders als Michael Landon in *Ein Engel auf Erden* hatten wir nicht das Gefühl, dass ein Gebet das richten würde.

Auf dem Rückweg sammelten wir hastig hier und da

Kaugummipapierchen und Treets-Tüten ein, die wir auf dem Hinweg im Gebüsch hatten verschwinden lassen. Und atmeten erst auf, als wir wieder im Schulbus saßen, der auf dem Platz neben der Texaco-Tankstelle parkte, wo wir gleich mit dem Müllsammeln hätten weitermachen können.

Was mich anspornt? Die Wut!

Harald Zindler,
Gründungsmitglied von Greenpeace Deutschland

Mit Umweltaktivismus und Artenschutz hatten im täglichen Leben die wenigsten von uns etwas am Hut, zumindest zu Beginn des Jahrzehnts. Da war die BRD noch ein ökologischer wilder Westen, vom Osten ganz zu schweigen. Mit unbequemen Wahrheiten mussten wir uns erst im Laufe der Zeit auseinandersetzen.

In den Jahrzehnten zuvor war Kohle in einem Maße verheizt worden, als ob sie sonst nur im Weg rumgestanden hätte. Selbst zu Hause hatten viele lange mit Kohle oder Holz geheizt, bis sie auf eine Ölheizung umstiegen, für die man einen riesigen Tank in den Garten oder den Keller stellen musste. Und dass sich Ölunternehmen mit ihren Bohrplattformen vor den Küsten Kanadas und Alaskas breitmachten, klang im Esso-Werbespot von 1983, bei dem die Kamera mit dem Helikopter über Eisflächen flog und die dazu eingespielte Melodie an einen Actionfilm erinnerte, noch eher nach Abenteuer als nach Umweltschweinerei: »Auf dem Weg zum Öl für kommende Jahrzehnte dringen unsere Männer in immer unwirtlichere Regionen vor.«

Um sich giftiger Abgase zu entledigen, wurden statt Filtern einfach besonders hohe Schornsteine eingesetzt, in dem Glauben, die Drecksluft würde sich so besser verteilen. Die Industrie leitete indes Abwässer in Flüsse und Meere, als wäre die Erde tatsächlich eine Scheibe, und das Zeug würde irgendwo an der Kante in einen Gully fließen.

Natürlich war es einfacher, an der Bahnschranke und im Stau den Motor laufen zu lassen oder nicht darüber nachdenken zu müssen, in welche Tonne wir unseren Müll warfen – es gab ja nur eine. Selbst Batterien entsorgten wir im Hausmüll, konnte ja auch keiner ahnen, dass die giftig waren. Besonders freigiebig war die Generation unserer Großeltern: Oma warf schon mal in voller Fahrt einen leeren Eisbecher aus dem Auto, was aber niemanden wirklich störte, weil es zur allgemeinen Lässigkeit gehörte, seinen Müll im Gehen oder Stehen einfach fallen zu lassen. Und so schnippte Opa auch beim Entenfüttern seinen brennenden Kippenstummel den Brotkrumen hinterher in den Dorfteich.

Auch Pelz war noch nicht verpönt – wir trugen mit Stolz den Kaninchenmuff, den Mama aus einem Stück Fell genäht hatte, und fühlten uns damit wie eine Figur aus *Doktor Schiwago*. In den Zoo und in den Zirkus gingen wir, ohne uns um die Haltungsbedingungen zu sorgen. Und dass der Elefant auf dem kleinen Podest »Sitz« machte, wunderte uns nicht, immerhin konnte das auch unser Rauhhaardackel. Viele von uns hatten ein Aquarium – oft ohne Wasserpumpe – oder einen Kanarienvogel, in Einzelhaft im viel zu kleinen Käfig. Dass es den Tieren bei uns vielleicht gar nicht so gut gefiel, wie wir dachten, und Tweety jede Gelegenheit zur Flucht nutzte, sobald die Käfigtür mal offen stand, darüber war selten etwas in *Ein Herz für Tiere* zu lesen, die Oma im Abo hatte und die sie uns beim Sonntagskaffee mit einer Schachtel Katzenzungen überreichte.

Doch nun sollte sich einiges ändern. Die Achtziger wurden zum Ökojahrzehnt schlechthin, und so öffnete die neue Umweltpädagogik an den Schulen, zu der eben auch Aufräumaktionen im Wald gehörten, vielen Kassettenkindern die Augen. Selbst für diejenigen von uns, denen man keinen Eimer in die Hand drückte, um die Naturverschmutzung persönlich in Angriff zu nehmen, gab es genügend andere Gelegenheiten, ins Grübeln zu kommen: Langsam, aber sicher begannen Umweltskandale unser Bild der heilen Welt zu stören, immerhin geschahen sie sehr oft direkt vor unserer Haustür.

Wer am Rhein wohnte, kannte meist jemanden, der sich in einer Bürgerinitiative dafür starkmachte, den Fluss nicht länger als Kloake zu missbrauchen – Chemiebetriebe wie die BASF leiteten ihre Abwässer in Deutschlands größten Strom, Schiffe ließen unauffällig ihr Altöl ab, und tote Fische waren noch das Harmloseste, was darin schwamm. Und dann kam das Jahr 1986, das nicht nur durch Tschernobyl ungut auffiel, sondern auch durch einen Brand bei der Chemiefirma Sandoz in Basel, bei dem über das Löschwasser gefährliche Chemikalien ausgeschwemmt wurden und in einer roten Welle den Rhein hinunterschwappten. Das benachbarte Unternehmen Ciba-Geigy nutzte die gute Gelegenheit, um vierhundert Liter hochgiftiges Pflanzenschutzmittel in den Fluss einzuleiten, was eher zufällig ans Licht kam – und die Firmen BASF, Hoechst und Bayer fügten im selben Jahr noch ihren Teil zur unaussprechlichen Chemiesuppe hinzu: Herbizide, Chlorbenzol, Ethylenglykol und Methanol. Die Salamitaktik, mit der alles getan wurde, um die Bevölkerung vom wahren Ausmaß der Havarien fernzuhalten, verstärkte den Protest. Greenpeace hatte mit dem Laborschiff Beluga Abwasserproben genommen und stellte eine ganz erkleckliche Brühe fest, in deren langer Liste von Schadstoffen Chrom und Blei fast wie gute alte Bekannte klangen. Besonders bedenklich waren die Abwässer der Papierfabriken, die mit Chlor bleichten, weswegen Mutter spätestens jetzt auf das Klopapier mit dem Blauen Engel umstieg – ein Umweltsiegel, das es seit dem Ende der siebziger Jahre gab.

Kein Wunder, dass unsere Eltern ungläubig die Köpfe schüttelten, als Bundesumweltminister Töpfer sich 1988 in die Fluten stürzte. Wie viele andere glaubten sie, er wolle beweisen, dass die Wasserqualität des Rheins besser war, als es die Wissenschaftler und Umweltschützer behaupteten. In Wahrheit hatte Töpfer nur eine Wette verloren – gegen seinen SPD-Konkurrenten, der bei der Wahl in Rheinland-Pfalz schon vorausgesehen hatte, dass Töpfer dort nicht lange als Minister in der Landesregierung sitzen, sondern nach Bonn umziehen würde.

Was immer auch der Grund war – wir hielten alle ein wenig die Luft an, als der Minister im Taucheranzug mit pinkfarbener Badekappe einen Köpper machte: Hoffentlich verschluckte er nichts von der Brühe, denn das konnte bei all den giftigen Abwässern, den Kolibakterien und anderen Keimen, die im Rhein nachgewiesen worden waren, ernste Folgen haben.

Bei uns zu Lande Schaumberge auf den Bächen und Flüsse, die mit Blei und Quecksilber vergiftet waren, auf der ganzen Welt Desaster wie die Chemiekatastrophe von Bhopal 1984 oder die Ölpest vor der Küste von Alaska, die das Auflaufen der Exxon Valdez 1989 anrichtete, dazu noch Ozonloch, Giftmüll, Artensterben und das Abnippeln des Waldes – die Umwelt war so umfassend im Eimer, dass man sich wünschte, der weltberühmte Feuerwehrmann Red Adair hätte nicht nur spektakuläre Großbrände bekämpft.

*Gestern standen wir noch kurz vor dem Abgrund,
heute sind wir schon einen gewaltigen Schritt weiter.*

Spontispruch

Wir Kassettenkinder entdeckten bald neue Helden, die unsere Aufräumaktion im Wald locker in den Schatten stellten. Sie nannten sich Robin Wood, »Die Rächer der Entlaubten«, und hatten die schon etabliertere Organisation Greenpeace verlassen, um sich um den Wald zu kümmern. Damit das keine reine Sterbebegleitung wurde, kletterten sie auf die Schornsteine von Chemieunternehmen und engagierten sich fürs Tempolimit, was unsere Eltern allerdings unnötig fanden.

Wir wären auch gern so gewesen wie die mutigen Mitglieder von Robin Wood und Greenpeace, über die wir im *Stern* und im *Spiegel* lasen und deren dokumentarische Filmaufnahmen wir im Fernsehen sahen. Wie wir bei unserem Waldeinsatz hatten sie die Macht der Bilder und der Berichterstattung auf ihrer Seite. Nur nahmen sie mehr als ein Eimerchen und eine Zange mit, um aufzuräumen. Sie zeigten, dass ein Medienspektakel in den Achtzigern genau das richtige Mittel war, um etwas zu erreichen, und riskierten dafür sogar ihr Leben: Die Aktivisten von Greenpeace versperrten dem Tanker Kronos mal mit Schlauchbooten, mal mit Schwimmern den Weg, als dieser hochgiftige Dünnsäure in der Nordsee verklappen wollte, sie filmten, wie Fässer mit Atommüll in den Ärmelkanal gekippt wurden (radioaktive Abfälle aus Forschung, Medizin und Reaktoren, die man schon seit Jahren einfach so ins Meer plumpsen ließ), und protestierten auf der Rainbow Warrior, einem ehemaligen Fisch-Trawler, in Französisch-Polynesien gegen die Kernwaffentests im Mururoa-Atoll – bis das Schiff vom französischen

Geheimdienst 1985 durch zwei von Tauchern angebrachte Bomben versenkt wurde, wobei der Greenpeace-Fotograf Fernando Pereira ertrank.

Robin Wood und Greenpeace waren unsere Ökohelden, ausgezogen, um den Planeten zu retten. Im Politik- oder Sowiunterricht berichteten die Lehrer, die in der Regel Birkenstock-Latschen trugen, begeistert von solcherart Rettungsaktionen. Den passenden Spruch dazu lieferte uns die amerikanische und westdeutsche Umweltbewegung, indem sie den Cree-Indianern folgende Zeilen in den Mund legten, die wir auch heute noch auswendig hersagen könnten, wenn jemand uns nachts um drei aus dem Schlaf schreckt: *Erst wenn der letzte Baum gerodet, der letzte Fluss vergiftet, der letzte Fisch gefangen ist, werdet ihr feststellen, dass man Geld nicht essen kann.*

Viele von uns Kassettenkindern hängten ein Poster des in ein indianisches Totemdesign eingebundenen Spruchs in unser Zimmer oder klebten ihn sich als Sticker auf die Schultasche. Das war alles okay für unseren Indianerstamm zu Hause, solange es nicht allzu sehr an dem Lebenswandel rüttelte, an den sich unsere Familie über Jahrzehnte gewöhnt hatte. Viele unserer Eltern und Großeltern sahen jedoch schon eine neue Ökodiktatur heraufziehen, als in Bonn Umweltschutzmaßnahmen beschlossen wurden, die ein deutsches Heiligtum ins Visier nahmen: das Auto.

Wegen des Waldsterbens, das vorwiegend von Abgasen verursacht wurde, beschloss Helmut Kohl 1984 die Einführung des Katalysators für alle Benzinmotoren – und die Kats verbrauchten bleifreies Benzin.

Wer dieses heikle Thema anschneiden wollte, musste sich warm anziehen. Denn das Auto war mehr als nur ein Statussymbol – es war ein Statement. Es sagte aus, wer man war, was man dachte und wie man die Dinge anpackte: Der VW Golf war solide, weder zu sportlich noch zu tantenhaft, aber trotzdem auch jugendlich. Eine sichere Wahl, ganz im Gegensatz zum Opel Manta (dessen Fahrer Anfang der Neunziger einen herben Imageverlust erlitten, als ihr Auto nur noch in einem Atemzug mit Fuchsschwänzen und Vollidioten genannt wurde), fühlten sich ein wenig wie die deutschen Ausgaben der Raserhelden aus Filmen wie *Ein ausgekochtes Schlitzohr* oder *Auf dem Highway ist die Hölle los*. Eine Ente war hingegen der klassische Studentenwagen, billig und unkaputtbar, und es sah aus, als würde er abheben, wenn der Fahrer die Fensterklappen nach außen öffnete. Unsere Väter hatten mit dem ersten Kinderwagen die Rostlaube eingemottet, die sie seit ihrer Junggesellenzeit gefahren waren (sie schwelgten oft in Erinnerungen an ihren seligen R4), und einen soliden, zuverlässigen Kombi wie den Ford Taunus angeschafft, in dem sich Mutter meist nur ans Steuer setzte, um zum Supermarkt zu fahren.

Jetzt drohte Veränderung an diesem so zentralen Gefährt. Unsere Väter fluchten über das bleifreie Benzin, da das ganz sicher den Motor auf Dauer schädigte. Bleifrei setzte sich deswegen nur sehr zögerlich durch – trotz Bundestagsdebatten, der Ente mit dem »I fly bleifrei«-Schriftzug auf der grünen Lackierung und etlichen Aufklebern, die eine Skizze eines Autohecks zeigten, auf dessen gelber Abgaswolke die Worte »Bleifrei jetzt« standen. 1988 zielte die Bundesregierung schließlich mit der Zapfpistole auf die Autobesitzer und verbot verbleites Normalbenzin ganz.

Fast genauso unbeliebt wie das bleifreie (oder eher: unverbleite) Benzin waren die neuen Tempo-30-Zonen, die einige deutsche Städte im Wohngebiet einführten, oder die Diskussion um flächendeckendes Tempo 100 auf deutschen Autobahnen – viele missbilligten solche Maßnahmen als Eingriff in ihre bürgerliche Bleifußfreiheit.

> *Mein Maserati fährt 210*
> *schwupp*
> *die Polizei hat's nicht gesehn*
> *das macht Spaß! Ich geb Gas*
> *ich geb Gas*
>
> Markus

Vielleicht hätten unsere Eltern mehr Zeit mit uns verbringen sollen, als wir klein waren – vor dem Fernseher. Sie hätten gesehen, dass der grüne Weg der bessere war – in einer unserer liebsten Sendungen: Im Vorspann brachen auf einer grauen Straße gezackte Blätter aus dem Asphalt, und es reckte sich ein Stengel mit einer Blüte empor. Man hätte es glatt für einen Werbespot der aufstrebenden Partei *Die Grünen* halten können, die gerade in den deutschen Bundestag eingezogen waren und dort das Strickzeug salonfähig machten – ihr Frontmann war ein junger Politiker, der statt Joseph Maria lieber Joschka genannt wurde und sich in Jeans und Turnschuhen vereidigen ließ. Die neue Partei wollte den Atomausstieg, gleiche Rechte für Frauen und einen nicht mit militärischen Mitteln durchgesetzten Frieden, und sie wirbt bis heute mit der Sonnenblume für ihre Umweltpolitik.

Die gelbe Blüte aus dem Vorspann war jedoch keine Sonnenblume, sondern Löwenzahn, und danach war auch die Sendung benannt, die wir am Sonntagnachmittag begeistert schauten. Für uns Kassettenkinder gehörte die Blume unweigerlich zu Peter Lustig, der den Dingen lieber auf den Grund statt ins Parlament ging.

Peter war für uns nur komplett mit Latzhose, Nickelbrille und der sprechenden Ukulele Klaus-Dieter, deren Augen zwei Glühbirnen waren und die neben der Tür des Bauwagens hing, in dem Peter wohnte. Für ihn war der Salat gut, wenn auch Schnecken ihn mochten – weil es bedeutete, dass kein Gift drauf war. Kühe stellte man seiner Meinung nach am besten auf eine Weide, damit sie genug Platz hatten. Und er fand, dass man Dinge, die einem ans Herz gewachsen waren, gegen nichts auf der Welt eintauschen sollte – so wie Klaus-Dieter, für den Peter eines Tages Geld angeboten bekam, was er ablehnte. Überhaupt spielte Wirtschaftlichkeit keine große Rolle in der Welt von Peter Lustig. Für ihn zählte eher, den Planeten möglichst nicht zu schrotten, weil wir schließlich darauf leben wollten – eine Haltung, die der Welt, in der wir aufwuchsen, wahrlich gutgetan hätte. Peters Sichtweise war unverkrampft – ganz anders als die Diskussionen, die wir später rund um die Umweltbewegung erlebten, mit vielen Gesetzeserlässen zu Grenzwerten, oder dem erhobenen Zeigefinger unserer Lehrer, die uns zwar ständig eintrichterten, dass wir nur mit Regentonne und Komposter ein guter Mensch waren, das aber nicht so einleuchtend vermitteln konnten wie Peter Lustig.

Ich mag kein Müsli, und ich trage auch keine Birkenstock-Sandalen. Ich habe Respekt vor der Natur, das ist alles.
Peter Lustig

Dass es einen Typus Mensch gab, für den Peters Sicht der Dinge ein Rätsel darstellte, darauf bereiteten uns die

Fernsehmacher mit dem spießigen Herrn Paschulke vor, der am liebsten Grenzzäune baute und sein Wasser für sich behielt. Er wirkte irgendwie ein bisschen doof, während uns Peter Lustig vorkam wie eine Art männliche Pippi Langstrumpf, ein Erfinder und Lebenskünstler.

Wie schon die *Sendung mit der Maus* befeuerte *Löwenzahn* unseren natürlichen Entdeckerdrang und die Lust aufs Selbermachen – unsere Kindheit war immer dann besonders toll, wenn wir der Neugier nachgaben, ob beim Selbstgärtnern mit dem Buch *Linnea und die schnellste Bohne der Stadt*, beim Blättern in der *Was-ist-Was*-Erkenntnisliteratur, beim Züchten von Salzkristallen und Färben von Lösungen mit dem KOSMOS-Chemiebaukasten oder beim Hobeln, Schmirgeln und Kleben in Papas Kellerwerkstatt.

Wenn Peter mal wieder zufrieden lächelnd neben seinem Bauwagen stand, verankerte er tief in uns das Bewusstsein, dass es eine Welt jenseits vom *Spiel des Lebens* gab, in der es nicht darum ging, Karriere zu machen und möglichst viel teuren Klimbim anzuhäufen. Als wir älter wurden und die schnellen Neunziger anbrachen, vergaßen wir diese Lektion leider für eine Weile.

Im Peter-Lustig-Jahrzehnt jedoch sorgten diejenigen, die sich mehr Gedanken machten, letztlich auch dafür, dass sich zumindest ein bisschen was änderte. Klimaschutz, Schadstofffilter, Energiewende, Ökotrend – die Achtziger haben den Boden dafür bereitet.

Inzwischen fragen sich viele von uns wieder, ob weniger im Leben nicht doch mehr ist. Und wenn wir uns dann vorstellen, wie ein wirklich gutes Leben aussehen könnte, kann es passieren, dass wir in Gedanken vor unserem eigenen himmelblauen Bauwagen stehen, zu dessen rosa Dachterrasse eine Leiter aus alten Stühlen hinaufführt.

Manche werden sich dann nur wünschen, dass der Wagen nicht auf einer Wiese steht, weil sie zwischen Gräsern und Pollen immer niesen müssen – wahrscheinlich ein Andenken an die toxische Umgebung, in der wir aufwuchsen. Wobei die Allergien und Atemwegsbeschwerden, unter denen viele von uns litten und noch immer leiden, nicht nur mit den Umweltgiften zu tun hatten, denen wir als Kinder ausgesetzt waren. Oft lauerte die Gefahr auch im Essen – oder sogar im Wohnzimmer, wenn sich die Erwachsenen dort einen Glimmstengel anzündeten.

Von Schokokippenquarzern und Sanostoljunkies. Wie wir mit Zigarettenqualm, Weltseuche und giftigem Essen aufwuchsen

Nachmittags, wenn Mutter mit ihrer Freundin, umwabert von blauem Dunst, bei einer Tasse Eduscho-Kaffee im Wohnzimmer saß, konnte es vorkommen, dass sie uns Kleingeld fürs Zigarettenholen in die Hand drückte. Wenn der Besitzer des Kiosks an der Ecke oder die Kassiererin im Tante-Emma-Laden unsere Eltern kannten, rückten sie die Kippen bereitwillig heraus, selbst wenn wir noch minderjährig waren. Andernfalls liefen wir einfach zum Zigarettenautomaten. Das war ein jugendfreier Spaß, denn die beigefarbenen Fluppenspender hingen damals an der nächstbesten Straßenecke und funktionierten noch ohne Altersnachweis.

Wir stellten uns auf die Zehenspitzen, um das Kleingeld in den silbernen Münzschlitz zu werfen, der oben rechts angebracht war. Als Nächstes suchten wir in den Sichtfenstern der metallenen Ausgabeschubladen nach der Lieblingsmarke von Mama, und falls es diese nicht gab, kannten wir ihre Ausweichmarken. Wir fassten den geschwungenen Griff des Schubfaches mit einer Hand und zogen beherzt daran, worauf der Automat mit einem mechanischen Klacken die Zigaretten freigab. Die eingeschweißte Packung ragte nun aus der Schublade heraus, und sie an sich zu nehmen war fast so schön, als würden wir ein kleines Geschenkpäckchen daraus hervorholen. Dann ließen wir die Lade mit einem lauten Ratsch wieder zuschnappen.

Wenn wir beim Zigarettenholen als Kinder noch Restgeld übrig hatten, durften wir es behalten. Praktischerweise hing neben vielen Kippenautomaten auch einer der roten Kästen, aus denen wir Kaugummikugeln ziehen konnten und denen mit viel Glück sogar ein Ring aus Blech und Plastik zu entlocken war. Oder wir setzten die übrigen Münzen am Büdchen in Süßes um – besonders gerne in Schokoladen- oder Kaugummizigaretten, mit denen wir ein wenig das Erwachsensein probten. Wenn wir sie uns in den Mundwinkel schoben, mussten wir darauf achten, dass unsere Lippen nicht feucht waren, denn die Papierchen, in die das Kaugummi oder die Schokolade eingewickelt waren, blieben sonst an den Lippen kleben. Keiner unserer Erziehungsberechtigten machte sich damals Gedanken darüber, dass das die Suchtgefahr in späteren Zeiten vielleicht erhöhen könnte. Wahrscheinlich fanden sie es einfach drollig.

Der Zigarettenrauch war in unserer Kindheit und Jugend allgegenwärtig. Er kroch wie der Nebel des Grauens in John Carpenters gleichnamigem Horrorschocker in jeden Winkel des Lebens. Zu Hause wurde beim Kaffeekränzchen, nach dem Mittagessen oder vor dem Fernseher im Wohnzimmer geschmökt (und viele zogen auch nach dem vollzogenen Liebesakt am Tabakröllchen, weil es in den Filmen mit Jean-Paul Belmondo so lässig aussah). Auch Verkehrsmittel waren offenbar nur verqualmt einsatztauglich, ob es das Auto war, in dem der Aschenbecher fast immer überquoll, die Bahn oder der Flieger während der fast neunstündigen Atlantiküberquerung. Auch in Büros, auf öffentlichen Plätzen und in Restaurants gab es kein Entkommen vor dem blaugrauen Dunst.

Der Merkwürdige an der Sache: Selbst jenen, die nicht rauchten, fiel der üble Geruch oft gar nicht auf, vielleicht, weil sich der Mensch einfach an alles gewöhnt, vielleicht aber auch, weil es draußen wegen der vielen Abgase nicht viel besser duftete.

Uns Kassettenkinder störte es auch nicht, wir mochten den Geruch sogar. Außerdem war Rauchen cool.

Wir beobachteten genau, wer von den Erwachsenen welche Marke rauchte, denn das war ein bisschen wie Sternzeichen deuten: Marlboro war etwas für Abenteurer und solche, die es gerne gewesen wären, denn der Kinospot mit dem Cowboy, der am Lagerfeuer oder im strömenden Regen eine Fluppe durchzog, verhieß den Duft der großen weiten Welt. Playboys und Popper griffen zu John Player Special oder Benson & Hedges, wahrscheinlich wegen des Slogans: »Wer auf diesen Geschmack kommt, hat seinen Stil gefunden.« Ernte 23 mit der orangenen Packung wurde von Rentnern bevorzugt, und die moderne Frau rauchte die leichte R1 oder die dünnen EVE-Zigaretten mit Blümchenbordüre und, wenn sie etwas auf sich hielt, Davidoff mit dem eleganten Schriftzug auf der Packung.

Manche drehten ihre Räucherstäbchen sogar mit der Hand, was uns Kindern wie ein Geschicklichkeitsspiel für Erwachsene vorkam, weshalb wir es unbedingt auch ausprobieren mussten. Außerdem hatte die Werbung viele von uns schon früh so vernebelt, dass wir überlegten, welche Marke wohl zu uns passen würde, wenn wir groß waren, wobei sich die Chance eröffnete, etwas radikal anders zu machen als die Eltern, indem man einfach eine andere Zigarettenmarke wählte als sie.

Und so konnten es einige Kassettenkinder gar nicht abwarten, sich selbst eine anzuzünden, um so lässig am Sargnagel zu ziehen wie Clint Eastwood.

Es wuchs jedoch die Gruppe derer, die keine Rauchzeichen von sich geben wollten, vor allem, als wir statt mit Zigarettenwerbung mit Anti-Raucher-Kampagnen überzogen wurden. Während früher in der TV-Werbung noch Kinder ihren Eltern eilfertig das Feuerzeug gereicht hatten, wenn die sich eine Zigarette anzünden wollten, und das HB-Männchen ständig ohne Nikotin in die Luft ging, war Tabakwerbung schon seit Mitte der Siebziger nicht mehr im deutschen Fernsehen erlaubt. Lange war es her, dass Rauchen den Beigeschmack hatte, entspannt, fit, schlank und wach zu machen. Sogar dem ewig qualmenden Comic-Cowboy Lucky Luke hatte der Autor 1983 das Rauchen abgewöhnt, und dieser hatte nun öfter einen Grashalm statt einer Kippe im Mund – echte Helden rauchen eben nicht: wegen der Kinder.

Die Menschen werden immer rauchen.

Helmut Schmidt

Trotzdem wurde in unserer Gegenwart weitergequarzt. Die wahren Sorgen unserer Eltern waren ganz anderer Natur: Sie machten sich wesentlich mehr Gedanken um richtig harten Stoff wie Heroin und Aufputschmittel und fürchteten, dass wir damit in Berührung kommen könnten.

Der Anlass dazu war ein großer Bericht über die vierzehnjährige Christiane F., die für ihre Sucht auf dem Kinderstrich anschaffen ging. Die Geschichte über ihre Leiden war Ende der Siebziger unter dem Titel *Wir Kinder vom Bahnhof Zoo* im *Stern* erschienen und das darauf basierende Buch war 1980 und 1981 das meistverkaufte in der Bundesrepublik. Darin war von Drogensucht, Kinderprostitution und Tod die Rede – und bei unseren Eltern schrillten sämtliche Alarmglocken: Sie hatten Angst, dass wir in die Drogenszene abrutschten, selbst wenn wir nicht in Berlin wohnten, sondern in beschaulichen kleinen Ortschaften.

Der Spielfilm zum Buch kam 1981 in die Kinos, aber wir sahen meist erst einige Zeit später mit unseren Eltern im Fernsehen, wie eine dauerbedrohnte Nadja Brunckhorst als Christiane F. mit rotgefärbten Haaren und glasigem Blick durch Discotheken irrte und sich minutenlang beim Cold Turkey gegen eine Wand erbrach. Und weil doppelt geschockt besser hält, schenkten Mutter und Vater uns auch noch das Drogentagebuch *Frag mal Alice,* denn der Absturz der anonymen Fünfzehnjährigen endete immerhin am Ende mit einer Überdosis. Begleitet wurde die Buchübergabe mit den Worten: »Du kannst mit uns über alles reden!«

Das Verständnis unserer Mütter und Väter in allen Ehren – war unser Verhältnis doch viel näher als das, was sie zu den eigenen Eltern gehabt hatten –, dennoch hätten wir uns wohl eher mit einem pinken Schweißband stranguliert, als sie mit irgendetwas zu belasten, wenn es da etwas gegeben hätte.

Vielleicht gab es deswegen trotz der herabgesetzten Sprechbarriere zwischen Eltern und Jugendlichen an vielen weiterführenden Schulen in den achtziger Jahren mindestens einen großen Drogenskandal. Das nahmen wir zwar zur Kenntnis, fanden es aber nicht so schlimm, denn jeder kannte mindestens einen Heiopei im Ort, der angeblich das Abitur mit Eins gemacht hatte, obwohl ihm ein Kumpel namens Mario Hana beim Lernen geholfen hatte.

Sex, Drugs and Rock 'n' Roll passten einfach nicht in die heile Schrankwandwelt unserer Eltern. Zumal Sex in den Achtzigern plötzlich zu einer Gefahr wurde, die Drogen und laute Musik in den Schatten stellte, als sich plötzlich viele Menschen mit jener mysteriösen neuen Krankheit infizierten, die sich rasant auf dem ganzen Globus verbreitete.

Früher haben wir in der ganzen Branche rumgehurt.
Man brauchte weder vor AIDS noch vor der Presse
Angst zu haben.
Das geht nicht mehr in der heutigen Zeit.

Rudi Carrell

Im Bioraum duftete es nach Tafelabrieb, frisch gewienertem Linoleumboden, muffigen Turnschuhen und Teenagerschweiß. Durch die gekippten Rollläden des Klassenzimmers schien die Sonne, und die Luft wurde von Minute zu Minute stickiger. Die meisten von uns waren im Tal ihres Vormittagstiefs angelangt und hatten den Kopf bereits auf den verschränkten Armen abgelegt. Unser Tischnachbar grinste gelangweilt, zückte den Stift, schmierte einen kleinen Penis aufs Pult und schrieb »Willma Ficken« daneben. Vor uns in der Reihe klickte Dörte – die ihre Schultasche seit neustem gegen eine Jutetasche ausgetauscht hatte, da sich Wollknäuel offenbar besser darin hielten – leise mit ihren Stricknadeln, während sie zwei Maschen aufnahm, zwei Maschen fallen ließ.

Vorn am Pult neben dem herbeigerollten Tageslichtprojektor stand Arzttochter Antje und ordnete die Zettel zu ihrem Referat.

In dem Vortrag sollte es um Sex gehen, und das sorgte dafür, dass wir doch ein wenig aufmerksamer waren, als wir das bei der Mittagshitze sonst gewesen wären. Immerhin beschäftigten wir uns zu jener Zeit gerade sehr intensiv mit allem, was die Fortpflanzung anging – wenn auch manche nur in Gedanken oder mit den Fortschritten der anderen auf diesem Gebiet: Das neuste Schulhofgerücht besagte, dass Rainer und Svenja jetzt miteinander gingen und schon geknutscht hatten, so richtig mit Zunge. Andy hatte seinem Kumpel Marco verraten, dass er am Samstagabend von der Headbangerparty im Jugendzentrum mit seiner Freundin Rike verduftet war – und dass sie sich dann sehr intensiv um sein bestes Stück gekümmert hatte.

Vorne am Tageslichtprojektor schrieb Antje nun mit rotem Folienstift das Thema ihres Vortrags in ihrer ordentlichen, leicht nach links geneigten Handschrift quietschend auf die dünne Folie. Und mit einem Mal war selbst Andys Erinnerung an den Juze-Abend wie weggeblasen. Die vier Buchstaben, die der leise vor sich hin föhnende Projektor neben der Tafel an die Wand warf, waren der ultimative Coitus interruptus, erinnerten sie uns doch daran, dass es mit dem Leben ziemlich schnell vorbei sein konnte, wenn man bei der schönsten Nebensache der Welt, die wir gerade erst für uns entdeckten, nicht aufpasste: AIDS.

Antje erklärte, dass die Abkürzung für »Aquired Immune Deficiency Syndrome« stand. Wir erfuhren, dass an AIDS selbst niemand starb, sondern nur an Krankheiten, gegen die sich das geschwächte Immunsystem nicht mehr wehren konnte, und dass so schon eine einfache Grippe zum Todesurteil werden konnte. Und dass es nicht möglich war, sich über Speichel, Schweiß oder Tränen anzustecken, sehr wohl aber über andere Körperflüssigkeiten, deren Austausch wir alle gerade im großen Stil vorbereiteten. Plötzlich waren wir die Generation, für die Sex zwar von der Fortpflanzung befreit, dafür aber möglicherweise lebensgefährlich war. Ein Umstand, gegen den bisher niemand etwas hatte tun können, und wir ahnten, dass diesmal selbst MacGyver die Welt nicht mit Klebeband, Büroklammer und Schweizer Messer retten konnte. Allenfalls mit einem Kondom.

Dabei waren die Achtziger ein Jahrzehnt, das Geschlechterrollen aufbrach und in dem auf einmal vieles möglich erschien. Alice Schwarzer war längst zum festen Inventar der Republik geworden, und selbstbewusste Frauen waren überall zu sehen: Madonna traute sich *Like a Virgin* in Unterwäsche auf die Bühne, Cindy Lauper sang, dass Girls einfach nur Fun wollten, und Melissa Etheridge rockte, was das Zeug hielt. Die Rolle des neuen Mannes – Macho oder Softie – wurde heiß diskutiert, Herbert Grönemeyer fragte sich und uns, wann ein Mann ein Mann sei, Doris Dörrie klärte uns in ihrem Film *Männer* über die Nöte der Kerle auf, und Ina Deter kündigte an, auf jede Wand sprühen zu wollen, dass das Land neue Männer brauchte. Dazu erhoben Künstler wie Prince, Annie Lennox, Boy George, Robert Smith, Grace Jones oder Limahl androgynes Aussehen zur Mode, indem sie sich am Kleiderschrank des jeweils anderen Geschlechtes bedienten.

Beim Outing gaben sich die Stars quasi die Klinke in die Hand: Wolfgang Joop bekannte nach langjähriger Ehe 1985, er sei bisexuell, und Elton John heiratete zunächst 1984 seine Tontechnikerin, nur um sich vier Jahre später scheiden zu lassen, weil er eigentlich auf Männer stand. Freddie Mercury hatte schon 1974 in einem Interview mit der *NME* bekannt, er sei »as gay as a daffodil« – wörtlich: so schwul wie eine Narzisse –, sein Schnurrbart und die brustfreien Hemden waren ja ohnehin alles andere als subtil. Und die Single »Relax« der Band Frankie Goes to Hollywood raste gerade wegen des Skandals um ihren homoerotischen Text und ihr deutlich anzügliches Cover, das ein BBC-Moderator beanstandet hatte, auf Nummer eins der Charts in Deutschland, der Schweiz, Großbritannien und Frankreich.

Die sexuelle Revolution, die die 68er losgetreten hatten, schien einen neuen Höhepunkt zu erreichen und wir auf eine Zeit zuzusteuern, in der es keine Rolle mehr spielte, ob man nun homo, hetero oder bi war. Bis AIDS uns alle ausbremste.

Mei, des sind halt Aussätzige.
Peter Gauweiler, CSU,
1987 über AIDS-Kranke

Das HI-Virus war Anfang der Achtziger entdeckt worden, und es schien sich zunächst unter Fixern und Homosexuellen besonders zu verbreiten. Woher es kam, wusste niemand. Die Theorien schossen wild ins Kraut, mal sollte es aus dem Dschungel Afrikas, mal aus Geheimlaboren der CIA kommen, und ein anderes Mal war es angeblich mit einem Meteoriten vom Himmel gefallen – als Strafe Gottes für alle Schwulen.

AIDS führte uns damals auch vor Augen, dass die Achtziger nicht die lockere, freiheitlich denkende Zeit waren, für die wir sie gehalten hatten. Der *Spiegel* schrieb von einer »Schwulenpest«, und CSU-Politiker waren mal wieder die ersten, die sich lautstark dazu äußerten – Peter Gauweiler forderte einen Maßnahmenkatalog für Kranke, und Horst Seehofer wollte die Infizierten gleich in Heime stecken. In mancher Fernsehshow wurde sogar heiteres Schwulenraten gespielt, indem ein paar Männer auf die Bühne gestellt wurden und die Kandidaten tippen mussten, wer wohl homosexuell war – wobei bereits ein zu dünner Oberlippenbart reichlich verdächtig war.

Überall herrschten derweil Ratlosigkeit und Angst: War ein positiver AIDS-Test ein eindeutiges Todesurteil? Konnte man sich anstecken, wenn man aus demselben Glas trank wie ein HIV-Infizierter? Waren Kondome wirklich sicher? Sollte es Zwangstestungen geben, und sollten Infizierte noch im Gesundheitswesen arbeiten dürfen? Und – eine Frage, die gern hinter vorgehaltener Hand diskutiert wurde – konnte man dem Bürokollegen noch die Hand geben, wenn man vermutete, dass er homosexuell war?

Real wurde AIDS für alle, die persönlich niemanden kannten, der sich infiziert hatte, spätestens dann, als Prominente daran starben, wie Philosoph Michel Foucault, Schauspieler Rock Hudson und schließlich auch Fotograf Robert Mapplethorpe, der seinen Krankheitsverlauf im Bild festgehalten hatte.

Wir Kassettenkinder versuchten uns den Spaß nicht verderben zu lassen. AIDS war eben in der Welt und damit auch die Gib-AIDS-keine-Chance-Kampagnen und Pro-Familia-Köfferchen im Biounterricht. Diesem entnahm unsere Biolehrerin nach Antjes Referat mit verkniffenem Lächeln einen Holzpenis, den sie dann sofort demjenigen von uns in die Hand drückte, der am lautesten kicherte. Wir wurden dabei das Gefühl nicht los, dass die Sache unserer Lehrerin peinlicher war als uns.

Schließlich waren wir längst von Dr. Sommer aus der *Bravo* umfassend aufgeklärt worden. Wer weitere Fragen hatte, ließ sie sich ab 1987 von Erika Berger in der Sendung *Eine Chance für die Liebe* auf RTL beantworten. Und wir schmökerten ohne Scham in den Comics von Ralf König *Der bewegte Mann* und *Das Kondom des Grauens,* gerade weil wir es gut fanden, der CSU-mäßigen Schwulenfeindlichkeit etwas entgegenzusetzen. Die Comics zeigten uns die amüsanten Seiten der Verhütung, über die wir gegen Ende des Jahrzehnts sogar gemeinsam mit unseren Eltern lachen konnten, als im Fernsehen der Spot lief, in dem Ingolf Lück an der Supermarktkasse versuchte, eine Packung Pariser in den grünen Blättern einer Stange Lauch vor den Blicken der anderen Kunden zu verstecken, vor allem vor denen einer älteren Dame, die besonders kritisch guckte. Mitten in einen kleinen Flirt mit der hübschen Blondine hinter ihm dröhnte die Stimme von Hella von Sinnen als Kassiererin: »Tinaaa, wat kosten die Kondomeee?« Stille. Die junge Frau sagte: »Dreineunundneunzig«, und die alte Dame korrigierte: »Zweineunundneunzig. Die sind im Angebot.«

Dass es besser war, den Sexualpartner nicht wie die Socken zu wechseln, hatten wir spätestens verstanden, als selbst der notorische Schwerenöter James Bond kürzertrat: Während seine Vorgänger Sean Connery und Roger Moore jede ins Bett geschleppt hatten, die nicht bei drei auf dem Baum war, musste sich Timothy Dalton in seinem ersten Bond-Abenteuer *Der Hauch des Todes* mit einer einzigen Gespielin über den ganzen Film hinweg zufriedengeben. Unzählige Fans des Geheimagenten waren ob der Enthaltsamkeit enttäuscht und verunsichert – hatte nicht wenigstens Q eine Spezialwaffe gegen AIDS parat?

Zumindest hätte Bond sagen können: Ich mach's mit. Ansonsten hatte er ja auch immer etwas für den Ernstfall dabei.

> *Ein Penis ist nun mal ein Penis, fertig!*
> Erika Berger

Wer mit AIDS und Drogen nicht in Berührung kam, für den blieb immer noch eine ausreichend gefährliche Welt übrig.

Rückblickend betrachtet, waren wir eine echte Chuck-Norris-Generation: Bereits als Kleinkinder hatten wir auf Plastikspielzeug mit dem giftigen Weichmacher PCB herumgekaut, der erst Mitte der Achtziger verboten wurde. Und da viele von uns schon als Babys gesüßten Tee bekommen hatten, wurden uns anschließend die Zähne ordentlich mit quecksilberhaltigem Amalgam verplombt. Wer unbedingt eine Dauerwelle haben musste, fand sich eben damit ab, dass die Kopfhaut danach tagelang gereizt war, und dass die neue stonewashed Jeans mit der krassen Färbung Pusteln auf unseren Oberschenkeln hinterließ, war normal – die musste eben eingetragen werden.

Dazu wuchsen wir inmitten von Wohngiften auf – der Boden war mit formaldehydhaltigem Kleber verleimt, Asbest wurde in Fassaden, Dächern und Fußböden als feuerfeste Dämmung verbaut, und die Deckenverkleidung im Schlafzimmer strichen unsere Eltern mit Holzschutzmitteln, die PCP, Teeröle, Lindan oder DDT enthielt.

Als ob das noch nicht genug gewesen wäre, waren die achtziger Jahre ein Eldorado für alle, die gern ungesund aßen. Tiefkühlpommes, die der Bofrost-Mann mit anderen Köstlichkeiten wie Burgern aus der Einschweißpackung oder Spaghettieis im Plastikschälchen lieferte, besänftigten nur gelinde unseren Unmut, wenn wir mal wieder nicht zum echten Fast-Food-Riesen hatten fahren dürfen.

Mit Ronald McDonald hätten wir am liebsten sogar unseren Geburtstag gefeiert und beneideten die Kinder, die dorthin einladen durften. Kein Wunder, denn in jedem Blockbuster, den wir auf der großen Leinwand sahen, spielte Werbung für Softdrinks und Fast Food eine der Hauptrollen: Da warf Superman General Zod gegen eine riesige Coca-Cola-Werbetafel, Marty McFly fuhr mit dem Skateboard dauernd an Burger-King-Filialen vorbei, und das einzige Begehr eines obdachlosen Kindes im Weihnachtsfilm *Santa Claus* war ein Burger von McDonald's und eine Coke.

Die kulinarische Krönung auf Geburtstagspartys, die daheim gefeiert wurden, war nicht unbedingt gesünder: Schokoladenfondue, in das Weintrauben oder Apfelschnitze gedippt wurden, oder eine Süßigkeit aus erstarrter Blockschokolade mit Butterkeks-Intarsien – eine Köstlichkeit, die wir »Kalter Hund« oder »Kalte Schnauze« nannten.

Dass wir nicht vor lauter Gewicht vornüberkippten, hatte sicher damit zu tun, dass wir uns zumindest als Kinder sehr viel draußen bewegten. Zumal in der Werbung schamlos Produkte als gesundheitsfördernd beworben wurden, die hauptsächlich aus Chemie, Zucker und Fett bestanden.

Eissorten wie das knallrote Bum Bum mit dem Kaugummiestiel – wie ein Tennisschläger geformt, weil es in dem Jahr auf den Markt kam, als Boris Becker überraschend in Wimbledon gewann – oder Ed von Schleck mit der roten Spirale im Vanilleeis, das wir aus dem Plastikkelch herausdrehen konnten (auch, um unserer kleinen

Schwester einen Stippen an der Nase zu verpassen, wenn sie sich darüberbeugte), zählten dabei fast noch zu den gesünderen Lebensmitteln.

Getränkepulver wie das beliebte Quench gab es in den Geschmacksrichtungen Himbeere, Orange und Kirsche, wobei es sich vor allem dadurch auszeichnete, dass keine Spur dieser drei Früchte darin enthalten war, denn alles, was dem Getränk Geschmack und Farbe gab, war künstlicher Natur. Wenn wir den Deckel öffneten, roch das Pulver ein wenig sauer, süß und vor allem eins: chemisch. Der Zucker löste sich schlecht auf, aber dafür färbte es wie eine Eins – manche tönten sich damit zum Spaß sogar die Haare.

Als gesundheitsbewusst galt die Einnahme von Vitaminpräparaten gegen kleine Zipperlein wie Infekte im Winter. Die Kassettenkinder, die Lebertran zur Immunabwehr bekamen, beneideten die Multi-Sanostol-Kinder, die manchmal heimlich an den Kühlschrank gingen, um sich noch einen Extralöffel von dem zuckersüßen Orangensirup zu holen, der so lecker schmeckte wie der flüssige Kern von nimm2-Bonbons – die wir immer wieder mit dem Argument erbettelten, dass sie wegen der zugesetzten Vitamine ja auch gesund waren.

Eine ebenso gute Reputation besaß bei uns Karamalz, denn das Malzbier versprach uns Energie für den Sport mit dem Slogan: »Fit wie ein Profi – Karamalz!« Traubenzuckerlollis oder Dextro Energen gab Mama uns bei anstehenden Klassenarbeiten zur Steigerung der Gedächtnisleistung mit. Und die supersüße Milchschnitte wurde in der Werbung als »das Pausenbrot mit Milch, Honig und Getreide« von Werbemüttern angepriesen, deren verwöhnte Kinder keine Stulle mitnehmen wollten. Dass die Cremefüllung, die sandwichartig zwischen zwei dunkle

Teigplatten gepresst war, neben viel Zucker und Fett auch Alkohol enthielt, ahnte damals noch keiner – und es war im Grunde egal, denn den bekamen wir auch, wenn Oma Mon Chéri mitbrachte.

Vielleicht sahen unsere Eltern eines Tages ein, dass die Werbung sie nach Strich und Faden belog, und probten deswegen den Aufstand gegen all den ungesunden Kram. Wahrscheinlicher ist, dass sie von den vielen Lebensmittelskandalen geschockt waren: Salmonellen im Geflügel, Hühnerkot, Mikroben und zermalmte tote Küken in den Nudeln, das Frostschutzmittel Glykol in süßen österreichischen und deutschen Weinen (was nur aufflog, weil einer der Winzer eine viel zu große Menge steuerlich absetzen wollte), Fadenwürmer-Larven in Seefischen oder das wachstumssteigernde Östrogen im Kalbfleisch, das Papa vor allem fürchten ließ, ihm wüchsen bald Brüste.

Dass Lothar Späth sich mit dem »Nudelkönig« Klaus Birkel traf, um vor laufender Kamera die durch verdorbenes Frischei in Verruf geratenen Nudeln genussvoll zu verspeisen, verschaffte unseren Eltern jedenfalls auch kein besseres Gefühl hinsichtlich der vielen in Misskredit geratenen Lebensmittel. In diesen Tagen tauchte bei ihnen zum ersten Mal der Satz auf, den wir Jahrzehnte danach immer noch hören: »Was kann man denn überhaupt noch essen?«

Diese Frage beantwortete Mama, indem sie nur noch gesunde, möglichst naturnahe Ernährung ab ins Einkaufskörbchen schickte. Fakt ist, dass weite Teile Deutschlands in den Achtzigern in einen regelrechten Gesundheitsrausch gerieten.

Vegetarier leben nicht länger,
sie sehen nur älter aus.

Otto Waalkes

Unsere Mutter tauschte sich nun mit ihrer besten Freundin über Nährwerte und Vollwertkost aus und besorgte unser Essen, soweit wir es uns finanziell erlauben konnten, im Reformhaus – schon damals eine Art Ökoapotheke. Bedauerlicherweise entdeckte sie auf ihren Streifzügen auch den eher nach eingeschlafenen Füßen schmeckenden Kanne Brottrunk, so gesunde wie geschmacksarme Polenta und Backmischungen für Brot, das uns viel zu wenig weiß war.

Auch Selbermachen stand hoch im Kurs, und so wurden deutsche Küchenfensterbänke plötzlich zum Anbaugebiet für Kleinstbäuerinnen: Neben der unvermeidlichen Kresse experimentierte Mama dort auch mit einer mehrstöckigen Sprossenzucht, die in einem – nach einer Weile gammelig riechenden – Plastikgewächshaus untergebracht war.

Mit jedem Skandal wuchs auch die Fraktion der Vegetarier, und selbst wenn unsere Mutter es noch sehr radikal fand, dass keine Tiere mehr für ihr Essen sterben sollten, begann sie – lange vor irgendwelchen Kantinen – ab und an fleischlose Gerichte und auch mal einen reinen Salattag in ihren Speiseplan aufzunehmen. Unser Vater war dagegen machtlos und briet sich, wenn die Verzweiflung allzu groß wurde, ein Nierchen oder eine Leber, die er dann mit Apfelmus verspeiste – etwas, das uns damals schon vorkam, als wäre es dem Roman *Roter Drache* von Thomas Harris um den Kannibalen Dr. Hannibal Lecter entsprungen, vor allem, weil es das Haus auf Stunden mit dem Geruch erfüllte.

Vater sah aber schon ein, dass Gesundheit das oberste Gebot war. Er setzte den Gedanken nur auf seine Weise um und kaufte sich was für Profis: eine Müslimühle, von der er im seit 1985 erscheinenden Magazin *Ökotest* gelesen oder die Jean Pütz in der *Hobbythek* vorgestellt hatte. Mit diesem Gerät mahlte er Schrot und Korn fortan selbst, weil das angeblich nährstoffreicher war. Wir würden nie verstehen, was an grob geschrotetem beinhartem Vogelfutter, das er mit warmem Wasser einweichte und mit matschigen Bananenscheibchen belegte, so geil sein sollte. Ein paar Jahre später fiel ihm das wohl auch auf, und die Körnermühle verstaubte im Regal. Dort leistete sie der Saftpresse und der Joghurtmaschine Gesellschaft – einer Art Brutbehälter mit sechs Gläsern, in die wir Milch und je einen Löffel Joghurt gaben, bevor wir sie mit Schraubdeckeln verschlossen und auf Betriebstemperatur brachten.

Mutters Ausflüge ins Reformhaus und in den Spinnrad-Shop hatten einen Nebeneffekt: In unmittelbarer Nachbarschaft gab es einen Esoterikladen. Die New-Age-Produktpalette umfasste neben Fachliteratur über ihr vergessenes früheres Leben und das Lesen der Aura auch Tarotspiele, mit denen sie uns fortan zu wichtigen Anlässen die Karten legte. Sie pendelte Vaters Müsli auf seine Verträglichkeit hin aus und besorgte sich den Biotensor, eine Art Wünschelrute, mit der Diagnosen des Bioplasmas vorgenommen werden konnten – was genau das sein sollte, verstanden wir nie. Zum Geburtstag schenkte sie uns Halbedelsteine, die für unser Tierkreiszeichen besonders geeignet waren, und Bergkristallanhänger, die Energie sammeln sollten, wenn wir sie um den Hals trugen.

Gesundheit, das hatte aus ihrer Sicht auch viel mit Verzicht zu tun – und da Vaters Wille mit dem Müsli eingeweicht worden zu sein schien und unterdessen die große Cholesterinpanik um sich griff, ließ er sich von unserer Mutter die Eier wegrationieren und bestrich Vollkornbrot fortan nur noch mit der etwas seifig schmeckenden

Becel oder mit Lätta, die Ende der Achtziger auf den deutschen Markt geschmiert wurde. Es sollte noch dreißig Jahre dauern, bis wir erfuhren, dass wir uns auf die fettreduzierten und cholesterinarmen Produkte ein Ei hätten backen können, weil Cholesterin gar nicht so sehr über die Nahrung vom Körper aufgenommen, sondern größtenteils von ihm selbst produziert wird.

Die Achtziger waren das Jahrzehnt, in dem wir es uns besonders schwermachten, um leichter zu werden. Mutter nahm keinen Zucker mehr in den Kaffee, sondern nur noch Süßstoff. Dass tic tac nur eine Kalorie hatten und die Minzbonbons Velemint ganz ohne Zucker auskamen, wurde zu einem echten Kaufargument. Mama versuchte sich auch in der Kunst der Gewichtsreduktion, indem sie Zucker komplett gegen Süßstoff austauschte (und manchmal die chemisch schmeckenden Tabletten sogar wie Bonbons lutschte), eine Weile nur Grapefruits aß, eine Low-Fat-Diät machte oder sich eklig stinkende Kohlsuppe kochte, mit der die Pfunde purzeln sollten. Wenn sie sich mal Chips oder Cola genehmigte, dann mussten es Cola light und Ferechi in der weiß-silber-gestreiften Packung sein, »für zeitgemäß leichten Genuss«. Es war schließlich wichtig, so zu bleiben, wie wir waren – und das ließen sich unsere Eltern einiges kosten.

Schließlich sahen wir in Filmen, in der Werbung und auf Plakaten nur schlanke Menschen. Um unseren Idolen nachzueifern – wir wollten schließlich so schön, schlank und fit wie Cindy Crawford oder so wohlgeformt wie die stahlharten Helden aus den Actionstreifen werden –, verlegten wir uns vorrangig auf zwei Tätigkeiten: hüpfen und pumpen.

Aus Amerika schwappte der Aerobictrend zu uns herüber, und viele Mädchen turnten am Samstagnachmittag im Stil von Jane Fonda mit Stirnband, Leggings, Body und Stulpen vor dem Fernseher herum, wo im ZDF die Sendung *Enorm in Form* lief. Im Osten hieß das Popgymnastik, und die passende Sendung dazu *Medizin nach Noten* – was irgendwie anstrengender klang. Im Gegenzug trainierten viele Jungs auf der Halfpipe, beim Breakdance und vor allem in der Muckibude, wo sie ihre Muskeln aufpumpten wie der Posterboy aller Bodybuilder Arnold Schwarzenegger. Hanteln gab es bald in jedem Kaufhaus, und der Freibadbesuch im Sommer wurde eifrig herbeigesehnt, weil es im regnerischen und kalten Deutschland sonst nicht viel Gelegenheit gab, seine Pracht zu zeigen. Einige übertrieben es etwas beim Einölen, um ihren Bizeps besonders zur Geltung zu bringen, und waren zwar hinterher nicht fett, hatten aber fettige Klamotten.

Ein Trend hielt schließlich beide Geschlechter am Laufen: Was in den Siebzigern Trimm-dich genannt wurde – und im Sportunterricht Waldlauf –, hieß auf einmal Jogging. In einem waren sich sportliche und unsportliche Kassettenkinder übrigens einig: Die Sportmode – knallfarbene Leggings, Schweißbänder oder Trainingsanzüge und Netzshirts – ließ sich auch wunderbar tragen, ohne jemals einen Muskel zu bewegen.

So manchem von uns fiel schon damals auf, dass zwischen dem Faible für Biokost, Körperkult und Schlankheitswahn und der Realität in anderen Ländern ein Abgrund klaffte. Denn während wir in der Überflussgesellschaft sogar auf einem Butterberg hockten, 1984 wegen der Überproduktion eine Milchquote einführen mussten und es unsere größte Sorge war, uns möglichst gesund zu ernähren und überflüssige Pfunde loszuwerden, geschah am anderen Ende der Welt eine Katastrophe – die Menschen verhungerten zu Hunderttausenden.

Band-Aid-Salat. Hoffnung auf eine bessere Welt, mitten in der Endzeitstimmung

Es war ein Samstagabend im Juli 1985. Wir saßen vor dem Fernseher, und mit uns sah die ganze Welt zu, wie Freddie Mercury, weißes Muskelshirt, helle Bluejeans und Nietengürtel, auf der Bühne des Wembley-Stadions dem Publikum die Faust im Takt zur wummernden Bassdrum entgegenreckte, und zweiundsiebzigtausend Zuschauer mit ihm gemeinsam aus tiefster Kehle schmetterten: »All we hear is radio ga ga, radio goo goo!«

In diesem Moment wünschten wir uns nichts so sehr, wie dort in der Menge zu stehen, aber die Stimmung schwappte auch so geradewegs durch die Mattscheibe auf unser heimisches Sofa.

Ein paar Stunden zuvor hatte der britische Moderator Richard Skinner das Konzert mit den Worten eröffnet: »It's twelve noon in London, seven a.m. in Philadelphia, and around the world it's time for: Live Aid!«

Seitdem waren unter anderem Status Quo, Bryan Adams, Paul Young, U2 und die Dire Straits aufgetreten, und nun lieferten Queen eine Live-Performance ab, die als eine der brillantesten überhaupt in die Geschichte eingehen würde, weswegen Brian May später sagte, es sei für die Band der großartigste Tag ihres Lebens gewesen.

Für uns war die Zusammenkunft der Stars umso aufregender, weil wir wussten, dass rund um den Globus

1,5 Milliarden Menschen in 150 Ländern dieselben Bilder sahen wie wir.

Aus der *Bravo* hatten wir erfahren, dass das Konzert etwas mit Afrika zu tun hatte, einem Kontinent, den wir Kassettenkinder lange Zeit für ein gesamtes Land gehalten hatten, weil kaum jemals jemand von einzelnen Staaten sprach. Eigentlich ging es Bob Geldof, der den Riesengig organisiert hatte, um die Hungersnot in Äthiopien und den Ländern der Sahelzone, doch auch das Logo des Live Aid war eine E-Gitarre, deren Korpus der gesamte afrikanische Kontinent bildete. So wurde Afrika zum Synonym für eine Region – es stand fortan für Dürre und Hunger.

Mit ihrem Projekt Band Aid und dem Song »Do they know it's Christmas?«, bei dem zahlreiche internationale Popstars mitwirkten, hatten Bob Geldof und Midge Ure bereits im vorangegangenen Jahr Geld für die hungerleidenden Menschen gesammelt und damit für uns der Politik den Pop eingehaucht. Und nun waren die Massen gleichzeitig ins Wembley-Stadion in London und ins John-F.-Kennedy-Stadion in Philadelphia geflutet, zum größten Live-Event der Geschichte. Auf die Bühne trat so ziemlich alles, was zu der Zeit Rang und Namen hatte: Mick Jagger. Tina Turner. Madonna. Simple Minds. George Michael. The Who. Duran Duran. Eric Clapton. Neil Young. Elton John. Bob Dylan. Paul McCartney.

Phil Collins, der – auf dem Höhepunkt seines Ruhms – in der Concorde von England nach Amerika jettete, um an einem Tag auf beiden Konzerten auftreten zu können, spielte auch Schlagzeug bei Led Zeppelin und Eric Clapton. Cher, die Collins zufällig auf dem Interkontinentalflug getroffen hatte, begleitete ihn spontan und sang beim Abschlusschorus mit.

Gebannt verfolgten wir an den Fernsehbildschirmen, was sich auf der schlicht gestalteten Bühne abspielte. Ein Schauer lief uns über den Rücken, als Sting zusammen mit den Dire Straits auf die Bühne trat und die ersten Takte von »Money For Nothing« erklangen, und auch, als Bono mit weißem Hemd, in schwarzer Lederhose und einer beachtlichen Vokuhila die Hymne »Sunday Bloody Sunday« anstimmte und das Publikum Fahnen schwenkte. Später konnten wir den Blick nicht abwenden, als David Bowie in der Hitze des Tages mit frisch geföhnter Haartolle in einem makellosen, knitterfreien grauen Anzug auf die Bühne trat und jungenhaft lächelte, ein echter Gentleman. Und das Duett »It's Only Rock 'n' Roll« zwischen Tina Turner und Mick Jagger war ein echtes Erlebnis – wie wir hinterher erfuhren, vor allem für Mick, dem Tina dabei ihren Absatz volle Kanne in den Fuß rammte.

In einzelne Länder gab es eine Liveschaltung via Satellit, so auch nach Deutschland. Und dort las Udo Lindenberg auf einer Bühne vor dem Kölner Dom mit gewohnt schlurrender Stimme die Gedanken der deutschen Künstler vor, die sich am Live Aid beteiligten: »Es ist eine Tragödie, dass es die Menschen überall auf der Welt zulassen, dass die Regierungen der Machtblöcke für Mordwaffen in diesem Jahr mehr als hundert Milliarden Dollars – eine unvorstellbare Kohle – raustun. Mit einem Bruchteil dieser gigantischen Asche könnte man problemlos die Weltbevölkerung ernähren.« Wir waren ganz bei ihm, als er einen weltweiten Aufstand des Gewissens forderte. Und das würde noch eine Weile nach dem Konzert anhalten, das laut Udo »keine Riesen-Rock'n'Roll-Party auf dem Rücken von sterbenden Menschen« sein, sondern zeigen sollte, dass wir uns »diesen ganzen Wahnsinn nicht länger gefallen« ließen.

Ans Mikro traten neben Wolfgang Niedecken und Herbert Grönemeyer, die den Song »Nackt im Wind« gemeinsam geschrieben hatten, auch Nena, Gitte, Trio, die Musiker der Münchener Freiheit und der Spider Murphy Gang, Spliff, Marius Müller-Westernhagen, Alphaville, Extrabreit, Ina Deter und andere. So viele deutsche Stars, und das live in die ganze Welt übertragen, das ließ die kleine Bühne unter der rheinischen Kathedrale ganz schön international wirken. Es war der Beweis, dass wir fern von Amerika und England wirklich Teil dieser globalen Bewegung waren, mit der 140 Millionen Dollar an Spenden gesammelt wurden – ein Tropfen auf den heißen Stein, aber ein großer.

Und als der verschwitzte Freddie Mercury in Wembley nun am Ende seines Auftritts bei »We Are the Champions« die Faust gen Himmel reckte und sich das Stadion in ein wogendes Meer von Armen verwandelte, strahlte die Energie bis zu uns nach Deutschland: Gemeinsam konnten wir etwas ändern!

Bitte keine Tränen. Die ändern verflucht gar nichts.
Bob Geldof

Am Tag, als wir das bis dato größte Rockkonzert sahen, spürten wir Kassettenkinder zum ersten Mal die Dringlichkeit eines politischen Anliegens. Der Zustand der Dritten Welt, die Lage im Nahen Osten und der Kalte Krieg zwischen Amis und Russen – all das war für viele von uns bislang nur ein diffuses Hintergrundrauschen gewesen.

Unsere Eltern hatten sich redlich bemüht, die Schrankwandwelt für uns möglichst sorgenfrei zu halten, und als das Wettrüsten im Jahr 1983 aus dem Ruder zu laufen drohte, da Reagan die Sowjetunion ein »Reich des Bösen« nannte, sein neues Raketenabwehrprogramm startete und die NATO mit dem Manöver Able Archer schon mal den Atomkrieg probte, gingen viele von ihnen darüber hinweg, um uns vor diesen Schrecken so gut wie möglich zu bewahren. Sie selbst hatten immerhin während der Kubakrise zwei Jahrzehnte zuvor erlebt, wie die Welt nur haarscharf an einem Atomkrieg vorbeigeschrammt war, und wollten uns vor diesen Schrecken bewahren.

So schnappten wir in der *Tagesschau* immer nur Bruchstücke auf, auf die wir uns keinen Reim machen konnten. Und war die Nachrichtenlage mal zu prekär, klebten unsere Eltern mit den Worten »Ach, da passiert schon nichts«, »So blöd werden die schon nicht sein« oder »Mach dir keine Sorgen« ein verbales Pflaster auf den wunden Punkt.

Der Kalte Krieg, der uns umgab, blieb für uns deshalb oft abstrakt – er hatte eben lange vor unserer Geburt angefangen. Da waren die Russen auf der einen Seite, die Amis auf der anderen. Und wir mittendrin, in einer Art semisouveräner Gefahrenzone, die Bundesrepublik genannt wurde. Wir hofften das Beste, erwarteten aber das Schlimmste. Warum Ronald Reagan die Kubaner unbedingt aus Angola raushaben wollte, was genau der NATO-Doppelbeschluss bewirkte, wieso die Sowjets in Afghanistan einmarschiert waren und die Amis im Gegenzug die Mujaheddin mit Waffen belieferten, all das blieb für uns zunächst reichlich undurchsichtig.

Der Schulunterricht brachte uns hinsichtlich des Kalten Kriegs und seiner Ursprünge wenig Aufklärung: Zwar waren wir gut informiert über die Schandtaten der Nazis, aber die Geschichte stoppte meist abrupt bei der Aufteilung Deutschlands unter den Siegermächten nach dem Zweiten Weltkrieg. Danach klaffte eine größere Lücke.

Was uns fehlte, war der Mittelteil, all das, was zwischen 1945 und den achtziger Jahren geschehen war, als die kalten Krieger einige Male kurz davorgestanden hatten, die Welt in die Luft zu jagen. Viele von uns wussten kaum etwas von der Bedeutung des 38. Breitengrads, vom Koreakrieg, von den Gründen für den Bau der Berliner Mauer, Vietnam oder Jom Kippur – und wenn uns jemand gefragt hätte: Vielleicht hätten manche von uns Pershing II sogar für eine Filmfortsetzung gehalten, da das Jahrzehnt ohnehin nur so vor Mehrteilern wimmelte.

Für mich is die ganze Welt ein großer Arsch.
Und die rechte Arschbacke, das sind die Amerikaner.
Die linke Arschbacke sind die Russen,
und wir hier in Europa, wir sind das Arschloch.

Horst Schimanski

Wenn es um Politik und Zeitgeschichte ging, waren Musik und Filme eine wichtige Quelle für uns – sie waren leicht zugänglich und sowieso ein großer Teil unseres Lebens. Wir waren eifrig dabei, die Songtexte zu dechiffrieren, um mehr über das zu erfahren, was unsere Stars bewegte.

Da war Sting, der uns mit seinem Song »Russians« erklärte, dass auch die Russen ihre Kinder liebten. Nena, die davon sang, dass wir in einer Zeit lebten, in der 99 Luftballons durchaus einen Krieg auslösen konnten, falls die Kriegsminister sie für Angreifer hielten. Und Herbert Grönemeyer, der im Song »Amerika« darum bat, dass sich die Amis bitte auf ihrem eigenen Boden prügeln sollten. Wir verfolgten mit, dass Udo Lindenberg

Honeckers Unmut auf sich zog, als er mit seinem schnoddrigen Song »Sonderzug nach Pankow« 1983 forderte, im Palast der Republik singen zu dürfen – und auch, dass er das im selben Jahr noch tat.

Etwas früher hatte uns Bruce Springsteen in »Born in the U.S.A.« vom düsteren Alltag eines Vietnamkriegsveteranen erzählt, was uns überraschte: Als Fans des *A-Team* hatten wir die Kämpfer gegen den Vietcong zunächst als harte Hunde kennengelernt, die nicht so ganz ernst genommen werden wollten, die aber von ihren Gegnern ernst genommen werden mussten. Sie nutzten ihre Kampferfahrung, um denen zu helfen, die ein Problem hatten und nicht mehr weiterwussten. Das hatte mit der Tristesse, die Springsteen besang, wenig zu tun. Und zum ersten Mal fragten wir uns, warum Hannibal, B.A. Baracus, Murdoch und Face überhaupt in einen Krieg gezogen waren, der am anderen Ende der Welt spielte.

Wir forschten nach – bei unseren Eltern, bei älteren Geschwistern, bei Freunden, in Lexika und manchmal sogar bei Lehrern. Siri gab es ja noch nicht. So entstand ein Bild, das nicht so ganz zu den amerikanischen Heldengeschichten passen wollte. Spätestens wenn wir mit Freunden die Filme *Apocalypse Now, Platoon* oder *Good Morning, Vietnam* anschauten oder sahen, wie Chuck Norris in *Delta Force* gegen arabische Terroristen kämpfte, obwohl die Mujaheddin in *Rambo III* doch Stallones Freunde gewesen waren, wurde uns bewusst, dass die Realität wohl doch etwas komplexer war, als wir gedacht hatten – und vielleicht waren die Amis dabei nicht immer die Guten.

Auch andere weltpolitische Nachrichten lösten wegen ihrer langen Vorgeschichte oft Rätselraten aus – wer den Golfkrieg angezettelt hatte, worum sich die Argentinier und die Briten auf den argentinischen Falklandinseln stritten, wer für das Massaker im syrischen Hama verantwortlich war – wenn wir heute die Nachrichten sehen, sind wir froh, dass wir das Weltgeschehen und auch die deutsche Politik einigermaßen aufgearbeitet haben, denn es wird von Jahr zu Jahr komplizierter.

Politikunterricht hätte vieles klären können. Doch der fand erst in den höheren Klassen statt und bot auch kein ausgewogenes Bild – meist wurde das gelesen, was der Lehrer morgens aus der *taz* kopiert hatte, wobei wir immer genau analysieren mussten, wer dort aus welchem Grund was geschrieben hatte. Meist ging es dabei dann auch um aktuelle Innenpolitik, weil das unseren Lehrer am meisten aufzuregen schien. Für uns war das immer ein bisschen öde, denn an den Machtverhältnissen im eigenen Land schien sich von Jahr zu Jahr kaum etwas zu verändern. Wir konnten uns nicht vorstellen, dass Helmut Kohl eines Tages nicht mehr an der Macht sein würde, darüber zu diskutieren wäre sinnlos gewesen. Der ewige Kanzler blieb uns als Relikt aus den achtziger Jahren immerhin noch bis 1998 erhalten – ein bisher ungetoppter Rekord.

Unterhaltsam waren allein die Politskandale, die reihenweise in den Nachrichten aufpoppten und die nur jemand zu veranstalten schien, damit Dieter Hildebrandt genügend Stoff für die Kabarettsendung *Scheibenwischer* hatte. In der *Tagesschau* und im *Heute-Journal* erfuhren wir vom »Zahlmeister der Nation«, dem Industriellen Friedrich Karl Flick, der mit illegalen Parteispenden in Höhe von über zwanzig Millionen Mark jahrelang Bonner Parteien und einzelne Politiker geschmiert hatte. Auf seinem Gehaltszettel standen unter anderem Bundeswirtschaftsminister Otto Graf Lambsdorff und sein Vorgänger Hans Friderichs, aber auch der amtierende Bundestagspräsident Rainer Barzel, die allesamt ihre Ämter verloren, als die Mauschelei publik wurde. Lediglich einer, der ebenfalls belastet wurde, kam davon: Helmut Kohl – weil er sich vor dem Untersuchungsausschuss auf Erinnerungslücken berief, ein offenbar chronisches Leiden, das ihn später bei der Spenden-Affäre um den Waffenschieber Walter Schreiber auch wieder befiel, was rückblickend nahelegt, dass Deutschland sechzehn Jahre lang von einem Demenzkranken gemanagt wurde.

Ein paar Jahre später wunderten wir uns über »Waterkantgate«, vor allem deswegen, weil es ein wenig danach klang, als hätte sich da einer am Drehbuch von *Dallas* bedient: Uwe Barschel, Ministerpräsident von Schleswig-Holstein, wurde beschuldigt, seinen SPD-Konkurrenten Björn Engholm im Wahlkampf bespitzelt zu haben. Barschels Medienreferent Reiner Pfeiffer hatte Engholm durch Detektive überwachen lassen, eine anonyme Anzeige wegen Steuerhinterziehung erstattet und Dokumente gefälscht, um den politischen Gegner zu diskreditieren. Barschel hatte angeblich nichts von allem gewusst, musste aber zurücktreten, als sich der Verdacht erhärtete, und wurde kurz darauf von einem *Stern*-Reporter in Genf tot in der Badewanne seines Hotelzimmers aufgefunden. Seine goldenen Worte »Ich gebe Ihnen mein Ehrenwort!« werden auch heute bei passendem Anlass noch gerne zitiert, wenn sich mal wieder ein Politiker in die selbstgepflanzten Nesseln setzt.

Ich habe versucht, ehrlich zu sein.
Aber in Maßen.

Helmut Kohl

Wir Kassettenkinder hatten vor allem zwei politische Aggregatzustände: bewegt und unbewegt. Bei den einen führten die vielen Skandale und falschen Ehrenworte, gepaart mit dem abgestandenen Birnenkompott in Bonn zu einer gewissen Politikverdrossenheit – zumal sie das Gefühl hatten, dass sie an den Konflikten auf anderen Erdteilen oder gar dem Kalten Krieg sowieso nichts ändern konnten. Einige von ihnen hatten zudem nach ein paar Schnupperstunden bei den Jusos oder der Jungen Union die Erfahrung gemacht, dass es in so manchem Kegelclub spannender und unbürokratischer zuging. Sie wandten sich mit allen anderen Politikflüchtlingen lieber den vielen Zerstreuungen der modernen Welt zu, die nicht nur Disco, sondern auch Fernsehen, Videofilme und Computerspiele boten – vor dem Monitor konnte man mit dem Joystick an einem lauen Nachmittag wenigstens die virtuelle Welt retten. Und so machten sie es sich zu Hause bequem in der vagen Hoffnung, dass bitte alles gut ausgehen möge, was ja dann auch tatsächlich so kam – weshalb viele bis heute nicht mehr aus dem politischen Dornröschenschlaf erwacht sind.

Stell dir vor, es ist Krieg, und keiner geht hin.
Carl Sandburg

Andere von uns, die nicht so einfach zur Tagesordnung übergehen konnten, trafen sich, um zu einfachen Akkorden auf der Gitarre »Das weiche Wasser bricht den Stein« zu singen, Fairtrade-Tee aus dem Weltladen zu trinken und schon mal die Wehrdienstverweigerung zu planen. In Birkenstocks und Norwegerpulli, im Bundeswehrparka mit Make-love-not-war-Aufnäher und mit dem Palituch waren sie sofort als Friedensbewegte zu erkennen. Auf dem Gitarrenhals pappten Aufkleber mit dem Slogan »Entrüstet euch« und einer Faust, die von unten eine

Waffe zerbrach, so dass die Form eines Peace-Zeichens entstand. Manchmal war es auch ein Sticker, auf dem »Schwerter zu Pflugscharen« stand, wenn sie mal auf Besuch in der DDR gewesen waren. Manche Gitarrenbesitzer mussten endlose Nörgeleien ihrer Eltern über sich ergehen lassen, da diese fanden, »die hässlichen Aufkleber« gehörten nicht auf »die gute Gitarre«, andere hatten Glück: Ihre Eltern hatten sie meist schon als Kinder auf einen der Ostermärsche oder gar zur Demo im Bonner Hofgarten mitgenommen, was den gewohnten Familienausflügen mitunter recht nahekam: Mama hatte Capri-Sonne, hartgekochte Eier und belegte Brote dabei, man musste lange Strecken zu Fuß oder auf Papas Schultern zurücklegen, und meist stellte sich schnell Langeweile ein, weil das Mitbringen von Rollschuhen, Skateboards oder Kettcars untersagt war. Als Kinder nahmen sie von diesen Demos vor allem eins mit: den blauen Button mit der weißen Friedenstaube. Und so bewegte sich ihr Protest zunächst auf einer Ebene mit dem weißen Schmuckkragen und dem gepunkteten Kleid in Nicoles Eurovisionsbeitrag »Ein bisschen Frieden«. Das änderte sich, als sie älter wurden. Mit ein bisschen Frieden konnte man dann keinen mehr hinter dem Ofen hervorlocken – sie wollten den ganzen, und zwar nicht den, der mit Waffen geschaffen wurde. Und dazu gehörte es eben, zu Demos zu gehen, an Sitzblockaden teilzunehmen und laut seine Meinung zu sagen. Die Anlässe dafür sind leider bis heute nicht weniger geworden, dafür besitzen sie heute eine ausgereifte Protest-Expertise, wenn sie nicht zwischendurch schlappgemacht haben und nur noch Online-Petitionen ausfüllen.

Was uns Kassettenkinder am Ende alle eint, war die nukleare Bedrohung, die uns umgab. Wenn der Nachrichtensprecher mit ernster Miene Worte wie Rüstungswettlauf, Pershing II, Cruise Missiles, SDI und atomarer Erstschlag in den Mund nahm, beschlich jeden von uns ein ungutes Gefühl. Nach wie vor war uns nämlich völlig schleierhaft, warum die Amerikaner oder Russen überhaupt einen Atomkrieg starten sollten, gewinnen konnte dabei schließlich keiner.

Wir kamen uns ein wenig vor wie Matthew Broderick als junger Hacker David in *War Games,* der sich über das merkwürdige Spiel wunderte, in das er eingedrungen war und das einen Nuklearkrieg simulierte. In Wahrheit war es ein Militärcomputer, der den Abschuss von Nuklearraketen im Ernstfall steuern sollte – und der sich nun selbständig machte. David konnte den Dritten Weltkrieg in letzter Sekunde verhindern, indem er dem Computer anhand einer Runde Tic-Tac-Toe klarmachte, wie sinnlos die ganze Aktion wäre: Das System stellte dann auch fest, dass kein Spieler gewinnen konnte, nachdem es alle Simulationen eines thermonuklearen Krieges durchlaufen hatte. »Ein seltsames Spiel«, konstatierte der Rechner. »Der einzig gewinnbringende Zug ist, es nicht zu spielen.«

Eine Erkenntnis, zu der die Politiker offenbar noch nicht gekommen waren. Und so konnten wir uns nie ganz sicher sein, ob nicht doch jemand auf den roten Knopf drückte – ob nun aus Absicht oder aus Versehen.

Wie begründet unsere Befürchtungen und wie nahe *War Games* der Realität gewesen waren, erfuhren wir erst viele Jahre später, als bekannt wurde, dass die Welt nur um ein Haar dem Dritten Weltkrieg entkommen war: Am 26. September 1983 meldete das sowjetische Frühwarnsystem den Start mehrerer nuklearer Interkontinentalraketen von amerikanischem Boden. In diesem Fall sahen die Regelungen vor, dass die Sowjetunion ihrerseits mit einem umfassenden Militärschlag antwortete, bevor die amerikanischen Geschosse auf sowjetischem Boden einschlugen – die totale gegenseitige Vernichtung. Dazu hätte es nur eines Wortes von Oberstleutnant Stanislaw Petrow, diensthabender Leiter der sowjetischen Satellitenüberwachung, bedurft, dessen Aufgabe es war, den Raketenstart zu verifizieren und gegebenenfalls dem Oberkommando zu bestätigen. Zum Glück behielt er die Nerven, machte seinen Job – und fand heraus, dass es sich um eine Computerpanne handelte: Der Rechner hatte einen Sonnenstrahl als Raketenstart fehlinterpretiert. Die Apokalypse fiel aus.

Von alledem ahnten wir zwar nichts, aber die Gefahr, in der wir ständig schwebten, wurde uns immer dann in Erinnerung gerufen, wenn der ABC-Alarm losging, dessen anschwellenden und abklingenden Sirenenheulton wir seit unserer frühesten Kindheit kannten. Wenn dieser erklang, während wir in der Schule waren, hielten uns manche Lehrer dazu an, uns sofort unter die Tische zu kauern. Andere verhielten sich ruhig und schärften uns nur ein, wir sollten bei einem Atomschlag ja nicht ins Licht sehen. Wenn das Sirengeheul verebbte, waren wir alle froh darüber, dass es nur ein Probealarm gewesen war und die Welt heute noch nicht unterging.

Bei dem Begriff atomare Apokalypse sahen wir sofort einen riesigen Atompilz vor uns, dessen Explosionskraft ganze Städte in Sekundenschnelle hinwegfegte. Wir hatten einen solchen schon in Dokumentationen über die Atombombenabwürfe auf Hiroshima und Nagasaki gesehen. Und in dem Zeichentrickfilm *Wenn der Wind weht* schauten wir zu, wie das ältere Ehepaar Jim und Hilda sich aus den Türen ihres Hauses einen Schutzraum baute, weil es hieß, dass es bald einen Atomschlag durch die Russen geben werde. Sie überlebten den Abwurf der Atombombe, doch entgegen ihrer Erwartung rettete sie niemand, und sie wurden durch die Strahlung sterbenskrank. Dass der nukleare Fallout eines Tages aus einem baufälligen sowjetischen Kernkraftwerk zu uns herüberwehen würde, so ganz ohne Bomben, das hatten sich die wenigsten vorstellen können.

Dann ist alles längst zu spät,
dann ist, wenn schon nichts mehr geht.
Besuchen Sie Europa, solange es noch steht.
Geier Sturzflug

Die Bedrohungen, Skandale und Katastrophen der Achtziger haben unsere Welt gehörig verändert. Aus Tschernobyl wurde der Anfang vom Ende der Atomenergie, aus dem Rüstungswettlauf die Friedensbewegung, aus saurem Regen, kaputten Flüssen und Waldsterben entstand unser Umweltbewusstsein, gesetzliche Vorgaben für Abwässer und Abgasnormen inklusive. Wegen der vielen Lebensmittelskandale begannen wir uns über gesunde Ernährung Gedanken zu machen, sahen uns genau die Inhaltsstoffe an und verzichteten ganz oder teilweise auf Fleisch. Hätten wir als Kinder nicht so viel Fast Food in uns hineingestopft, gäbe es sicher keine Slow-Food-Bewegung, und weil wir von Allergien geplagt sind, überwachen wir heute genauestens, worauf unser eigener Nachwuchs herumkaut. Die Achtziger haben auch den Weg bereitet für bewussten Konsum, bei dem wir zumindest einen zweiten Gedanken daran verschwenden, ob es wirklich sinnvoll ist, vierzehn Stunden zu fliegen, nur um vierzehn Tage in der Sonne zu liegen, oder ob Kinder in Fernost unter schlimmsten Bedingungen unsere Kleidung nähen sollen. Die lebhaften Erinnerungen an die Achtziger sorgen heute dafür, dass wir von A wie Artenschutz bis O wie Ozonloch alles auf dem Schirm haben.

Das Wichtigste, was wir aus den Achtzigern gelernt haben – und gleichzeitig das Trügerischste –, ist, dass sich alles zum Guten wenden kann. Der beste Beweis dafür: Unser Lieblingsjahrzehnt ist die einzige Dekade mit einem weltpolitischen Happy End. Wir Kassettenkinder waren dabei, als das große Ziel der Wiedervereinigung sich zu erfüllen begann. Obwohl wir uns anfangs sicher gewesen waren, dass die zwischen Ost und West als Raketenstation eingequetschte Bundesrepublik eines Tages in die Luft fliegen würde, begann ab Mitte der achtziger Jahre der Abtauvorgang für das Gefrierfach Kalter Krieg. Machtblöcke begannen zu wanken, und die Weltordnung, die wir für zementiert gehalten hatten, als wir klein gewesen waren, stürzte ein.

Dabei war nicht ausgemacht, dass die Sache auch friedlich über die Bühne gehen würde. Wir erinnern uns gut daran, wie Genschmans Worte (»Wir sind zu Ihnen gekommen, um Ihnen mitzuteilen, dass heute Ihre Ausreise ...«) an der Prager Botschaft in den Jubelschreien der Menge untergingen und wie wir eine Gänsehaut bekamen, als wir im Fernsehen die Menschen sahen, die aus der Leipziger Nikolaikirche zur Montagsdemonstration auf die Straße strömten und friedlich Transparente hochhielten, auf denen »Für ein offenes Land mit freien Menschen« oder »Reisefreiheit statt Massenflucht« stand. »Wir sind das Volk!« und »Wir wollen raus!«, riefen sie, während ein paar Straßen weiter schon die Volkspolizisten standen, und nahmen sogar Haftstrafen in Kauf, weil ihr Freiheitswunsch so stark war. Wie das SED-Regime und Moskau reagieren würden, war schwer einzuschätzen, doch spätestens als unsere Eltern vor dem Fernseher vor Glück und Rührung in Tränen ausbrachen, war klar, dass alles glimpflich enden würde: SED-Politbüro-Mitglied Günter Schabowski verkündete, dass die DDR-Bürger ausreisen durften, und bekundete auf Nachfrage eines Journalisten etwas verwirrt: »... das tritt nach meiner Erkenntnis ... ist das sofort ...« Darauf machte sich am späten Abend eine Trabbikolonne und eine Menschenmenge Richtung Grenzübergang auf den Weg, wo schließlich der Schlagbaum geöffnet wurde. Unser Gefühl zum Osten sprang übergangslos von Beklemmung in Freudentaumel um.

David Hasselhoff, den wir hauptsächlich als Fahrer eines sprechenden Autos aus *Knight Rider* kannten, wurde mit »Looking for Freedom« unverhofft zum Sänger einer Freiheitshymne, und die Scorpions lieferten auch eher zufällig mit ihrer Rockballade »Wind of Change« den Soundtrack zum Mauerfall. Und der Reformer Gorbi, der mit Glasnost und Perestroika für Entspannung gesorgt hatte, erhielt 1990 den Friedensnobelpreis.

Die Achtziger waren in vielerlei Hinsicht das Jahrzehnt, in dem eine bessere Zukunft zum Greifen nah war. Und das betraf nicht nur den Mauerfall, Mandelas Freilassung oder die Abgasnormen: In den Achtzigern erfuhren wir hautnah, wie durch die digitale Revolution etwas entstand, von dem wir zuvor allenfalls dann geträumt hatten, wenn wir Science-Fiction-Romane lasen oder TV-Serien wie *Star Trek* sahen. Und wer wusste schon, ob das, was sich da an ungeahnten technischen Möglichkeiten anbahnte, in Zukunft nicht auch alle unsere ökologischen und politischen Probleme lösen würde? Die Achtziger waren die Zeit, in der einfach alles möglich erschien.

4
WO WIR HINFUHREN, BRAUCHTEN WIR KEINE STRASSEN

Pioniere im Technikwunderland,
Joystickakrobaten und das Vergnügen,
Videorekorder zu verkoppeln

Der Geruch von frischem Popcorn lag in der Luft. Wir saßen in der dritten Reihe auf den roten Plüschklappsitzen, die Knie angezogen und gegen die Rückenlehnen der Vordersitze gedrückt. Unverwandt sahen wir zur Leinwand hinauf, wo Michael J. Fox als Marty McFly gerade auf einem Skateboard vor einer Rockabilly-Bande im Cabrio floh. Im Halbdunkel schlürfte jemand an seiner Cherry Coke, einem Modegetränk, das schmeckte, als hätte einer flüssige Kirschlollis hineingequirlt. Rundherum raschelten Kinobesucher mit den Tüten der Chio-Chio-Chio-Chips oder der Fruchtgummis aus Bonn, die angeblich Kinder und Erwachsene froh machten. Andere steckten sich einen Würfel des Eiskonfekts in den Mund, das der Kartenabreißer ihnen aus dem Bauchladen verkauft hatte, nachdem die letzten Töne von »Like Ice In the Sunshine« am Langnese-Strand verklungen waren.

Nach fast zwei Stunden Zeitreise in Hill Valley startete Doc Brown schließlich auf der Straße vor dem Haus der McFlys den DeLorean – den er zu einer Zeitmaschine umgebaut und soeben mit Abfällen aus der Mülltonne betankt hatte –, um den letzten Zeitsprung einzuleiten.

»Wir sollten noch ein Stück zurücksetzen. Auf der Straße schaffen wir sonst nie die 140«, riet Marty seinem Freund.

»Straßen?«, antwortete Doc und klappte seine Brille herunter, die einem silbernen Visier glich. »Wo wir hinfahren, brauchen wir keine Straßen.«

Dann erhob sich der DeLorean in die Luft, klappte mit

Getöse die Räder ein und flog von Blitzen umzuckt dreißig Jahre in die Zukunft.

Als wir zur Musik von Huey Lewis and the News aus dem Kinosaal ins Tageslicht stolperten, stellte sich das Gefühl ein, dass wir gerade den coolsten Streifen aller Zeiten gesehen hatten. Und am liebsten hätten wir gleich eine Karte für die Fortsetzung gelöst, denn der kleine Vorgeschmack auf die Zukunft brachte uns zum Träumen: digitale Brillen, fliegende Autos, Müll statt Benzin als Treibstoff – warum sollte es das nicht alles eines Tages wirklich geben?

Natürlich waren Marty, sein Freund Doc und dessen wundersamen Erfindungen nur Fiktion. Doch unser Glaube an den technologischen Fortschritt war unerschütterlich, immerhin wuchsen wir in einem wahren Technikwunderland auf.

Wir leben in einer Zwischenzeit, der Spanne zwischen zwei Zeitaltern ... und wir sind weder in der einen, noch schon in der anderen.

John Naisbitt, Zukunftsforscher in seinem Bestseller *Megatrends* von 1982

Wenn wir abends im Kreis der Familie vom Sofa aus auf den Fernsehbildschirm starrten, öffnete sich Punkt zwanzig Uhr mit Gong und Fanfarenklang das tintenblaue *Tagesschau*fenster zur Welt. Dann staunten wir über Menschen, die mit dem Space Shuttle um die Erde kreisten, Astronauten, die auf der Raumstation Mir für längere Zeit in einer Art Weltraum-WG lebten, und Satelliten, die vom Kennedy Space Center oder seinem russischen

Pendant, dem Kosmodrom Baikonur, ins All geschossen wurden. Zu gern wären wir einmal an Bord der Concorde gegangen, die binnen drei Stunden von Paris nach New York flog – was sich vermutlich auch ein wenig wie ein Ritt auf einer Rakete anfühlte. Plötzlich schien alles möglich: 1985 sahen wir Bilder vom lang verschollenen Wrack der Titanic, das der Ingenieur Jean-Louis Michel und der Unterwasserarchäologe Robert Ballard mit modernster Video- und Ultraschalltechnik aufgespürt hatten. Aus dem Fernsehen erfuhren wir auch, dass bald immer mehr digitale Technik in unserem Alltag eine Rolle spielen würde. Auf Elektronikmessen wurden nützliche neue Erfindungen wie klobige Mobiltelefone (das Motorola DynaTAC 8000x wog ein Kilo) oder golden schimmernde Video-Discs von der Größe einer Schallplatte vorgestellt. Und sogar im Supermarkt wurden die Kassen mit Scannern ausgerüstet, mit denen auch normale Kassierer die Ware so schnell erfassen konnten wie die ALDI-Angestellten, die Preise mit einer Geschwindigkeit eintippten, als stünde jemand mit der Knarre hinter ihnen. Welche Wunder moderne Ingenieurskunst am liebsten Spielzeug der Deutschen – dem Auto – zustande brachte, darüber staunten wir immer wieder, wenn im Werbeblock der Audi Quattro zwar nicht wie der DeLorean abhob, dafür aber anscheinend mühelos eine steile Skisprungschanze hochfuhr.

In den Achtzigern war der Vorsprung durch Technik nicht nur ein Werbespruch. Im Leben jenseits des Fernsehers überschwemmte uns eine Welle revolutionärer Unterhaltungsgeräte, die Begehrlichkeiten bei uns weckten. Es war, als käme die Technik wie aus der Tenniskanone auf uns zugeflogen, und wir kamen als Spieler kaum damit hinterher, die Bälle anzunehmen. Praktisch jeden Tag, so kam es uns vor, galt es eine neue technische Spielerei auszuprobieren – Polaroid-Kamera, Faxgerät, Camcorder oder Anrufbeantworter, in denen damals noch Tonbandkassetten steckten, genauso wie Synthesizer von Casio oder Yamaha, die uns um Keyboardstunden betteln ließen, weil sie uns nicht nur so viel cooler vorkamen als Klavierunterricht, sondern weil sie in der Musik unserer Zeit einfach allgegenwärtig waren.

Manche Spielzeuge kamen uns so futuristisch vor, als hätte Scotty sie persönlich vor unsere Haustür gebeamt. Hatten wir eben noch versucht, die blinkenden Farbtasten des ufoförmigen *Senso* in der richtigen Reihenfolge zu drücken, um eine Tonfolge nachzuspielen, hielten wir im nächsten Moment unsere ersten tragbaren LCD-Spiele aus der Game&Watch-Reihe von Nintendo in der Hand, auf deren Flüssigkristallbildschirmen wir mit Steuerkreuz und zwei Feuerknöpfen unter anderem dem Jumpman dabei halfen, seine Geliebte aus den Klauen von Donkey Kong zu befreien, oder mit Mario und Luigi in der Flaschenfabrik Paletten stapelten.

Faszinierend.

Mr. Spock

Vieles von dem Technikkram war bereits in den siebziger Jahren erfunden worden, doch es erreichte erst in den Achtzigern den Massenmarkt. Wir fühlten uns wie Pioniere, die von der alten in die neue Welt aufbrachen. Die Zukunft schien zum Greifen nah – wir mussten nicht erst in eine Zeitmaschine steigen, um zu sehen, wie es dort aussah, schließlich hielten wir die Vorboten des neuen Zeitalters bereits in Händen. Während wir vieles in der analogen und haptischen Welt gerade erst kennenlernten, experimentierten wir bereits mit der neuen, digitalen und virtuellen Welt – die uns auf den Leib geschneidert zu sein schien, da sie sich uns spielerisch erschloss und unsere kühnsten Träume wahr werden ließ.

Während die Erwachsenen noch zweifelten und zauderten, ob die seltsamen Erfindungen überhaupt einen Sinn ergaben oder nicht sogar gefährlich für Körper und Geist waren, kannten wir Kassettenkinder kein Halten mehr.

Die neue Technologie wurde ein Teil von uns. Die Dreifaltigkeit aus Musikelektronik, Computern und Videorekordern veränderte die Art, wie wir lebten, und gab unserer Jugend eine Identität: Wer einen Joystick handhaben konnte, mit Begriffen wie Floppy Disc, Byte und RAM um sich warf, wusste, wie man mit einem Locher noch mehr Speicherplatz aus einer Diskette herausholte, zwei Videorekorder miteinander verkoppeln konnte und dazu noch aus einer schlechten Kassettenaufnahme mit dem Tuner den letzten Soundzipfel herauskitzelte, der gehörte zu uns, zu einer verschworenen Gemeinschaft von Technikgläubigen.

Alle anderen? Waren zu alt.

Wenn wir heute auf dem Speicher unseren Videorekorder oder C64 aus den Achtzigern wiederfinden, ist es, als würden wir die Fotos einer alten Jugendliebe betrachten und uns dabei an die unvergesslichen Momente erinnern, die wir miteinander erlebten. Probieren wir dann mit unseren eigenen Kindern das neueste Xbox- oder Playstation-Modell aus, können wir ihre Faszination verstehen, und nicht nur das: Wir sind auch ein wenig neidisch. Denn wir hätten gerne noch einmal wie sie das Gefühl, etwas Unglaubliches in Händen zu halten – etwas, das uns aus der Zukunft geschickt worden zu sein schien. Auch wenn die Technik von damals neben heutigen

Gadgets antiquiert wirkt, war sie für uns so verheißungsvoll, dass wir jede Wette eingegangen wären: Wo wir hinfuhren, brauchten wir ganz sicher keine Straßen mehr.

Hörspiel was my first love.
Wie wir Kassettenkinder wurden

Das erste Gerät, in das wir uns verliebten, sollte unserem Leben einen völlig neuen Klang geben. Lange bevor wir seine Bekanntschaft machten, hatte unsere Leidenschaft für Kassetten – recht unscheinbar – mit dem kleinen Monokassettenrekorder begonnen, der bei vielen von uns im Kinderzimmer stand. Er verfügte nur über einen Lautsprecher und ein Kassettenfach. Das jedoch genügte vollauf für unsere Zwecke, denn er war für die Hörspiele gedacht, denen wir nach der Schule, vor dem Einschlafen oder an langen Samstagmorgen lauschten, wenn wir mit den ersten Sonnenstrahlen aufgewacht waren und unsere Eltern nach der Arbeitswoche ausschliefen.

Wir lagen auf dem Spielteppich mit den aufgedruckten Straßen, inmitten von Matchboxautos, Legosteinen und Playmobilpüppchen, und lauschten den Abenteuern von Tarzan, Karl, Klößchen und Gaby, lösten mit den drei Fragezeichen unheimliche Fälle wie den des Karpatenhundes, lachten über die Gedichte von Pumuckl und das »Töröö« von Benjamin Blümchen, reisten mit Tim und Struppi zum Mond und wünschten uns, der Zauberspruch »Hex, hex« von Bibi Blocksberg würde wirklich funktionieren.

Wir waren süchtig nach den mal rot-gelb gestreiften, mal beigefarbenen oder schwarzen Hörspielkassetten. Manche von ihnen spielten wir so oft ab, dass die Aufnahme mit der Zeit von einem Rauschen begleitet wurde. Bis dahin kannten wir die Dialoge aber ohnehin auswendig, und die Zusatzgeräusche störten nicht weiter.

Die Hörspielkassetten bekamen wir für eine oder zwei Mark auf dem sonntäglichen Kinderflohmarkt vor dem Supermarkt, von älteren Geschwistern im Tausch gegen harte Währung in Form von hartem Lakritz oder von Großeltern, Tanten und Onkels, die nicht wussten, was sie uns sonst zum Geburtstag oder zu Weihnachten schenken sollten.

So wuchs in unseren Kinderzimmern ein beachtliches Hörspielarchiv heran, dessen Kassetten meist die Label Karussell, Kiosk und Europa trugen. Die Kassetten bewahrten wir in viereckigen Ständern auf, die man drehen und stapeln konnte, oder wir steckten sie in Köfferchen mit Schnallen, die an den Verschluss unseres Schultornisters erinnerten. Sachgemäß gelagert, überdauerten sie die Zeit, so dass wir sie heute für die eigenen Kinder reaktivieren können. Es sei denn, wir hatten sie auf die Heizung oder in die pralle Sonne gestellt.

Bald weckte die Aufnahmetaste, die am Kassettenrekorder mit einem roten Viereck gekennzeichnet war, unser Interesse. Mit ihr starteten wir lange vor YouTube und Podcast unsere eigene Medienproduktion: Wir stöpselten ein Mikrofon in den Audioeingang und zeichneten eigene Hörspiele auf. Wer kein externes Mikro besaß, musste sehr nah an das im Gerät eingebaute herangehen. So oder so, die Aufnahme wurde dumpf und rauschig.

Wir erfanden kleine Geschichten mit ausgedachten Figuren, ganze Sketche mit mehreren Sprechern oder übten uns in einer Frühform der Fanfiction, indem wir neue Abenteuer für unsere Hörspielhelden erdachten. Da die wenigsten von uns akustische Effekte so lebensnah mit der eigenen Stimme nachmachen konnten wie Geräuschimitator Michael Winslow aus *Police Academy,* benutzten wir dazu Materialien, die wir in der Küche oder im Wohnzimmer fanden: Windgeräusche erzeugten wir mit der Zeitung, für Regen rieselten wir Reiskörner in eine Schüssel, und Gewitter ließ sich mit dem Rascheln von Alufolie imitieren.

Da uns eine weltweite Aufführung via Internet noch vorenthalten war, bestand unser Publikum nur aus den Menschen, die wir zu Aufführungen ins Kinderzimmer locken konnten. Meist waren diese mit uns verwandt.

Wenn wir die sorgfältig mit Kuli beschrifteten Kassetten heute auf dem Speicher wiederfinden, klingen sie gerade wegen ihrer schlechten Qualität wie ein fernes Echo unserer Kindheit, das durch einen Tunnel von Zeit und Raum zu uns dringt. Wobei nicht immer ganz klar ist, um wessen Echo es sich da genau handelt, da wir die Kinderstimmen der Sprecher inzwischen nicht mehr auseinanderhalten können.

Spätestens wenn wir als Jugendliche die erste Freundin oder den ersten Freund in unserem Zimmer empfingen und zum Knutschen »You're the Inspiration« von Chicago, »Can't Fight This Feeling« von REO Speedwagon oder »Caravan of Love« von den Housemartins einlegten, alles, was wir romantisch, aber nicht zu peinlich fanden, ließen wir die Hörspielkassetten – originale wie selbstgemachte – in der Schublade verschwinden.

Früher schwang die Legende mit, dass Männer, wenn sie Kuschelrock *im Haus haben, jede Frau flachgelegt kriegen.*
Dirk Hachmann, verantwortlich für die
Zusammenstellung von *Kuschelrock*

Musik war für uns nun viel wichtiger und ein Leben ohne sie kaum vorstellbar. Wir hüteten die Kassetten mit unseren Lieblingssongs wie einen Schatz. Nichts auf der Welt zeigte so gut, wer wir waren oder wie wir sein wollten, Songtexte und Melodie drückten aus, wie wir uns gerade fühlten oder was wir dachten. Und die Auswahl unserer Lieblingsbands war ein Prozess der Ablösung von unseren Eltern, genau wie ein Ausdruck der Zugehörigkeit zu der Subkultur, die uns am verlockendsten erschien: Die Plattenkiste unserer Eltern, in der Alben wie *Saturday Night Fever*, *ABBA* oder *Jesus Christ Superstar* lagerten, fanden wir inzwischen langweilig oder doof. Wir suchten uns eigene Idole.

Damit wir unsere Musik in unserem Zimmer richtig genießen und ihr den Stellenwert einräumen konnten, der ihr zustand, musste besseres Equipment her. Die Stereoanlage im Wohnzimmer blieb ohnehin unseren Eltern vorbehalten, die unerklärlicherweise darauf bestanden, dort neben den anderen Juwelen aus ihrem Plattenschrank Aufreger wie Rachmaninows Klavierkonzerte oder Marianne Rosenbergs gesammelte Werke abzuspielen. »Ja, wenn wir alle Englein wären« von Frank Zander und »Guten Morgen, liebe Sorgen« von Jürgen von der Lippe gehörten noch zu den fetzigeren Nummern, die sie in dieser Zeit auflegten.

Unsere Eltern hörten ihre Musik selten richtig laut, sondern lieber so, dass es die Nachbarn nicht störte. Unsere Musik klang dagegen erst so richtig gut, wenn man sie voll aufdrehte. Der Monorekorder, dessen einziger Lautsprecher inzwischen vom Endlosbetrieb knisterte wie eine Butterbrottüte, genügte da nicht mehr.

Bei den meisten von uns reichte das Geld noch nicht für eine teure Anlage, und so mussten wir uns auf halbem Wege zufriedengeben – mit einem Stereo-Radiokassettenrekorder. Er verfügte in den meisten Fällen über zwei Kassettendecks, was beim Überspielen ungemein praktisch war, und stellte mit den beiden Lautsprechern auch klangtechnisch einen deutlichen Schritt nach vorn dar.

Der Stereo-Radiokassettenrekorder war im Grunde eine schwachbrüstige Miniversion des pompösen, soundgewaltigen Ghettoblasters, den nur wenige von uns ihr Eigen nennen konnten. Zum Angeben war unser Pseudoblaster ebenso ungeeignet wie für längere Exkursionen jenseits der Steckdose: Die vier bis sechs großen Monozellen-Batterien, mit denen man ihn füttern musste, machten sehr schnell schlapp. Überdies waren Batterien teuer und daher in unserem Alter ohnehin Mangelware. Kleiner Trost: Der echte Ghettoblaster war nicht viel alltagstauglicher. Selbst wenn er das Symbol der Musikkultur und das Zeichen wahrer Coolness war – wer wollte schon ständig ein koffergroßes, schweres Gerät über größere Distanzen mit sich herumschleppen, geschweige denn locker lässig auf der Schulter tragen wie die Rapper im Musikclip? Richtig gut abhängen konnte man mit einem Ghettoblaster wahrscheinlich ohnehin nur an einer brennenden Tonne in einer der amerikanischen Großstädte, die wir aus dem Fernsehen kannten und die zwar geheimnisvoll und aufregend wirkten, aber elend weit weg waren. In piefige deutsche Vororte, wo der Schrebergärtner beim ersten Anzeichen von lauter Musik gleich das SEK alarmierte, passte er nie so richtig gut.

Solange wir also nicht alt genug waren, um einen eigenen Wagen mit eingebautem Autoradio zu besitzen (und hinten im Kofferraum fette Boxen einzubauen) oder uns die Nächte auf Konzerten und in der Disco um die Ohren zu schlagen, wurde weiter in den eigenen vier Wänden Musik gehört – und das bedeutete, wir konnten unsere Lieblingssongs nur dann mit vollem Wums abspielen, wenn unsere Eltern nicht zu Hause waren.

> *Wir mussten so laut spielen, weil wir vor lauter Taubheit sonst nichts gehört hätten. (...) Beim Soundcheck rief ein Typ aus vier Meilen Entfernung an, um sich zu beschweren, dass er seinen Fernseher nicht mehr hören konnte.*
>
> Lemmy Kilmister

Unser Herz gehört bis heute jenem Gerät, das dieses Kardinalproblem ein für alle Mal löste. Seine erste Version aus dem Jahr 1979 war recht unscheinbar, eine kleine graublaue Box, die, noch lange nachdem wir sie ausgepackt hatten, ein wenig nach Plastik roch.

Das Ende der Siebziger auf den Markt gekommene Gerät läutete die Achtziger ein – in unserem Lieblingsjahrzehnt wurde es unverzichtbar. Die wichtigsten Tasten auf der silbernen Bedienleiste trugen die Aufschrift *Play, Forward, Rewind* und *Eject,* und schon bald konnten wir sie blind bedienen, wenn das Gerät in unserer Jackentasche steckte. Dazu gab es eine separate Lautstärkeregelung für den linken und rechten Audiokanal, die wir aber genauso wenig benutzten wie die zwei getrennten Kopfhörerbuchsen, die es ermöglichen sollten, mit Freunden gemeinsam Musik zu hören.

Die mitgelieferten Bügelkopfhörer hatten Ohrpolster aus orangefarbenem Schaumstoff und waren so klein, dass sie uns vorkamen wie eine Miniaturausgabe des Kopfhörers, der auf der Anlage im Wohnzimmer unserer Eltern lag – und das, obwohl die Lautsprecher im

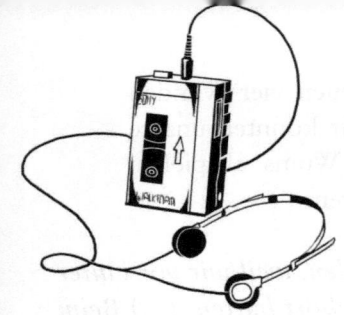

Vergleich mit modernen In-Ear-Stöpseln so riesig waren wie zwei Kürbisse.

Der Name unseres neuen Begleiters: Walkman.

Er war der Erste seiner Art, praktisch der Großvater des MP3-Players. Sony-Chef Akio Morita behauptete, ihn höchstselbst für seine Firma erfunden zu haben, und dabei blieb er auch in seinen Memoiren. Erst sehr viel später kam heraus, dass der deutsche Erfinder Andreas Pavel bereits 1977 ein Patent auf eine »körpergebundene Kleinanlage für die hochwertige Wiedergabe von Hörereignissen« angemeldet hatte. Angeblich hatte er mit den Plänen dazu auch bei den Japanern vorgesprochen, in der Hoffnung, dass diese seine Erfindung produzieren würden. Das taten sie auch, allerdings ohne ihn. Dass Pavel der eigentliche Vater des Walkman war, gestand Sony erst nach Moritas Tod ein. Zum Zeitpunkt der Einigung hatte der Erfinder – ein bisschen so wie Rocky Balboa – einen ungleichen, beinahe aussichtslosen Kampf gegen die Firma geführt und sie zwanzig Jahre lang mit Klagen überzogen.

Als wir das kleine Musikwunder zum ersten Mal aus seiner Verpackung schälten, wussten wir von Pavels Unbill ebenso wenig wie von den seltsamen Namen des Walkman in anderen Ländern, wo er Soundabout, Stowaway oder Freestyle hieß. Es hätte unsere Begeisterung wohl kaum gedämpft. Denn mit der tragbaren Musikbox bekam unser Leben einen Soundtrack, und zwar einen, den wir überallhin mitnehmen konnten.

Mit einem Druck auf die Eject-Taste ließen wir den Deckel des Kassettenfachs laut klackend aufschnappen und legten eine unserer liebevoll beschrifteten Mischkassetten ein. Wir schlossen die Lade, setzten die Kopfhörer auf und drückten auf Play. Und in diesem Moment wurde unsere Welt von Musik geflutet. Wir konnten in der Bahn sitzen oder mitten auf einem belebten Platz stehen, und doch waren wir plötzlich für uns. Alles war nur noch Sound.

Ein solches Gefühl und eine derart innige Verbindung mit der Musik hatten wir zuvor noch nie erlebt. Unsere Stars schienen direkt in unserem Kopf zu sein: Bonos Stimme voller Schmelz und Schmerz, die Rufe von Robert Smith zu sphärischen Klängen, Michael Jacksons Jaulen, wenn er sich in den Schritt fasste, Dave Gahans elegantes Leiden, Freddie Mercurys unglaubliche vier Oktaven, Phil Collins' rauhe, burschikose Herzlichkeit oder Stings unverkennbar heisere Wärme, dazu der Sound von Synthesizern oder die Gitarrensoli von Kirk Hammett, Slash und Angus Young.

Ihre Lieder waren nun immer bei uns, und wir lernten schnell, mit dem Walkman unsere Emotionen zu verändern: Wir hörten »Every Breath You Take«, wenn wir unserer Verliebtheit einen Turbo verpassen wollten, oder spulten zu einem heiteren Song vor, wenn der Liebeskummer unser Herz schwermachte. Musik entdeckten wir plötzlich auch als Mittel, langweiligen Unterricht aufzupeppen – und fühlten uns wie um ein Grundrecht betrogen, als das Walkmanhören in der Schule schließlich verboten wurde.

Wenn wir mit unserer Lieblingsmucke im Ohr an der Bushaltestelle standen, kam es vor, dass Erwachsene uns nach der Uhrzeit fragten, vermutlich in der Annahme, wir trügen nur Ohrenschützer – oder aus reinem Trotz gegen die Technik. Antworteten wir nicht, regten sich viele von ihnen so auf wie jede ältere Generation nach Sokrates, der schon über vierhundert Jahre vor Christus der Jugend schlechte Manieren und mangelnden Respekt bescheinigt hatte.

Dass irgendwann fast jeder mit Kopfhörern in der Öffentlichkeit herumlaufen und dazu noch auf ein kleines Bildschirmgerät starren würde, das alle persönlichen Daten sammelt, hätte damals wohl niemand für möglich gehalten – und wenn es uns jemand erzählt hätte, wäre eine solche Prophezeiung wohl als eine besonders düstere Version von Orwells *1984* durchgegangen.

Das einzig echte Manko des Walkmans war der Klang. Vor allem die Bässe, die wir als Experten an Pop, Hip-Hop und Rock besonders schätzten, waren kaum zu vernehmen. Die wenig später eingeführte *Bass-Boost*-Funktion brachte keine wesentliche Verbesserung: Der Klang wurde so dumpf, als hätte jemand die Kopfhörer mit Watte ausgestopft, dafür waren die Batterien schneller leer.

Wer also ab und an vernehmbare Bässe und klare Höhen wollte, der brauchte eine eigene Stereoanlage. Der Weg dorthin war wie ein Wettrennen, denn jeder schielte auf die Freunde, die ebenfalls versuchten, das Geld für die eigene Anlage möglichst schnell zusammenzukratzen.

Einen unlauteren Wettbewerbsvorteil hatten bei der ganzen Sache die Mitglieder des evangelischen Glaubensclubs. Die Konfirmation fand nämlich just in jenem Alter statt, in dem der Wunsch nach einer Stereoanlage naturgemäß am größten war – und in dem die Eltern ihn nicht mehr ohne weiteres abbügeln konnten. Die Stereoanlage war daher für die meisten der einzige Grund, sich mehrere Monate lang einmal die Woche nach der Schule zum Konfirmationsunterricht zu schleppen und am Sonntagmorgen zu bester Schlafenszeit in eine Messe zu gehen, wo Predigten gehalten wurden, deren Sinn nur der liebe Herrgott allein verstand. Vielleicht waren diese frühen Erfahrungen mit materialistisch motivierten spirituellen Handlungen ein Grund, aus dem sich viele später entschieden, die Vereinsmitgliedschaft zu kündigen und auch die eigenen Kinder nicht mehr unbedingt taufen zu lassen.

In den Jahrzehnten zuvor war noch aus Tradition flächendeckend gesegnetes Wasser auf Kinderköpfe geträufelt worden, deshalb gehörte man fast zwangsläufig einer der beiden großen christlichen Konfessionen an. In dem seltenen Fall, dass unsere Eltern die Traute gehabt hatten, sich dagegen aufzulehnen, hatten wir in Musikangelegenheiten eben Pech.

Genau wie die Katholiken. Sie hatten die heilige Kommunion bereits in einem so zarten Alter hinter sich gebracht, dass das Geld, das sie geschenkt bekamen, qua elterlicher Order aufs Knax-Club-Konto oder Jeans-Sparbuch wanderte, wo es bis zur Führerscheinprüfung ganz altmodisch Zinsen ansammelte. Kein Wunder, dass katholische Kinder allerorten ins Grübeln kamen, ob es sich wohl lohnte zu konvertieren.

Wer die Anlage nicht geschenkt bekam, verdiente sie sich, indem er mit dem Bollerwagen durch die Nachbarschaft zog und Zeitungen auf Türschwellen warf oder in Briefkästen stopfte. Andere verbrachten den Sommer damit, im Freibad den Müll der Badegäste einzusammeln, auf dem Bau Schubkarre zu fahren, Nachhilfe zu geben oder auf die kleinen Kinder der Nachbarn aufzupassen.

Wenn wir mal nicht mit Fundraising oder Hausaufgaben beschäftigt waren, schlichen wir in der Elektroabteilung von Horten oder Hertie um die Ausstellungsobjekte herum, blätterten im Quelle- oder Otto-Katalog (der

Frühform von Amazon), um uns einen Überblick über alle verfügbaren Geräte zu verschaffen, und informierten uns in der *test*-Zeitschrift darüber, welcher Hersteller den besten Gegenwert für unser sauer Erspartes bot. Das Warten hatte auch etwas Gutes: Wenn wir schließlich den gesamten Inhalt unseres Sparschweins beim örtlichen Elektrodealer auf den Tisch stapelten, waren wir stolz wie Oskar.

Bei den ungleichen finanziellen Ausgangslagen war es allerdings kein Wunder, dass sich eine stereophone Zwei-Klassen-Gesellschaft auftat: Wer es sich leisten konnte, holte sich Einzelbausteine von Grundig, Telefunken oder Yamaha. Alle anderen griffen zu einer der günstigeren Kompaktstereoanlagen, die in den Achtzigern auf den Markt kamen und in den meisten Fällen von der Firma Schneider stammten.

Die Kompaktanlage war ein Plastikklotz, in dem Plattenspieler, Kassettendecks, Verstärker und Radio in einem Gehäuse verbaut waren. Die Anlage stand in einem Rack, in dessen unterem Teil unsere Schallplatten und Kassetten Platz fanden und das uns bis zum Oberschenkel reichte. Die Kompaktanlage sah schön übersichtlich aus, dafür ging mit an Sicherheit grenzender Wahrscheinlichkeit eine der festverbauten Komponenten mit der Zeit kaputt. Die Reparatur war oft zwecklos, weil zu teuer, denn die Kompaktanlage passte immer den Moment ab, kurz nachdem die Garantie abgelaufen war. Der Plastikklotz war fortan nur noch zum Teil zu verwenden, und die ersten Gedanken an eine bessere Anlage kamen auf, zumal diese natürlich mehr bot als die alte. Ein Schelm, wer dabei denkt, das wäre von den Herstellern so geplant gewesen.

Den besseren Klang ergaben natürlich die Einzelbausteine, wie wir uns mit fachmännischem Blick bestätigten, wann immer wir die neue Stereoanlage von Freunden einem ersten Funktionscheck unterzogen. In Wahrheit hörte kaum jemand von uns den Unterschied zwischen einer teuren und einer günstigen Hi-Fi-Anlage, doch das wollte natürlich keiner zugeben. Wir konnten schon froh sein, wenn wir überhaupt erkannten, wann auf Mono und wann auf Stereo eingestellt war, da die Boxen in unseren beengten Kinderzimmern oft zu dicht beisammenstanden, um den gewünschten Stereo-Klangeffekt zu erzeugen. Immerhin mussten wir sie auf Geheiß unserer Eltern auch noch weit genug von unserem Bett entfernt aufstellen.

Viel wichtiger waren andere Kriterien: grafische Equalizer oder andere bunte Lämpchen, deren Funktion wir nicht genau verstanden, die aber im Takt zur Musik blinkten wie ein entfernter Verwandter von K.I.T.T., der Wahnsinnskarre aus *Knight Rider*. Dazu musste es Schalter, Hebelchen und Knöpfe geben, je mehr, desto besser. Sie ähnelten den Synthesizern, mit denen Bands wie Kraftwerk ihre Hits programmierten, kündeten von den raffinierten Funktionen und Einstellungen und boten dem Besitzer die Möglichkeit, sich als Musiksachverständiger und Technikkenner zu zeigen. Die Kunst war dabei, eine gleichsam genervte wie auch professoral-ärgerliche Miene aufzusetzen, wenn ein Besucher aus Versehen an eins der Hebelchen geriet und damit das ausgeklügelte Feintuning zerstörte, mit dem der Besitzer angeblich Stunden verbracht hatte, bis die Bässe und Höhen richtig eingestellt waren. Traute sich doch mal jemand zu fragen, wozu denn die einzelnen Funktionen nützlich wären, dann war ein geringschätziges Schnauben angesagt. Wenn wir ehrlich sind, rätseln viele von uns Kassettenkindern allerdings bis heute, was sich genau hinter der

Bezeichnung der einzelnen Tasten verbarg, was es beispielsweise mit der *Loudness*-Funktion und der *Treble*-Einstellung auf sich hatte oder was das *High-Speed-Dubbing* wirklich bewirkte.

Vertrauen Sie mir, ich weiß, was ich tue!
Sledge Hammer

Da die Stereoanlagen mit einem Plattenspieler ausgestattet waren, erwachte spätestens zu dieser Zeit auch unser Interesse an Langspielplatten. Sie boten im Vergleich zu unseren ausgenudelten Mixtapes einen geradezu glasklaren Klang. Da Schallplatten teuer waren, blieb die Plattensammlung zwar kleiner als der Inhalt unseres Kassettenracks, aber das heißersehnte neue Album unserer Lieblingsband wollten wir dennoch lieber als Platte denn als Kassette haben, zumal meist Fotos der Künstler und Liedtexte auf der Innenhülle abgebildet waren. Wir sparten für diese Käufe, und jeder Tag, den es noch dauerte, bis die Platte in den Läden lag, war eine süße Qual: Die Vorfreude trieb uns an, gleichzeitig schien sich die Zeit bis zum Erscheinungsdatum wie Kaugummi zu dehnen. Je länger wir warteten, desto mehr stieg der ideelle Wert der Platte.

Ein besonderes Prickeln stellte sich ein, wenn wir am Erstverkaufstag mit der Straßenbahn in die Stadt fuhren und den kleinen Plattenladen in einer der Seitenstraßen der Einkaufspassage betraten. Dort erwarteten uns schier endlose Regale voller Vinyl, die zum Stöbern einluden. Hatten wir das gesuchte Album nicht vorbestellt, dann schritten wir zum Regal mit dem Anfangsbuchstaben der Band, blätterten wie nebensächlich durch die Cover und zogen das Gewünschte heraus. Manchmal entdeckten wir dabei zufällig eine andere Platte, von der wir gehört hatten, und gingen mit den Fundstücken zum Tresen, um den Angestellten darum zu bitten, hineinhören zu dürfen. Er zog die Platte vorsichtig aus der Innenhülle, legte sie behutsam auf den Plattenteller und schob uns ein paar große Hörer über die Theke, die, wenn sie nicht gebraucht wurden, über einen schwarzen Glaskopf gestülpt waren. Mancher Nachmittag im Plattenparadies verging auf diese Weise schneller als der erste Klammerblues mit unserem Schwarm auf der Schulfete.

Das stolze Nachhausetragen der Langspielplatte, das Auspacken und erste Anhören waren ein Akt von beinahe sakraler Würde. Es war ein unglaubliches Gefühl, das neue Album zum ersten Mal vorsichtig selbst aus der Innenhülle des Covers zu ziehen, die ein wenig daran klebte – die Platte glänzte in frischem Schwarz, alles war makellos, kein Kratzer, und es roch neu nach Vinyl. Wir wendeten die Platte erst einmal zwischen den Fingerspitzen hin und her, ohne die Rillen zu berühren, legten sie schließlich auf und setzten vorsichtig die Nadel auf die Anfangsrille.

Ein kleiner Seufzer, wenn die Nadel vom leeren Teil der Rille in den ersten Song startete, dann drang sie aus den Lautsprechern: echte erdige Musik von den Dire Straits, Bruce Springsteen oder U2, gitarrenlastiger Hardrock wie von Def Leppard, Aerosmith, Mr. Big oder Kiss, solider Punk von den Ramones, The Clash und den Dead Kennedys oder Synthie-Pop von den Pet Shop Boys, New Order, Camouflage und Depeche Mode.

Manchmal hörten wir ein und dieselbe Platte wochenlang, bis unsere Eltern entnervt an die Tür klopften und fragten, ob wir den Krach denn schon wieder hören müssten. Doch das mussten wir, denn wir wollten verstehen, wie das Album aufgebaut war, und jeder Song entfaltete sich für uns erst nach mehrmaligem Hören. Und so lagen wir bäuchlings auf dem Bett, studierten das Cover und die Innenhülle bis in alle Einzelheiten und standen nur auf, wenn die Platte umgedreht werden musste.

In den späten Achtzigern tauschten wir die Langspielplatten gegen die neuen Compact Disks, mit deren Aufkommen die Besitzer der älteren Kompaktstereoanlagen nun endgültig in die Röhre schauten, ließen sich ihre Geräte doch nicht so einfach um das neue Abspielgerät erweitern.

Vorgestellt worden war die CD bereits 1981 auf der Funkausstellung in Berlin, die letzten Songs der Band ABBA waren die ersten, die auf eins der neuen Speichermedien gebrannt wurden, den ersten Player gab es 1982 in den Läden.

Es dauerte bis zur Mitte des Jahrzehnts, aber dann wurden aus den silbernen Ladenhütern Bestseller. Der wesentliche Vorteil der mit Laser ablesbaren Scheiben war – angeblich – der bessere Klang: kein Rauschen mehr, kein Knistern, und kein Tonabnehmerarm, der bei der kleinsten Bewegung auf der Platte von einer Rille zur anderen hopste. Dass auch ein CD-Player versprang, wenn man daneben Pogo tanzte, war nur die erste Ernüchterung (sich eines der frühen Modelle eines tragbaren CD-Players zu kaufen, um den Walkman zu ersetzen, war deswegen eine ausgesprochen dämliche Idee). Mit der Zeit hatten immer mehr von uns das Gefühl, dass das Klangspektrum mit dem eines guten Plattenspielers nicht mithalten konnte – der Sound der Silberlinge war zwar immer glockenklar, blieb aber seltsam unterkühlt, es fehlten eben das Rauschen und das Knistern, die dem Album auf fast magische Weise Leben einhauchten.

Nüchtern betrachtet, war die Einführung der CD vor

allem für eine Partei sehr vorteilhaft: die Plattenindustrie. Die CD war schneller und günstiger herzustellen als eine vergleichbare Langspielplatte, und so lagen die Gewinnmargen um ein Vielfaches höher, nachdem die Branche einmal in die Herstellung der neuen Technik investiert hatte. Und die Umstellung brachte einen weiteren Schub für die Musikindustrie: Alben, die wir schon auf Platte hatten, wollten viele nämlich nun zusätzlich auf CD besitzen. Zudem eröffnete sich den Geräteherstellern die Chance, neue Apparate an die Frau und an den Mann zu bringen, denn spätestens Mitte der Achtziger war so ziemlich jeder Haushalt mit einem Plattenspieler bestückt und der Markt so gesättigt wie Helmut Kohl nach einer Portion Pfälzer Saumagen. Ein lukratives Geschäft.

Heute sind wir froh, wenn unsere Plattensammlung von einst zahlreiche Umzüge überlebt hat, entstauben unseren alten Plattenspieler vom Dachboden oder kaufen uns einen neuen. Wenn wir dann eine Single oder eine Langspielplatte auflegen und die Geschwindigkeit eingestellt haben, setzen wir den Tonabnehmer sacht auf der ersten Rille ab und lauschen dem Knistern in der Stille vor dem ersten Song. Je älter unsere CD-Sammlung wird, je länger sie die Zeit überdauert, desto klarer wird uns, dass Vinyl schon immer die bessere Wahl war, nicht nur, weil es klanglich der digitalen Aufnahme überlegen ist: Die ersten Silberscheiben, die uns laut Werbung »lebenslanges Hörvergnügen« bescheren sollten und bei ihrer Einführung als »unzerstörbar« beworben wurden, gehen in diesem Tagen so langsam, aber sicher kaputt.

Wir wissen heute außerdem, dass eine Vinylscheibe oder eine Kassette die beste Zeitreisemaschine in die Vergangenheit ist. Unsere Lieblingstonträger von damals haben die Macht, uns sofort zurück in die Achtziger zu versetzen. Auf ihnen klingen die Songs so wie damals, als wir sie zum ersten Mal hörten und sie sich in unser kollektives Audiogedächtnis brannten.

Mit Kassetten verbinden wir auch noch eine weitere Erinnerung – nämlich unseren ersten Computer. Der hatte auch ein Kassettenlaufwerk, das allerdings einen anderen Namen trug: Datasette.

Pixelprofis. Wir Kassettenkinder im virtuellen Abenteuerland

Der Himmel mochte playmobilblau sein und die Wetterlage für Beachvolleyball sprechen, dennoch suchten wir immer häufiger nach Ausreden, nicht draußen spielen zu müssen – wenn ein Atari 2600 bei uns eingezogen war. Wer sich fragt, warum das ein Grund war, nur noch in der Bude zu hocken, der hatte als Kind nie eine solche Spielkonsole.

Statt mit dem BMX-Rad über die Crossbahn zu jagen oder das neue Skateboard, dessen Einzelteile wir beim Skaterladen Coast sorgfältig ausgewählt hatten, auf der Halfpipe auszuprobieren, siedelten wir nun stundenlang in Grüppchen auf dem Wohnzimmer-Flokati. Den Fernseher fest im Blick, reichten wir den Joystick wie einen Joint von Spieler zu Spieler. Unsere Essensration lag ausgebreitet vor uns auf dem Teppich – Treets, Nappos oder Schogetten, die wir uns, ohne hinzusehen, in den Mund steckten, den Blick fest auf die Mattscheibe gerichtet. War die Mutter des Atari-Besitzers im Haus, reichte diese uns fürsorglich Äpfel, Bananen und eine Kanne Quench, wobei wir den Verdacht nicht loswurden, dass sie nur kam, weil sie überprüfen wollte, was wir da eigentlich machten.

Sollte sie ruhig spingsen. Im Rückblick gab es auf dem Bildschirm des Fernsehers ohnehin nichts Weltbewegendes zu sehen. Verglichen mit heutigen Spielkonsolen waren die Videospiele unserer Kindheit grafisch eher auf dem Niveau der Wetterkarten in der *Tagesschau*, die aus fetten weißen Linien für Tiefausläufer, einfachen Sonnensymbolen und eingefärbten Nebelgebieten bestanden.

Es bedurfte schon einer guten Portion Phantasie, sich vorzustellen, dass ein waagerechter Balken an der unteren Seite des Fernsehers ein Raumschiff war, mit dessen Kanone in Form eines Minipixelhaufens wir in *Space Invaders* die Erde gegen herannahende Außerirdische verteidigten. Oder dass ein rotes Viereck, mit vier schwarzen Pixelklöpschen rechts und links daneben, in *Pole Position* einen Formel-1-Wagen darstellte, den wir mit äußerster Geschwindigkeit über eine flache Rennstrecke steuerten, immer bemüht, anderen Autos in Form von weiteren Pixelhaufen auszuweichen.

Trotz allem, als wir Kassettenkinder die minimalistischen Grafiken zum ersten Mal mit dem Joystick zum Leben erweckten, waren wir fest davon überzeugt, dass wir zu Lebzeiten niemals etwas Besseres zu Gesicht bekommen würden. Liebe macht eben bekanntlich blind, und deshalb muss das, was wir für unser neuestes digitales Spielzeug empfanden, wohl wahre Liebe gewesen sein.

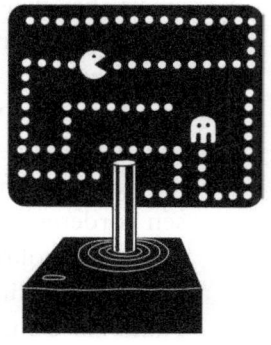

Der Atari war neben dem Audioequipment, das wir aufrüsteten, hegten und pflegten, das zweite Technikwunder, das unsere Jugend nachhaltig beeinflusste. Mit der Spielkonsole brach eine völlig neue Unterhaltungsära an.

Die neue Technik entführte uns auf einen virtuellen Abenteuerspielplatz, wo wir uns austoben konnten, ohne dafür vom Sofa aufstehen zu müssen.

Der Atari war damit der Urknall für die heutige Games-Landschaft. Innerhalb weniger Jahre nahm das Konsolenspielen vor allem bei den männlichen Kassettenkindern einen festen Platz in der Freizeitgestaltung ein, und viele sind ihre Leidenschaft bis heute nicht losgeworden, zum Leidwesen all jener Ehefrauen und Freundinnen, die mit ihrem erwachsenen Kassettenkind auf der Couch lieber etwas Analoges spielen würden.

Dass die minimalistischen Atari-Games, deren Soundeffekte mit ihrem Piepen und Röhren immer ein wenig an ein bekifftes EKG erinnerten, damals überhaupt so große Begeisterung bei uns auslösten, lag natürlich schlicht daran, dass es bei uns zu Hause nichts Vergleichbares gab. Unsere früheren technischen Spielabenteuer muteten dagegen spartanisch an: Da gab es die Geschicklichkeitsspiele, bei denen wir mit Druck auf einen Pumpknopf bunte Ringe und Figuren durch das mit Wasser gefüllte Plastikgehäuse spülten. Und ein wahres Technikhighlight war für einige von uns das *Tomy Racing Cockpit* gewesen, der Urahn von heutigen Rennsimulationen wie *Gran Turismo* und *Forza Motorsport*. Das Plastikcockpit, dessen vorderer Teil eine rote Motorhaube im Porschedesign darstellen sollte, hatte eine schwarze Bedienoberfläche, auf der sich links vor uns ein Minilenkrad und rechter Hand ein Ganghebel sowie ein kleiner Bildschirm befanden, auf dem wir nach Drehen des Zündschlüssels mit dem Auto über eine Landstraße brettern und anderen Fahrzeugen ausweichen konnten. Verglichen mit einem Atari war das alles wahrlich Kinderkram.

Mit dem Atari konnten wir zum ersten Mal etwas auf

dem großen Fernseher im Wohnzimmer steuern. Wenn wir, die klebrigen Reste eines Nappos noch zwischen den Zähnen, nun einen Joystick in der Hand hielten, der ein wenig dem Steuerknüppel eines Kampfjets ähnelte (na ja, ein bisschen zumindest) und im *Star-Wars*-Spiel mit einem X-Wing-Fighter durch den Graben des Todessterns flogen, dann *waren* wir Luke Skywalker. Wir fühlten uns dabei so mit dem Spiel verbunden wie Jeff Bridges, der in *Tron* in den Hauptcomputer seiner Firma hineingezogen wurde. Und das, obwohl es nur einfache gelbe und weiße Vektorlinien waren, die von der Spielkonsole auf den Fernsehschirm gezaubert wurden. So viel Phantasie hätten wir auch heute gerne noch mal, wenn wir vor der ein oder anderen PowerPoint-Präsentation sitzen.

Natürlich hatte es bereits vor dem Atari erste Spielekonsolen gegeben, die man an den Fernseher anschließen konnte, doch die boten für viel Geld nur spielerischen Magerquark. Die meisten dieser »Telespiele« bewegten sich grafisch auf einem Level mit dem allerersten Videospiel *Pong,* das Anfang der siebziger Jahre auf den Markt kam und ein Tischtennismatch simulierte, bei dem zwei weiße Balken und ein Punkt über den Fernsehschirm rutschten. Das größte Manko: Auf diesen Konsolen konnte man nur ein einziges oder eine bestimmte Anzahl fest vorinstallierter Games spielen. Und so stand für uns schnell fest, dass die Siebziger gametechnisch die Steinzeit gewesen waren – jetzt, in den glorreichen Achtzigern, ging es erst richtig los.

Der Atari war die erste Konsole mit Steckmodulen, die es uns erlaubte, eine Vielzahl von Spielen darauf laufen zu lassen, und an Auswahl mangelte es nicht, denn der Markt boomte. Viele der Games waren uns Kassettenkindern von den Arcade-Spielautomaten bekannt, die uns in den frühen Achtzigern überall begegneten. Wann immer wir im Vorraum des Supermarkts oder in einer Imbissstube an einem solchen Gerät vorbeigekommen waren, hatte uns das Verlangen gepackt – wobei die Älteren von uns gleich zur Tat schreiten und ihr Taschengeld im Videospielautomaten versenken konnten, während die Jüngeren ihre Eltern anbetteln mussten, doch auch einmal mit einer dieser Spaßmaschinen spielen zu dürfen – ein Wunsch, der an unseren Erziehungskräften abperlte wie Kondenswasser an einer eiskalten Fanta im Hochsommer.

Nun mussten wir nur noch einmal flehen – und zwar um die Anschaffung eines Atari, der unseren Eltern vielleicht genau deswegen weniger suspekt war, weil wir uns dafür nicht an schmuddelige Orte begeben mussten – und weil wir uns nicht in Gesellschaft von Fremden, sondern von Freunden befanden. Wir saßen nämlich selten allein vor der Konsole. Wer einen Atari hatte, bekam laufend Besuch. Von Freunden und auch von atarilosen Kindern, die nun vermehrt unsere Gesellschaft suchten. Diese blieben oft bis lange nach dem Abendessen und konnten erst unter gutem Zureden durch die Atari-Besitzer-Eltern von der Konsole getrennt werden. Häufig musste in letzter Instanz dem unter Tränen vorgetragenen Wunsch nach einer Übernachtung stattgegeben werden, weshalb sich das Heim manches Atari-Besitzers in eine kleine Jugendherberge verwandelte.

Und dann waren da noch die Härtefälle: Systemverlierer, bei denen am Geburtstag oder zu Weihnachten die falsche Konsole auf dem Gabentisch gestanden hatte. Bei den Atari-Gruppensitzungen galt ihnen das kollektive Mitleid, und sie durften den Joystick immer etwas länger in der Hand behalten, da sie am Ende zu ihrem Colleco-Vision oder Vectrex zurückkehren mussten. Beide Geräte boten weniger Spiele, weshalb es unter uns als ausgemacht galt, dass der Atari die einzig wahre Spielkonsole war, so wie ein Taschentuch eben ein Tempo war und die einzigen Turnschuhe, mit denen man sich sehen lassen konnte, drei Streifen trugen. Diejenigen unter uns, die sich vergeblich nach ihm sehnten, fahnden auch heute noch auf Trödelmärkten immer wieder zwischen altem Nippes nach gut erhaltenen Atari 2600, um sich den Kindheitstraum doch noch zu erfüllen.

Obwohl wir miteinander immer um den höchsten Highscore wetteiferten, schweißte die Faszination für Videospiele uns zusammen, und wir entwickelten uns zu einer verschworenen Gemeinschaft. Im Grunde waren die Kleingruppen, die zu jener Zeit überall im Land nachmittags vor dem heimischen Fernseher hockten, wohl die Keimzellen der heutigen Online-Spielecommunities.

Wir zeigten uns Tricks, diskutierten verschiedene Spielstrategien und warnten einander vor besonders fiesen Stellen in höheren Levels, kurz, wir traten nicht nur gegeneinander an, sondern verbündeten uns auch – gegen das System: Wir feuerten den jeweiligen Spieler an, wenn ein neues, bis dato unerreichtes Level in greifbare Nähe kam, oder stöhnten auf, wenn jemand das letzte Extraleben ausgehaucht hatte.

A winner is you!
Pro Wrestling, 1987

Im Gegensatz zu uns hatten unsere Eltern kaum je eine Chance auf ein Extraleben. Meist hielten sie sich von der Konsole fern, und wenn sie doch einmal zum Joystick griffen, reichten sie ihn nach wenigen Minuten frustriert und ein wenig beschämt zurück, weil ihnen das rechte Geschick abging.

Da wir nach unseren nachmittäglichen Spielesessions auch noch regelmäßig wichtige Vorabendserien sehen mussten, fürchteten unsere Eltern auch, dass wir ganz mit dem Fernseher verschmelzen würden. Sie versuchten, uns bei dem Bildschirmfraß auf Diät zu setzen, auch weil sie verhindern wollten, dass wir bei dem ganzen Geballere Gewaltphantasien entwickelten.

Mama und Papa beschlossen daher nach einer Weile, dass unser offenkundig unvermeidbarer Aufenthalt vor dem Kasten auch einen Nutzen haben sollte, und kauften statt der Videokonsole einen Heimcomputer. Die Geräte waren zwischenzeitlich erschwinglich geworden und wurden überall als die neue Wunderwaffe für Schule und Beruf angepriesen. Unsere Eltern wollten eben, dass wir was Richtiges lernten.

Das taten wir auch sehr schnell. Und zwar lernten wir, dass es für den Heimcomputer ebenfalls Spiele gab – und da er mit mehr Rechenpower ausgestattet war, bedeutete das: viele richtig geile Spiele. Schon bald waren wir nicht mehr von unserem neuen Freund zu trennen. Er raubte uns buchstäblich den Schlaf.

Da haben Sie nur die Chance auszuweichen, oder Sie zerschellen. Was ich Ihnen zu tun empfehle, wenn Sie die etwas sinnlos anmutende Ballerei leid sind.

Hartmut Huff,
Chefredakteur *Telematch*
über das Spiel *River Raid*

Manchmal war es schon weit nach Mitternacht, so genau konnte das später niemand mehr sagen. Vor dem Fenster unseres Zimmers stand der Vollmond am Himmel, auf der Straße war kein Mensch mehr unterwegs, und das letzte Auto hatte unser Haus vor Stunden passiert. Kein Ton, außer dem gelegentlichen Jaulen und Fauchen zweier Katzen im Clinch, dem Ruf eines Käuzchens und dem zufriedenen Schnurren der Kassette im externen, beigefarbenen Datasettendeck des C64.

Wir saßen zu dritt oder zu viert vor dem zerkratzten Birkenholzschreibtisch, der vor dem Fenstersims stand. Auf der Platte pappten Sticker von Metallica und Iron Maiden friedlich neben Sammelaufklebern, die wir in Duplo-Riegeln und Hanuta-Päckchen gefunden hatten (mal ein Bundesligist mit Oberlippenbärtchen und wasserstoffblonden Strähnchen in der Matte, mal eine grinsende Tomate, neben der »Let's Ketchup« stand). Unter dem Schreibtisch stapelten sich außer den noch eingerollten Schlafsäcken Pizza-Kartons und Aluschalen mit Nudelresten – der italienische Lieferdienst hatte erst vor ein paar Wochen eröffnet, doch wir nahmen seine Dienste bereits in Anspruch, als hätten wir das schon jahrelang getan. In der Luft lag das Odeur von Margherita, Funghi und Lasagne, gemischt mit dem von schwitzigen Socken.

Angespannt beobachteten wir das mechanische Zählwerk des Datasettenlaufwerks: Mit den Vor- und Rückspultasten hatten wir das Band an die Stelle bewegt, an der wir den Programmcode des Spiels gespeichert hatten. Wir hofften, dass wir uns die richtige Ziffernfolge auf der Anzeige notiert hatten, sonst waren die Daten in den Weiten des Kassettenbands verloren. Wir gaben auf der Tastatur das Kommando ein, damit der Computer das Spiel lud, und drückten die Play-Taste auf dem kleinen Kassettengerät. Und dann – mussten wir erst mal warten. Unser C64 ließ sich eben für alles ein wenig Zeit.

Mit einer der wabbeligen Floppy-Disks wäre es schneller gegangen, doch ein entsprechendes Laufwerk war teuer. Und so mussten wir uns in Geduld fassen und hoffen, dass das Spiel, das wir aus einem Computermagazin mühselig abgetippt hatten, auch so irgendwann startete.

Der kleine Computer mit der dunkelbraunen Tastatur und den grauen Funktionstasten, den wir seiner Form nach liebevoll »Brotkasten« nannten, hatte für uns eine neue Zeitrechnung gestartet – er läutete in der ersten Hälfte der achtziger Jahre die Epoche der Heimcomputer ein.

Wir stellten bald fest, dass der Computer viel mehr war als eine reine Spielkonsole. Es war genauso interessant, ihn aufs Geratewohl mit Daten oder Kommandos zu füttern, einfach um zu sehen, was er dann tat. Uns war bewusst, dass er weit von künstlicher Intelligenz entfernt war, die Computer wie HAL aus *2001: Odyssee im Weltraum* oder Roboter wie R2-D2 und sein kleiner Kollege Johnny 5 aus *Nummer 5 lebt!* besaßen – immerhin arbeitete er nur, wenn wir ihm die richtigen Befehle gaben. Das hieß aber nicht, dass wir unseren elektronischen Zimmergenossen nicht in- und auswendig kennenlernen wollten. Auch ohne Anzeichen eines Defekts schraubten wir sein Gehäuse auf, nur um zu ergründen, was sich im Innern der Wunderkiste wohl verbarg. Wir kamen uns dabei vor wie der Computerfreak Murray Bozinsky in *Trio mit vier Fäusten* oder das Technikgenie, das River Phoenix in dem Film *Explorers* spielt.

Unsere neue Pflichtlektüre waren Computermagazine wie die *ASM – Aktueller Softwaremarkt, Powerplay* oder die *64er*, die Bibel aller Commodore-Besitzer. Gierig verschlangen wir Hardwaretests, um beim Fachsimpeln nicht hintenanzustehen, und studierten Bedienungstipps, um die Kiste elegant ans Laufen zu bekommen. Unser größtes Begehr war aber natürlich zu wissen, welches die geilsten Games waren – denn die Berichte über die aktuellsten Computerspiele in den Zeitschriften verhießen uns ständig neue digitale Delikatessen. Wenn uns ein Spiel besonders interessierte, kauften wir uns auch schon mal mehrere der Zeitschriften, um durch den Vergleich der Tests sicherzugehen, dass es tatsächlich so gut war wie behauptet. Manche Games, die uns dort versprochen wurden, ließen ewig auf ihre Fertigstellung warten, so dass wir jeden kleinen Preview-Schnipsel in uns aufsogen, der in den Magazinen über sie zu lesen stand – auch wenn die Redakteure auf die Frage nach dem Erscheinungsdatum sehr oft vom Entwicklerstudio nur die lapidare Auskunft erhalten hatten: »When it's done.«

Besonders begeistert waren wir von den neuen Adventuregames. Diese bestanden zwar anfangs nur aus Text und wirkten eher so, als würden wir auf dem Bildschirm ein Buch lesen, in dessen Handlung wir an einigen Stellen eingreifen konnten, aber sie brachten eine entscheidende Neuerung: Statt stumpf ein Level an das andere zu reihen, erzählten sie eine richtige Geschichte. Von unseren Entscheidungen im Spiel hing ab, wie diese verlief und ob der Held das Abenteuer bestand.

In Computerzeitschriften wurden regelmäßig lange Listen mit den Programmcodes von Textadventures abgedruckt. Da ein Computerspiel mehr als einhundert Mark kosten konnte, damals für uns eine geradezu astronomische Summe, machte sich jeder Computerbesitzer wenigstens ein Mal die Mühe, einen solchen Code abzutippen.

Ein Textadventure wie *Der kleine Hobbit* bestand aus einigen hundert kleingedruckten Zeilen, die sich über mehrere Heftseiten erstreckten. Diese enthielten alle nötigen Befehle, damit der Computer aus dem Zahlen- und Buchstabenbrei später ein funktionierendes Spiel machen konnte, und sie sahen verworrener aus als Elbisch:

12 FOR I=I1 TO I2:POKE I,PEEK(I):NEXT:A=10
*4096+8*256+10*16:FOR I=A TO A+2.

Was der ganze Sermon genau bedeutete, wussten wir auch nicht. Aber das war nicht so wichtig. Nie wieder haben wir im Leben mit so viel Begeisterung so unverständliches Zeug abgeschrieben – und komischerweise fühlte es sich sogar an wie richtige Programmierarbeit. Vielleicht lag es daran, dass wir ein Höchstmaß an Konzentration aufbringen mussten, das wir sonst in keiner Klassenarbeit erreichten, wenn wir die kryptischen Zeichen eintippten und dabei peinlich genau darauf achten mussten, bloß keins zu vergessen oder zu verdrehen. Denn dann war das Spiel nicht nur gratis, sondern die ganze Arbeit auch umsonst.

Natürlich hatten wir auf dem Schulhof auch die Geschichten über die unglaublichen Firmengründungsstorys von Tüftlern wie Steve Wozniak, Steve Jobs oder Bill Gates gehört, die weit entfernt an einem Ort mit dem mystischen Namen Silicon Valley ähnlich wie wir über ihren Computertastaturen hingen und Programmzeilen eingaben, die unsere Welt veränderten. Wer wusste, ob wir nicht doch eines Tages mal Computercracks wurden, wenn wir nur lange genug in die Tasten hauten?

Die stupide Aufgabe fiel uns schwer, was allerdings eher an unseren mangelnden manuellen Fertigkeiten lag. Da der C64 für die meisten von uns der erste Computer war und wir bisher selten vor einer Tastatur gesessen hatten, kreiste unser Finger oft lange wie ein Adler auf der

Suche nach seiner Beute über die Tasten, bis wir die entsprechende entdeckt hatten und ihn dann blitzschnell herabsausen und zuhacken ließen – weshalb das Verfahren auch »Adlersuchsystem« genannt wurde.

Die Programmcodes wurden schnell so lang, dass die Zeitschriften sie nicht mehr abdruckten – es hätte Tage gedauert, sie abzutippen, und wir waren zwar verrückt nach den Spielen, aber wir wollten das Haus dann doch zwischendurch mal verlassen.

Auch wenn wir lieber spielten als selbst Programme zu schreiben, hatten wir Achtung vor echten Nerds und Hackern, die sogar imstande waren, den Computer über das Telefonnetz mit Großrechnern zu verbinden und in die Systeme von Unternehmen oder gar Regierungen einzudringen. Einige von ihnen gründeten in jener Zeit einen Verein, der in unseren Tagen eine der wichtigsten NGOs in Sachen Datensicherheit ist: der Chaos Computer Club.

Wer nicht hackte, der spielte. Und die Gamer waren eindeutig Nutznießer der Hackerkunst. Für den C64 gab es bald jede Menge Spiele, und da unser Taschengeld zu mager war, um alle zu kaufen, tauschten wir auf dem Schulhof Raubkopien. Bei denen hatten Hackergruppen wie »Eagle Soft« oder »Dynamic Duo« nicht nur den Kopierschutz entfernt und sie mit einem eigenen Vorspann versehen, sondern auch »Trainer« eingebaut, die Vorläufer der heutigen Cheats, die unsere Spielfigur unverwundbar machten oder uns unbegrenzte Munition verschafften. Deshalb waren gecrackte Spiele manchmal sogar begehrter als das Original, und wir wurden die erste Generation, die lange vor Internettauschbörsen wie eMule und BitTorrent massenhaft gegen geltendes Urheberrecht verstieß.

Der Cevi, so unser Spitzname für den C64, war unsere

Einstiegsdroge, und wir blieben ihm viele Jahre lang treu. Erst in der zweiten Hälfte der achtziger Jahre wurde unsere Liebe brüchig, als der Amiga 500 und der Atari ST sowie PCs mit 286er- oder 386er-Prozessor begannen, mit besserer Grafik um unsere Gunst zu buhlen. Die liebste Beschäftigung vieler Gamer war es, lange Diskussionen vom Zaun zu brechen, welches der Systeme das attraktivere war – und darüber entbrannte fast ein Glaubenskrieg.

Egal, für welchen Rechner wir uns letztlich entschieden, die Adventures blieben lange Zeit das bestimmende Spielegenre und waren für die damalige Zeit grafisch das Nonplusultra. Ihre Protagonisten wuchsen uns ans Herz, weil wir viel Zeit mit ihnen verbrachten. Außerdem schweißt es bekanntlich zusammen, wenn man jemandem das Leben rettet, so wie wir das bei der schönen Sandy taten, wenn wir sie aus den Klauen eines wahnsinnigen Wissenschaftlers im *Maniac Mansion* befreiten und dabei nebenbei erfuhren, was geschah, wenn wir einen Hamster in die Mikrowelle steckten. Als *Leisure Suit Larry* starteten wir, lange bevor wir selbst eine Freundin hatten, die ersten virtuellen Versuche, eine Frau ins Bett zu bekommen.

Wer sich bei den Fernsehübertragungen aus Lake Placid oder Moskau mit dem olympischen Fieber infiziert hatte, der erprobte zudem seine sportlichen Qualitäten in *Summer Games* und *Winter Games,* in denen wir erfolgreicher Punkte sammelten als bei den Bundesjugendspielen und selbst neue Disziplinen wie Hürdenlauf oder Skislalom virtuell virtuos meisterten. Da der Joystick in vielen Disziplinen möglichst schnell von links nach rechts gewedelt werden musste, zählte der Computer hier aus unserer Sicht sogar als Sportgerät.

In der Weltraumabenteuerserie *Space Quest* halfen wir Roger Wilco dabei, das Weltall auf Vordermann zu bringen – absoluter Kult, da das Spiel als Parodie auf *Star Trek* und *Star Wars* immer wieder bekannte Szenen aus den Filmen veralberte. Neben den Abenteuerspielen jagten wir auch Actionspielen wie *Airborne Ranger* oder *Dogs of War* hinterher und verdaddelten Stunden mit Geschicklichkeitsspielen à la *Bubble Bobble*.

Brandneu waren Spielegenres, denen wir auch heute noch etwas abgewinnen können – Flugsimulatoren, Strategiespiele wie *Pirates!* oder *Ports of Call* und Rollenspiele wie die *Bard's-Tale*-Reihe, die deswegen so cool war, weil wir darin lauter Querverweise auf andere Werke wie *Frankenstein*, *Dracula* und die Monsterwelt von H.P. Lovecraft fanden.

Eher unbeabsichtigt hatten die Computer dann doch einen Lerneffekt, vor allem, wenn wir Adventures spielten: Viele der Spiele – besonders die raubkopierten – waren auf Englisch. Bevor wir bei späteren Point-and-Click-Adventures die Spielfigur mit der Maus steuerten, mussten wir englische Kommandos in eine Befehlszeile eingeben, den »Parser«. Das führte zunächst laufend zu Verständigungsproblemen, weil unser Wortschatz nicht immer mit dem des Computers kompatibel war und wir ausprobieren mussten, welche Worte er überhaupt verstand. Langfristig trug es enorm zur Erweiterung unseres Vokabulars bei. Schade nur, dass wir erlernte Phrasen wie »Use magic wand« oder »Shoot alien« kaum je im Englischtest anwenden konnten, da die Familie Clark aus dem G1 nicht mal einen Computer hatte. Unsere erweiterten Englischkenntnisse waren trotzdem ein gutes Argument, wenn unsere Eltern den Kasten mal wieder ganz abschaffen wollten, weil wir mehr damit spielten als lernten.

Dabei sorgte gerade unser ungezwungener Umgang beim Spielen dafür, dass wir den Betrieb des Rechners nebenbei erlernten – bereits nach wenigen Handgriffen wussten wir, wie das Duracell-Häschen lief, während unsere Eltern noch die Gebrauchsanleitung studierten. Ob das Ding wohl nie wieder einen Piep von sich gab, wenn sie die falsche Taste drückten? Sie taten sich ja schon mit der Programmauswahl bei der neuen Waschmaschine oder der Fernsteuerung des Fernsehers schwer. Ungleich fragiler wirkte die Technik des Computers auf sie, und sie hatten im Gegensatz zu uns Hemmungen, die Funktionen des Geräts einfach auszuprobieren und überall mal draufzudrücken, nur um zu sehen, was passiert.

Heute können selbst Kleinkinder ihre Lieblingsapps auf dem Tablet starten. Wer sich damals den Macintosh mit der grafischen Benutzeroberfläche, der 1984 noch schlanke 10 000 DM kostete, nicht leisten konnte, der musste sich schon ein wenig auskennen. Das Betriebssystem Windows setzte sich jedenfalls erst Ende der Achtziger, Anfang der Neunziger durch, und so war selbst das Starten eines einfachen Programms auf einem gängigen Personal Computer mit MS-DOS für Ungeübte eine echte Herausforderung.

Gab man nicht den richtigen Befehl in der Kommandozeile ein, geschah vor allem eines, nämlich: gar nichts. Mit dem Befehl CD (»change directory«) navigierte man durch Ordnerstrukturen, und wer einmal aus Versehen FORMAT C: eingab, formatierte gleich seine komplette Festplatte. Wollten wir es uns etwas einfacher machen, mussten wir einen Dateimanager wie *Norton Commander* verwenden, der den Inhalt von Festplatten und Floppy-Disks in anschaulichen Listen darstellte, von denen aus sich Programme bequemer starten ließen – allerdings musste man dazu den *Norton Commander* erst einmal fachkundig installieren, was wiederum nicht jeder konnte.

Die Benutzung eines Computers war also ungefähr so intuitiv wie trigonometrisches Rechnen mit einer Unbekannten, und beinahe schienen es die Entwickler darauf angelegt zu haben, dass nur besonders Hartnäckige das Geflecht aus Befehlen und Dateiverzweigungen je durchdringen sollten. Es war eben für Fortgeschrittene – und dazu gehörten vor allem unsere Eltern nicht. Sie hatten aus unserer Sicht den Fehler begangen, sich nicht genügend für Computerspiele zu interessieren, was für uns vollkommen unverständlich war. Nun waren sie klar im Nachteil, vor allem, als in ihren Büros flächendeckend »Bildschirmarbeitsplätze« eingerichtet wurden.

Natürlich gab es in den meisten Firmen einen PC-Spezialisten, und unsere Eltern schauten sich auch gelegentlich eine der unzähligen Computersendungen wie den *Know How ComputerClub* im Westdeutschen Fernsehen oder den *Computer Club* des Sender Freies Berlin an – doch am Ende verstanden sie vor lauter Bits und Bytes nur noch Bahnhof.

Wenn sie nun auch zu Hause mal mit *Word* oder *WordPerfect* einen Text schreiben und diesen gar ausdrucken wollten, war unsere Expertise gefragt. Mama und Papa konnten schon allein mit dem Begriff »Drucker-Port« nichts verknüpfen. Wenn sie das Gerät angeschlossen hatten, verzweifelten sie schier an der Wahl zwischen Draft- und LQ-Modus. Und sie sahen uns hilflos an, wenn irgendwann mal die Farbbandkassette gewechselt werden musste.

Wenn schließlich der Druckkopf des Nadeldruckers mit einem schrillen Schrappen über das Papier zog, ein Geräusch, das uns ebensolche Schauer über den Rücken laufen ließ wie Steve Martins Zahnarztbohrer im Musicalfilm *Der kleine Horrorladen,* dann waren unsere Eltern sehr zufrieden. Sie gaben selbstredend niemals zu, von welcher Bedeutung unser tatkräftiger Einsatz für sie war, doch sie zeigten sich auch nicht mehr ganz so ablehnend, wenn wir ihnen erklärten, dass unser noch nicht einmal zwei Jahre alter Computer durch einen neuen ersetzt werden musste, weil er nicht mehr die Systemanforderungen der neuesten Spiele erfüllte. Wir fühlten uns nicht nur wie Experten, sondern auch wie Gewinner in diesem Game.

»Ich habe mit dem Bordcomputer gesprochen.«
»Und?«
»Er hasst mich.«

Douglas Adams, Per Anhalter durch die Galaxis

In dem Maße, wie wir uns mit den Computern verkabelten, lösten wir die Steckverbindungen mit unseren Eltern. Unser Wissen über die neue Technologie war unser Stich. Wir hatten einen eigenen Kompetenzbereich, und das fühlte sich irgendwie erwachsen an. Je rasanter die digitale Revolution voranschritt, je mehr Computer im täglichen Leben und im Beruf unverzichtbar wurden und je mehr Alltagsgeräte einen Chip in ihrem Inneren trugen, den man in irgendeiner Form programmieren oder einstellen musste, umso mehr waren wir in unserem Element, fast so, als hätte uns jemand ein Jodeldiplom verliehen.

Kassettenfilme. Wie der Videorekorder aus unserem Leben großes Kino machte

Die dritte technische Sensation der achtziger Jahre traf mitten ins Herz des familiären Zusammenlebens: den gemeinsamen Fernsehabend. Der Videorekorder trat an, unser Leben einfacher zu machen. Zunächst jedoch machte er es komplizierter: Er wollte programmiert werden.

Wir hatten unsere Eltern schnell überzeugt, dass ein solches Gerät unverzichtbar für das Wohl der Familie war, zog die Anschaffung doch nach sich, dass Mutter nun keine Folge der *Lindenstraße* mehr verpassen würde und Vater die Bundesligaübertragung aufzeichnen konnte, die damals noch live im öffentlich-rechtlichen Fernsehen lief.

Das Einstellen des Programmtimers, der die Aufnahme zu einer vorgegebenen Zeit automatisch startete, war allerdings eine Kunst für sich, da wir nicht nur die Uhr im Gerät richtig einstellen, sondern uns auch durch viele Abzweigungen des Menüs klicken mussten. Die Aufnahme konnte auch mit zwei Tasten über die Fernbedienung gestartet werden, wenn es akut war, aber oft tat sich dabei auch einfach nichts, egal wie verzweifelt wir drückten. Wenn wir Pech hatten, funktionierte die Uhr des Videorekorders nach einer Weile nicht mehr richtig, so dass er etwas völlig anderes aufzeichnete, als wir ihm eigentlich aufgetragen hatten. Mutter ärgerte sich dann, wenn sie auf dem Band Helga Beimer erwartete, die liebevoll ihren »Hasen« Hans umsorgte, und stattdessen von Heribert Faßbender mit den Worten »'n Abend allerseits« begrüßt wurde. Was Vater wiederum sehr freute. Das ganze Programmiergedöns war so vertrackt, dass sich der Sprachschatz unserer Eltern in dieser Zeit um eine neue Phrase erweiterte, die sie verwendeten, wenn sie im Alltag auf einen besonders kniffligen Sachverhalt stießen: »Das ist ja schwieriger, als den Videorekorder zu programmieren!«

Beim Erstkontakt mit dem neuen Haushaltszuwachs war die Freude noch ungetrübt. Wir hatten alle schon viel von den Fähigkeiten dieser Apparatur gehört, so dass wir gespannt um den Küchentisch saßen, als Vater mit dem großen Pappkarton aus dem Elektrogroßmarkt heimkam. Das gemeinsame, feierliche Auspacken war eine frühe Variante heutiger »Unboxing«-Videos, die es uns erlauben, auf YouTube hautnah dabei zu sein, wenn jemand eine halbe Stunde braucht, um einen Neuerwerb aus einer Verpackung zu pulen.

Für die neue Traummaschine befreiten unsere Eltern entweder ein eigenes Regal in der Wohnzimmerschrankwand vom Tand, oder sie kauften gleich ein neues Fernsehmöbel, da das alte keinen Platz für das Röhrengerät und sein neues Geschwisterchen bot.

Vorsichtig zogen wir den Videorekorder aus der Pappschachtel und befreiten den Apparat von den Styroporteilen und allen Schutzfolien, bevor wir ihn genauer betrachteten. Er war in etwa so groß wie ein gewöhnlicher Stereoverstärker, meist silberfarben oder schwarz, und die ersten Modelle stammten von JVC, Saba oder Nordmende. Unser neuer Freund hatte außerdem eine große Klappe – und wir konnten es kaum erwarten, die erste Videokassette hineinzuschieben.

Während sich Vater in Klausur begab, um die Bedienungsanleitung eingehend zu studieren – er wollte das teure Gerät nicht sofort durch einen groben Bedienungsfehler schrotten –, schlossen wir Kassettenkinder den Rekorder einfach mal an den Fernseher an, um zu sehen, ob sich was tat.

Wir verbanden das weiße Antennenkabel aus der Wand mit der Filmmaschine und diese wiederum über das etwas dickere schwarze Videokabel mit dem Fernseher. Wenn der Videorekorder noch einen Audioausgang hatte, konnten wir ihn mit den filigranen Audiokabeln an die Stereoanlage anschließen, und das erschien uns geradezu obszön professionell. Beim Verkabeln kamen wir uns vor wie der Held in *18 Stunden bis zur Ewigkeit*, einem jener Filme aus den Siebzigern, die am späten Samstagabend nach dem *Wort zum Sonntag* im Ersten liefen, wenn wir schon schliefen, und die wir nun endlich würden aufzeichnen können, um sie zu einer zivilen Zeit anzuschauen. Richard Harris spielte darin den Bombenentschärfer Lt. Cmdr. Fallon, der an Bord des Kreuzfahrtschiffs von Omar Sharif einige kompliziert verdrahtete Bomben entschärfen musste. Diese waren in Fässern untergebracht, und um an das Kabelgeflecht mit dem Zünder heranzukommen, musste Fallon zunächst die Frontplatte entfernen.

Wenn das neue Gerät kein Toplader war, also ein ausfahrbares Kassettenfach an der Oberseite besaß, hatte es ebenfalls eine Frontplatte. Die Klappe verdeckte das Laufwerk für die Videokassetten. Klappten wir diese Blende nach hinten und leuchteten mit unserer Dynamotaschenlampe hinein, konnten wir die aufwendige Technik im Inneren des Rekorders sehen: die Bild- und Tonköpfe, das Kassettenlaufwerk und diverse andere Platinen, Kabel und Dioden – so genau hatten wir noch nie in eins der Unterhaltungsgeräte hineingesehen. Die Funktionen erschlossen sich uns nicht auf Anhieb, und bei der ersten Inbetriebnahme kam es uns etwas unwahrscheinlich vor, dass der Videoapparat mit diesem Wirrwarr ein filmisches Feuerwerk auf dem Bildschirm entzünden sollte. Wir schoben die Videokassette hinein, die Vater aus dem Laden mitgebracht hatte: *Beverly Hills Cop* mit Eddie Murphy, der so schnell sprach, dass uns schwindlig wurde. Auf leichten Druck hin zog die Mechanik des Laufwerks die etwas klobige Filmkassette ratternd nach innen. Und dann geschah, was wir von nun an noch unzählige Male sehen sollten: Das Bild rauschte zunächst ein wenig, aber schließlich formten die Sterne einen Kranz um den Paramount-Pictures-Berg, die Credits liefen, und dann setzte der Beat von »The Heat Is On« ein, während wir durch Vororte geführt wurden, die uns den Industriecharme von Detroit vermittelten.

Axel Foley und alle anderen Hollywoodhelden gingen nun, da der Videorekorder seinen Platz eingenommen hatte, bei uns ein und aus, wann immer wir es wollten – und damit machte sich das neue Gerät schon bald unentbehrlich.

Obwohl ich älter werde, veraltet das, was ich tue, nie. Ich glaube, das hält mich bei der Stange.
Steven Spielberg

Der Videorekorder veränderte unser Sehverhalten: Wir konnten uns die Filme, die uns gefielen, nun jederzeit reinziehen – und das war eine echte Revolution.

Bevor es den Videorekorder gab, konnten wir uns neue Filme nur im Kino ansehen, und das ging ins Geld. Da viele Einsaalkinos aus den Sechzigern und Siebzigern inzwischen Kinocentern mit mehreren Sälen hatten Platz machen müssen, bestand nun die Chance, dass ein Film aus einem der größeren Kinosäle in einen kleineren wanderte, wo er noch einige Wochen lief und wir ihn ein zweites Mal sehen konnten. Schafften wir es nicht ins Kino, mussten wir warten, bis er irgendwann im Fernsehen kam. Das konnte ein paar Jahre dauern, und dann war es nötig, dass wir zur rechten Zeit vor der Flimmerkiste saßen.

Und so versuchten wir aus den seltenen Kinogängen alles herauszuholen, was ging. Der Inhalt wurde bis ins Kleinste mit Freunden besprochen, um den genauen Verlauf des Lichtschwertduells zwischen Luke und Vader noch einmal in allen Einzelheiten durchzukauen, uns daran zu erinnern, wie Elliott und E.T. auf dem Fahrrad vor einem riesigen Vollmond durch den Himmel flogen, oder gemeinsam darüber zu schmunzeln, wie Baby eine Wassermelone zum geheimen Tanztreff geschleppt hatte.

Wer nicht genug bekommen konnte, wich auf andere Medien aus, um den Film erneut vor dem inneren Auge ablaufen zu lassen: Wir lasen Filmbücher – in denen die Handlung minutiös nacherzählt wurde und die manchmal einen aufschlussreichen Blick auf die Gedankenwelt des Helden eröffneten – und schwelgten in deren Fototeil. Wir kauften uns Hörspiele mit der Tonspur des Films und den Soundtrack, der sich dann bei uns wochenlang auf dem Plattenteller drehte. Wir erstanden sogar Drehbücher, die wir bald auswendig konnten. Und wir tapezierten unsere Zimmerwände mit den Postern unserer Lieblingsfilme von *Alien* über *Brazil* bis zu *Blade Runner*.

Besonderer Beliebtheit erfreuten sich die postkartengroßen Sammelkarten aus der Filmzeitschrift *Cinema*. Auf der Vorderseite war das Originalplakat des Films abgedruckt, auf der Rückseite stand neben einer kurzen Inhaltszusammenfassung Wissenswertes über den Film. Wer fleißig sammelte, konnte sich auf diese Weise seine eigene, ganz private Filmdatenbank erstellen – eine Art analoge IMDb.

Wahre Cineasten verfügten zudem über den »View

Master«. Der war rot, sah aus wie ein Plastikfernglas und diente zum Betrachten von stereoskopischen Bildern. Die Standbilder waren auf einer Pappscheibe angebracht, welche wir dann an der Oberseite des View Masters in einen Schlitz steckten. Mit dem schwarzen Hebel an der Seite drehten wir zum nächsten Dia weiter. Hielten wir den View Master gegen das Licht, konnten wir so erneut in den Film eintauchen.

All dies waren Hilfsmittel, um den Film so oft wie möglich wiederzuerleben. Videorekorder machten solche Krücken überflüssig: Wir konnten unsere Lieblingsfilme endlich so oft ansehen, wie wir wollten. Das Problem bestand nun darin, ihrer auch dann habhaft zu werden, wenn wir sie nicht aus dem Fernsehen aufnehmen konnten.

Sie zu kaufen war teuer – ein aktueller Film kostete gerne mal an die hundert Mark. Günstiger war der Gang in eine der Videotheken, die in unserer Kindheit überall aus dem Boden schossen. Solange wir noch nicht geschäftsfähig waren, lief ohne unsere Eltern gar nichts, und der Zutritt zur Videothek hing vom guten Willen des Inhabers ab – so manches Mal mussten wir draußen bleiben. Dann warteten wir im Auto oder drückten uns draußen die Nasen an den Schaufenstern platt, in denen mal eine Plüschfigur der Gremlins den gleichnamigen Film bewarb oder ein Poster prangte, auf dem Dustin Hoffman gleich zwei Mal abgebildet war: einmal im Schluffilook mit Turnschuhen, einmal als Frau mit Perücke in einem hochgeschlitzten roten Paillettenkleid – als *Tootsie*.

Unterdessen betraten unsere Eltern oder Großeltern den Laden. Übers Wochenende boten die meisten Videotheken drei Filme im günstigen Paketpreis an, weshalb wir unseren Boten eine Liste von Filmen mitgegeben hatten, die wir sehen wollten – dem Ranking konnten sie auch entnehmen, welchen anderen Film sie mitbringen sollten, wenn unsere drei Topwunschfilme nicht zu haben waren. Nicht immer entsprachen unsere Eltern oder Großeltern den Wünschen und kamen manchmal zu unserem Verdruss mit Bildungskino zurück, wenn wir Action in Auftrag gegeben hatten. Was aber nicht immer ihr Verschulden war: Selbst wenn sie uns gern den Gefallen getan hätten – in den kleinen, oft inhabergeführten Videotheken waren aktuelle Streifen oft nur ein oder zwei Mal vorhanden, so dass es eine endlose Vorbestellerliste gab.

Umso größer war die Spannung, wenn die Erwachsenen wieder aus der Videothek traten und uns die Plastikhüllen in die Hand drückten, die mit dem Logo des Ladens bedruckt waren. Wir verloren keine Zeit, sondern öffneten sie direkt. Wenn der Film drinsteckte, den wir uns am meisten gewünscht hatten, war das Wochenende gerettet.

Mit den Videobändern mussten wir vorsichtig umgehen. Sie waren pünktlich und vor allem auf Anfang gespult zurückzugeben, was weniger mit deutscher Pingeligkeit als damit zu tun hatte, dass es gut und gerne zehn Minuten dauern konnte, einen Film zurückzuspulen, was den Videothekenbesitzer Zeit kostete, wenn er es für uns übernahm. Hatten wir die Spulerei vergessen, wurde also eine Strafgebühr von einer Mark pro Kassette fällig, die uns natürlich vom Taschengeld abgezogen wurde – weshalb wir so manches Mal mit Herzklopfen vor der Videothek warteten, weil wir nicht mehr genau wussten, ob wir unsere Pflicht ordnungsgemäß erledigt hatten.

Noch schlimmer war es, wenn man eine Kassette beschädigte, denn dann musste man sie natürlich ersetzen, und das konnte teuer werden. Routiniert überprüfte der Mitarbeiter bei der Rückgabe im Laden die Bänder, indem er an der einen Seite der Kassette den kleinen rechteckigen Riegel mit dem Daumen niederdrückte und so die Klappe öffnete, die das Band schützte. Auch wir beherrschten diese Handbewegung bald so schlafwandlerisch, dass wir uns damit bei Robert Lembke in *Was bin ich?* als erfahrene Videogucker hätten outen können.

Ein eigener Leihausweis für die Videothek war das ultimative Zeichen, dass wir erwachsen waren. Dort roch es immer nach einer bestimmten Mischung aus Plastik, dem chemischen Geruch der Videobänder, Rauch und miefigem Teppichboden. Staunend, aber auch ein bisschen ehrfürchtig schritten wir leise wie in einem sakralen Raum vorbei an den langen Regalen, in denen die Bänder standen, aus denen unsere Träume waren: Harrison Ford schwang seine Peitsche auf dem Cover von *Jäger des verlorenen Schatzes,* die blitzweißen Zähne von *Pretty Woman* Julia Roberts ließen uns beinahe erblinden, und auf der *Karate Kid*-Hülle übte Daniel LaRusso die Kranichtechnik, den Kick jener Karate-Figur, an der wir uns selbst so lange im Garten versucht hatten.

Wir wünschten uns, dass es uns erging wie Thommy Gottschalk und Mike Krüger in *Die Einsteiger,* hatten die beiden Supernasen doch eine Möglichkeit gefunden, sich mit der umgebauten Fernbedienung ihres Videorekorders in die Filme hineinzuversetzen, die sie sich anschauten. Das wollten wir auch. Wir hockten uns möglichst dicht vor den Fernseher – aus der Nähe wirkte er fast so groß wie die Kinoleinwand – und sahen uns die besten Filme gleich zweimal an einem Wochenende an. Wir übten die Mimik unserer Lieblingsschauspieler, konnten bald Harrison Fords schiefes Lächeln imitieren, wie Bond die

Augenbraue heben oder einen Schmollmund wie Madonna in *Who's That Girl* ziehen.

Viele Streifen sahen wir so oft, dass wir sie auswendig mitsprechen konnten. Wir Kassettenkinder lernten, in unsere Reden Filmzitate einzuflechten, wann immer sich eine passende oder unpassende Gelegenheit dazu ergab: »Ich komme wieder«, sagten wir, wenn wir aufs Klo mussten. »Ich habe eine Wassermelone getragen« war unsere Entschuldigung fürs Zuspätkommen. Mit »Isst du die Bohnen noch?« luchsten wir unserer Schwester die Reste ihres Mittagessens ab. »Möge die Macht mit dir sein« und »Hasta la vista, baby«, wurden unsere Abschiedsfloskeln. Und wenn wir beim *Risiko*-Spielen gewannen, brüllten wir schon mal im Übermut: »Es kann nur einen geben!« Die Verwendung dieser Filmzitate war nicht nur unser Markenzeichen, es war eine Art Code, der zeigte, dass der, mit dem wir sprachen, einer von uns war.

Und so wurde, als wir älter waren und nicht mehr nur mit unseren Eltern Filmabende veranstalteten, das Videogucken mit Gleichaltrigen ein Muss: Wir streiften gemeinsam durch eine Videothek, auf der Suche nach dem besten Film für den Abend. Später saßen wir mit einer Schüssel Mikrowellenpopcorn bei Freunden, deren Eltern nicht da waren, auf der Wohnzimmercouch. Es war ein wenig, als hätten wir ein neues Spiel entdeckt, das Filmkaraoke hieß: Die besten Szenen wurden von allen im Chor mitgesprochen, wir lachten oder bibberten, bevor ein besonders cooler Moment kam, und wenn einer von uns den Streifen doch nicht kannte, wurde er hemmungslos zugespoilert. Alles war ganz kuschlig, und dennoch hatten wir das Gefühl, durch den eingelegten Film einem großen Ereignis beizuwohnen, das uns mit den Filmfans auf der ganzen Welt verband.

Unsere Lieblingsfilme hätten wir gerne behalten, um sie mit Freunden oder allein immer wieder zu sehen. Das ging aber natürlich nicht, weil die Ausleihe kostspielig war und zig andere ebenfalls auf den Film warteten. Am Wochenanfang, wenn wir die Filme zur Videothek zurückbringen mussten, war der Trennungsschmerz deshalb jedes Mal groß.

Das war jedoch nicht lange ein Problem: Die Videorekorder wurden immer günstiger, so dass wir bald jemanden kannten, der auch einen zu Hause hatte. Und wenn wir dessen Apparat mit unserem verkoppelten, das hatten wir schnell ausbaldowert, konnte der eine aufnehmen, was der andere abspielte. Ab diesem Moment lohnte es sich gleich doppelt und dreifach, wenn wir einen Film aus der Videothek liehen.

Wichtig war natürlich, dass die Rekorder das gleiche System hatten, tobte doch noch Anfang der Achtziger der große Kassettenkrieg zwischen VHS, Betamax und Video 2000. Die beiden letzteren Systeme galten als qualitativ besser, doch die VHS-Rekorder waren technisch einfacher, damit billiger und zuverlässiger. Zudem bot VHS eine höhere Laufzeit, was dem System in Amerika zusätzlich Punkte verschaffte, denn dort kam es darauf an, auf einer Videokassette ein komplettes Footballspiel unterzubringen. Ein anderer Faktor, der letztlich dazu führte, dass sich VHS durchsetzte, war weniger familientauglich, erklärte aber in so manchem Fall, warum Opa oder Papa recht gerne in die Videothek gingen, um nebenbei auch unsere Spielfilme auszuleihen: Pornofilme erschienen auf VHS, weil Sony, denen das Betamax-System gehörte, nichts mit der Sexfilmindustrie zu tun haben wollte. Der Sieg im Formatkrieg war ein schlüpfriger, denn er wurde in den Hinterzimmern der Videotheken errungen.

Die bespielten VHS-Kassetten beschrifteten wir genauso liebevoll wie unsere Mixtapes – und wer die Filmkarten aus der *Cinema* gesammelt hatte oder Filmanzeigen aus der Zeitungswerbung ausschnitt, bastelte sich selbst ein Cover und klebte sie auf die Videohüllen, so dass diese ein wenig mehr wie Originale aussahen. Unsere Videosammlung wuchs ständig und nahm irgendwann ein ganzes Regal in der Wohnzimmerschrankwand ein.

> *Wir wussten, dass es im Jahr 2015 keine fliegenden Autos geben würde. Aber wir mussten unbedingt welche in unserem Film haben.*
>
> Bob Gale, Produzent von *Zurück in die Zukunft*

Als wir uns die Videokassette von *Zurück in die Zukunft* so oft angesehen hatten, dass wir alle Dialoge mitsprechen konnten, kam endlich der zweite Teil ins Kino. Darin reiste Marty McFly mit dem DeLorean ins Jahr 2015, das uns damals noch unerreichbar weit weg erschien.

Im Hill Valley der Zukunft sahen wir die fliegenden Autos, für die man keine Straßen mehr brauchte, und schwebende Skateboards, die Hoverboards genannt wurden. Marty ging vor einem Hologramm-Hai in Deckung, der aus der Kinowerbung für *Der weiße Hai, Teil 19* auf ihn zuschoss, er staunte, als sich seine Turnschuhe mit einem Klick selbst zusammenschnürten, und seine Mutter servierte eine Familienpizza, die vor dem Hineinlegen in den Hydrator, einen mikrowellenähnlichen Ofen, noch nicht einmal handtellergroß gewesen war. Dazu flatterte die elektronische Post aus einem Drucker in der Wand und ein riesiger Flachbildfernseher, auf dem auch Videokonferenzen stattfanden, bildete den Mittelpunkt des Wohnzimmers.

Unsere Zukunft würde genauso aussehen, oder zumindest so ähnlich, davon waren wir überzeugt. Denn die Digitalisierung, deren Anfänge wir dank unseres ersten Computers hautnah miterlebt hatten, nahm immer mehr an Fahrt auf – inzwischen war die erste E-Mail verschickt worden, die CeBIT gehörte fest auf den deutschen Messeplan, und eine Frühform des Internet existierte ebenfalls. Vielleicht, so dachten wir, würde es bald auch so einen kleinen tragbaren Kommunikator geben, wie ihn Captain Kirk benutzte, mit dem man praktisch überall telefonieren konnte. Und, wer wusste das schon so genau, es könnte sogar jemand einen Replikator erfinden, wie ihn die Besatzung der Enterprise in *The Next Generation* verwendete – eine Art dreidimensionaler Drucker, der Dinge oder synthetische Lebensmittel aus Molekülen herstellen konnte.

Und so blickten wir Kassettenkinder am Ende der Dekade optimistisch auf die vor uns liegenden Jahre und waren uns sicher, dass der Fortschritt in Zukunft unsere kühnsten Träume wahr werden lassen würde.

NACHWORT

Tschüssikowski

Wir sitzen auf der Rheintreppe in der Nähe der mächtigen Eisenbahnbrücke, die mit großen Bogen hinüberführt zum Hauptbahnhof und zum Kölner Dom, der Kathedrale, die dort schon viele Zeiten überdauert hat und in deren Schatten das deutsche Live-Aid-Event im Sommer 1985 die Massen zum Jubeln brachte. Am Kiosk haben wir uns mit einem Capri-Eis und einem Nogger versorgt. Während wir den Geschmack vergangener Sommer genießen, fließt träge und graugrün der Rhein unter der Brücke hindurch. Die Chemieunfälle, die sein Wasser einst blutrot färbten und Tonnen toter Fische mit dem Bauch nach oben treiben ließen, sind längst Geschichte. Es gibt auch außer Klaus Töpfer wieder Leben im Rhein, und ein Stück flussaufwärts von dem Ort, an dem wir sitzen, ist sogar eine Stelle, an der die Menschen grillen und baden.

Wir unterhalten uns über damals, spielen uns gegenseitig alte Songs auf dem Handy vor und fragen Siri, aus welchem Jahr sie genau stammen – der Kommunikator und der allwissende Bordcomputer aus *Star Trek* sind in etwas anderer Form tatsächlich Realität geworden.

In diesem Jahr, 2016, waren die Achtziger sehr präsent: Viele Ikonen von damals wie Bud Spencer, Erika Berger und David Bowie sind gestorben, und wir wurden an Tschernobyl erinnert, denn es sind jetzt dreißig Jahre vergangen, seit der Reaktor explodiert ist – jene dreißig Jahre Halbwertszeit von Strontium-90 und Cäsium-137, die uns damals wie eine irre lange Zeit vorkamen. Ging dann doch schneller als gedacht. Das Problem ist jetzt zwar nur noch halb so groß, aber immer noch laufen in Bayern Tausende radioaktiv verstrahlte Wildsauen herum. Die Erde ist dort nach wie vor so verseucht, dass die Schweine mit ihrer bodennahen Nahrung aus Trüffeln und Eicheln den Geigerzähler zum Ticken bringen.

Trends, auf die wir damals gesetzt haben, sind längst passé oder haben sich weiterentwickelt. Inzwischen wissen wir, dass Jane Fonda beim Aerobic nicht hätte stretchen dürfen, ohne sich vorher aufzuwärmen – sie ist damit vielleicht bei uns für den ein oder anderen Rückenschmerz verantwortlich. Ob die Mutter des Aerobic gedacht hätte, dass die Fitnesswelle weiterrollt und sich aus ihrem Gehüpfe einst Modesportarten wie Tae Bo oder Zumba entwickeln? Ob die Ökofans der Achtziger mit der Eröffnung von Biosupermarktketten und dem Smoothiemaker, der modernen Version der Müslimühle, gerechnet hätten? Und wir damit, dass es mal eine *Ghostbusters*-Fortsetzung gibt, in der Frauen die Geisterjäger sind – oder dass die Hauptfigur eines *Star-Wars*-Films eine junge Dame sein könnte, deren Technikkenntnisse sogar den einstigen Piloten des Millennium Falken blass aussehen lassen? Wurde auch Zeit, dass sich herumspricht, dass Frauen gute Helden abgeben – taugten sie vor der Ära von Lara Croft in den Neunzigern doch hauptsächlich als schmückendes Beiwerk des männlichen Helden, der die Welt rettete.

Ein weiteres Comeback der Achtziger haben die fahrbaren Untersätze jener Zeit erfahren. Was damals auf den Straßen fuhr, wollte zwischenzeitlich keiner mehr haben, doch inzwischen werden Autos wie Golf II, Opel Manta und Porsche 944 (damals »Hausfrauenporsche« genannt) als Oldtimer gefeiert. Wir Kassettenkinder freuen uns still, wenn ein Modell an uns vorbeizieht, das unser erstes eigenes Auto war oder das unsere Eltern damals fuhren, denn mit dem Motorengeräusch werden in unserem Kopf Erinnerungen an die vielen Fahrten in den Urlaub, zum Musikunterricht oder zum Sonntagsspiel des Kickerclubs wach.

Last, but not least steht nach Jahrzehnten ohne Gimmicks auch endlich wieder *Yps* im Zeitschriftenregal – und weil wir es so lieben gleich als »Kultmagazin für Erwachsene«. Beim Anblick der neuen Ausgabe erinnern wir uns sofort an die unzähligen Gimmicks, die mal mehr, mal weniger funktionierten, deretwegen wir als Kinder aber keine Ausgabe verpassen wollten: die legendären Urzeitkrebse, die Agentenbrieftasche »mit fünf Fächern und Steckverschluss«, die Gelddruckmaschine, in die wir vorn einen Fünfmarkschein hineinlegten und hinten einen Zehnmarkschein herausholten, oder »das Patentblasrohr, das um die Ecke schießt«. Wenn wir nun zum ersten Mal wieder in den Comics von Yinni und Yan, Hombre und Yps dem Känguru schmökern, wird uns ganz warm ums Herz – und daran sind nicht die »kalifornischen Feuerbohnen mit Wachstums-Box« schuld.

Wir lieben solche Momente. Und darum sind wir immer noch scharf darauf, bekannte, wenn auch leicht knittrige Gesichter wie das von Harrison Ford, dem ewigen Han Solo und Indiana Jones unserer Jugend, zu sehen. Geraten beim neuen Song von A-ha oder Depeche Mode im Radio ins Schwärmen, weil er noch immer deutliche Spuren ihrer Achtzigerhits trägt. Und freuen uns, wenn wir *Pac-Man* auch auf der Playstation oder Xbox wieder spielen können.

Denn all das gibt uns das Gefühl, die Achtziger seien nie ganz vorbei.

> *Ende der Achtziger hatte man den Eindruck, dass sich überhaupt nichts mehr ändert. Drüben saßen die Bösen, wir waren die Guten. Und so bleibt es immer.*
>
> Frank Goosen

Wer ein Kassettenkind war, dem geht dieses Jahrzehnt nicht mehr aus dem Sinn. In der Rückschau werden die Achtziger noch größer, noch cooler, als sie das ohnehin schon waren. Das hätte ihm gefallen, unserem Lieblingsjahrzehnt, das schon damals so gerne *larger than life* sein wollte – und sich recht geschickt vermarktete. Immerhin waren die Achtziger das erste Jahrzehnt, das sich ständig selbst beim Namen nannte: Schon damals sprachen wir von »den Achtzigern«. Musiksendungen wie *Formel Eins* und etliche Tonträger verkauften uns die Eighties als ein Jahrzehnt, das musikalisch bis zum Bersten gefüllt war – wie so viele Radiosender dies noch heute tun, indem sie auf Hits wie »What a Feeling«, »You're the Voice« oder »I'm so Excited« setzen. Und in Filmen wie *Zurück in die Zukunft* sahen wir Michael J. Fox zwar ins Jahr 2015 reisen, aber wir waren froh, wenn er am Ende wieder sicher zurück in den guten alten Achtzigern war. Denn das war die wahre Zeit, während dieser ganze Zukunftskram vom Jahr 2015 allenfalls als skurrile Filmphantasie taugte. Die Neonwelt war das, was zählte, und wir Kassettenkinder hatten dort *the time of our lives*.

Wenn wir es von heute aus betrachten, dann hatte es einiges für sich, in unserem Lieblingsjahrzehnt groß geworden zu sein.

Stimmt, es war vielleicht nicht das ungefährlichste Jahrzehnt, mit Wettrüsten, Kraftwerksexplosion und Frostschutzmittel im Wein. Auch privat war nicht immer alles bunt und lustig, und so erinnern sich viele von uns an die Achtziger auch als die Zeit, in der es schlechte Noten, die Pubertät und den ersten Liebeskummer zu ertragen galt.

Wir Kassettenkinder hatten aber in den Achtzigern vor allem eins: eine Zukunft.

Lange Zeit konnten wir uns in der Supersorgloswelt, die uns unsere Eltern bescherten, der Vorstellung hingeben, das Leben liefe nach einem festen Fahrplan ab, so wie das *Spiel des Lebens*. Da alles gut ausging, sei es nun der Kalte Krieg, der eigene Schulabschluss oder die Tatsache, dass in Berlin 1989 die erste Love Parade stattfand, nachdem Liebe und Sex wegen AIDS jahrelang ein Problemthema gewesen waren, freuten wir uns auf die Jahre, die vor uns lagen, denn wir glaubten, dass alles immer cooler werden würde. (Außerdem waren wir einfach neugierig, ob es eines Tages tatsächlich Hoverboards geben würde.)

Und dann kam es – wie immer – für jeden von uns doch etwas anders als gedacht. Wir begriffen schnell, dass jede Zeit ihre Tücken hat und dass die echte Welt eher nach dem *Monopoly*-Prinzip funktionierte – und passten unsere Träume an die Realität an. Wir wurden erwachsen.

Die Herren in der Schlossallee verlangen viel zu viel.
Klaus Lage

Und so blicken wir heute ein wenig wehmütig zurück, nicht nur, weil die Achtziger unsere Kindheit und Jugend waren, sondern auch, weil es noch große Träume gab: Der feste Glaube daran, dass Waldrettung, Weltfrieden und Wiedervereinigung möglich waren. Große Gesten wie die von Kohl und Mitterand, die in Verdun minutenlang Hand in Hand nebeneinandergestanden hatten, ließen hoffen – es war eines der Zeichen, die uns Mut machten.

Wenn wir uns also an etwas aus den Achtzigern besonders erinnern sollten, dann daran: In diesem Jahrzehnt mit all seinen Katastrophen keimte bei uns der Vorsatz, die Welt nicht einfach so untergehen zu lassen, damit wir eines Tages mit den eigenen Kindern im Wald spazieren gehen konnten, ohne ihnen erklären zu müssen, warum es darin auf einmal keine Bäume mehr gab. Die Happy Ends der Achtziger – der Fall des Eisernen Vorhangs, die Wiedervereinigung und das neue Umweltbewusstsein – haben uns gezeigt, dass sich tatsächlich alles zum Besseren wenden kann. Wenn nur alle wollen und nicht jeder sein eigenes Wohlstandssüppchen kocht.

Das Buch ist jetzt zu Ende, fast zumindest. Eines sei noch erwähnt: Die Achtziger waren ein sehr vielfältiges Jahrzehnt. Es ist eine verzwickte Aufgabe, all die unterschiedlichen Erlebnisse und Erinnerungen einer Generation unter einen Hut zu bringen, und wir hoffen, es ist uns gelungen, ein Bild der Zeit zu erwecken, in dem viele Kassettenkinder sich wiederfinden. Schon ein, zwei Jahre Altersunterschied oder zwanzig, dreißig Kilometer zwischen unseren Heimatorten machen oft viel aus.

Wir haben uns auch Gedanken darüber gemacht, wie wir die Kassettenkinder aus der ehemaligen DDR mit ins Boot holen. Obwohl sich viele Erinnerungen überschneiden oder ähneln – auch im Osten gab es Kassetten, auch dort lechzte man nach Dauerwelle und Knallfarbenmode, selbst wenn's die seltener zu kaufen gab –, die achtziger Jahre der BRD-Kassettenkinder waren nun einmal anders als das, was Gleichaltrige im Osten, in der DDR, erlebt haben. Ein deutsches Wir gab es damals noch nicht, und es gibt andere Autoren, die das Aufwachsen im Osten besser beschreiben, als wir das je könnten.

Die Achtziger waren einzigartig. Selbst wenn wir heute an sie zurückdenken, haben wir sofort den Geschmack von TRi TOP auf der Zunge, den Geruch des Freibads in der Nase und unseren liebsten Sommerhit im Ohr.

Wir fragen uns, wie es wohl wäre, wenn wir zufällig in einem abgelegenen Schuppen einen Wagen mit Fluxkompensator entdecken würden? In welches Jahr, an welchen Tag unseres Lieblingsjahrzehnts würden wir uns von ihm bringen lassen?

Einige von uns würden sicher in das Jahr fahren, in dem wir unseren ersten Kuss bekamen, auf einer der Jugendfeten, bei denen die Lichtorgel im Keller der Eltern den Raum in eine Disco verwandelte, selbst wenn es draußen noch hell war. Wir würden den Moment gerne noch einmal erleben, in dem jemand die Single von Richard Sanderson auflegte und wir uns zu den Klängen von »Reality« an unseren Schwarm schmiegten, unbeholfen hin- und hertraten und schließlich, wie durch Magie, beide wussten, dass der Moment gekommen war, Wange an Wange zu tanzen.

Andere von uns würden wohl zurückreisen, um noch einmal den kleinen Plattenladen aufzusuchen, den es heute nicht mehr gibt. Wir würden Stunden zwischen den Regalen verbringen, um schließlich einen Stapel Langspielplatten auf den Tresen zu legen, damit der Besitzer des Ladens sie uns mit Kopfhörern anhören ließ – der echte Sound von damals, erneut zum ersten Mal.

Wieder andere würden einen der Tage wählen, an denen Queen ihre letzten Konzerte in Deutschland gaben –

auf der Magic Tour im Juni 1986, in Mannheim, Berlin oder München. Wahrscheinlich würden wir früher anreisen müssen, um noch Karten zu bekommen, denn alle Gigs waren ausverkauft. Auch andere Bands hatten ihre letzten großen Auftritte in den Achtzigern – wir Kassettenkinder können sehr genau sagen, wen wir gerne noch einmal auf der Bühne sehen wollen.

Vielleicht würden wir aber auch einfach an den ersten Weihnachtstag eines x-beliebigen Jahres in den Achtzigern springen. Uns noch einmal frühmorgens als Erster auf die Schoppersocken machen, ins Wohnzimmer schleichen, wo es nach Tannennadeln und dem Fondue vom Vorabend riecht und wo die ausgepackten Geschenke unter dem Tannenbaum liegen. Mit den Technikhighlights, die sich darunter befanden, könnten wir uns dann die ganzen Weihnachtstage über beschäftigen – wie schön wäre es, noch einmal tagelang nichts anderes machen zu müssen, außer *Space Quest* oder *Zak McKracken* auf dem Computer zu spielen. Noch einmal die funkelnagelneue Anlage zwischen dem Geschenkpapier glänzen zu sehen und auch die Bücher, die wir geschenkt bekamen, noch einmal zum ersten Mal zu lesen.

Oder wir würden uns ein weiteres Mal von unseren Eltern in den Urlaub fahren lassen, nach Holland, Italien oder Frankreich, einfach unbekümmert mit dem Walkman auf dem Rücksitz fläzen, zwischendurch vom Motorenbrummen einschlafen und erst aufwachen, wenn wir am Urlaubsort ankommen. In der Sonne liegen, ohne sich um etwas kümmern zu müssen, abgesehen davon, dass wir keinen Sonnenbrand bekommen – und wenn, auch nicht so schlimm.

Die ersten Male sind tatsächlich die schönsten: nach dem ersten Discoabend verschwitzt und verausgabt nach dem Tanzen heimkommen. Mit dem ersten selbstverdienten Geld bummeln gehen. Im Kino einen der heutigen Klassiker sehen, etwa noch einmal in einem Jahr über die Qualifikation von Roger Moore und Sean Connery als Bond fachsimpeln, da mit *Octopussy* und *Sag niemals nie* gleich zwei James-Bond-Filme binnen weniger Monate nacheinander auf die Leinwand kamen.

Vielleicht würden wir aber auch einfach einen Batida de Coco mixen, das Kassettenfach des Ghettoblasters aufschnappen lassen, unser Lieblingstape einlegen und den warmen Sommerabend auf dem Balkon mit jenen Freunden genießen, die uns viel zu früh verlassen haben, oder mit den jüngeren Ausgaben unserer Mütter oder Väter reden, um sie danach zu fragen, wie sie diese Zeit mit uns erlebt haben. Und wir könnten ihnen endlich für die Supersorgloszeit danken, die sie uns als Kindern beschert haben.

Viele glauben, dass das Beste – die Achtziger – hinter uns liegt und dass die Zukunft nichts Gutes in petto hätte. Wer das denkt, hat sich das Beste aus den Achtzigern nicht bewahrt – den Idealismus.

Einer, der den besonders gut beherrschte, war Peter Lustig, der in dem Jahr verstarb, als wir uns auf die Reise machten, unsere Kindheit und Jugend für dieses Buch zu erkunden. Was wir von ihm lernen können, ist, neugierig zu bleiben, den Dingen spielerisch auf den Grund zu gehen – und vor allem: sich eine gute Portion Humor zu bewahren. Wer das tut, sieht das Leben sehr klar.

Und jetzt, ihr wisst schon: Abschalten. Oder besser: Zuklappen!

Merci, dass es euch gibt!

Und zwar nicht nur den Stars der Achtziger, die diese Zeit zu dem gemacht haben, was sie heute für uns ist. Eure Filme und eure Musik waren einfach großartig – auch wenn Stefan und Anne sehr unterschiedliche Meinungen dazu haben, welche genau. Einer von uns hat definitiv keinen Geschmack. Die Frage, wer, ist noch nicht schlussendlich geklärt.

Wir Kassettenkinder sind einer Person besonders zu Dank verpflichtet: The one and only Ilka Heinemann, unserer großartigen Lektorin. Ohne sie gäbe es dieses Buch nicht.

Danke an alle bei Droemer Knaur für den herzlichen Empfang und die tolle Zusammenarbeit, besonders Verlagschef Hans-Peter Uebleis und Sachbuchchefin Margit Ketterle, die zwar nicht ganz unser Jahrgang sind, unseren Wunsch, über die Achtziger zu schreiben, aber gut verstehen konnten. Sachbuchprogrammleiter Stefan Ulrich Meyer wiederum ist ein großer Achtzigerfan – wir danken herzlich für die Unterstützung!

Danke an Theresa Schenkel und Caroline Gros für den tollen Einsatz in Sachen Cover und Marketing – und an Jürgen Speh (unser Jahrgang!) für die tollen Illustrationen im Innenteil. Danke an Katharina Ilgen, Christina Schneider und Andrea Neuhoff für Presseboost und Lesungsbeistand sowie an den gesamten Vertrieb und Außendienst, die mit diesem Buch *Auf Achse* waren!

Und einen herzlichen Dank an Joachim Jessen, unseren Agenten mit Herz.

Lieben Dank an unsere Testleser und Tippgeber: Stefan Bornhorst, Oliver-Martin Rapsch, Matthias Krauß und Heiner Endemann, Martina und Michael Bender.

Anne dankt ihren Schwestern Juliane und Isabelle für

die Erinnerungen, die wir in langen Telefonaten mit großem Vergnügen gewälzt haben: Weißt du noch, Telefongroschen, weißt du noch TRi TOP, weißt du noch ... Danke an meine Eltern für alles. Und dafür, dass ihr mir die Dauerwelle nicht erlaubt habt.

Stefan dankt Hanna für den vielen Apfelkuchen, den sie mit Oma Marilies gebacken hat, und Marion für ihre – wie immer – engelsgleiche Geduld. Außerdem natürlich seinen Eltern, Großeltern, Tanten und Onkels, die in seinem ganz persönlichen und wunderbaren Achtziger-Jahre-Film mitgewirkt haben.